D1718564

Renate Hücking

DIE BEUTE DER PFLANZENJÄGER

R<small>ENATE</small> H<small>ÜCKING</small>

Die Beute der Pflanzenjäger

V<small>ON</small> E<small>UROPA</small> <small>BIS</small> <small>ANS</small>
<small>SÜDLICHE</small> E<small>NDE</small> <small>DER</small> W<small>ELT</small>

Mit 53 Abbildungen im Text und
12 farbigen Abbildungen auf Tafeln

Piper München Zürich

Mehr über unsere Autoren und Bücher:
www.piper.de

Von Renate Hücking bei Piper erschienen:
Pflanzenjäger (mit Kej Hielscher)
Oasen der Sehnsucht (mit Kej Hielscher)
Süchtig nach Grün (mit Beiträgen von Kej Hielscher)

ISBN 978-3-492-05197-2
© Piper Verlag GmbH, München 2010
Satz: Uwe Steffen, München
Druck und Bindung: Pustet, Regensburg
Printed in Germany

Inhalt

Vorwort

Betörend schön sollen unsere Gärten sein, reizend, zauberhaft, entzückend; elegant und repräsentativ oder auch gediegen! Egal, welcher Stil gefragt ist – Staude, Strauch und Baum, alles soll wachsen, Blätter und Knospen treiben, um dann in Form geschnitten Spalier zu stehen oder in harmonischen Farben üppigst zu blühen. Wer aus der Reihe tanzt oder blühfaul ist, fliegt raus. Nachfolger gibt es genug – im Gartencenter um die Ecke.

Dort stehen wir manchmal ratlos vor einschüchternden Mengen der unterschiedlichsten Arten und Sorten. Rot, blau oder gelb, gesprenkelt oder gestreift, glatt oder gerüscht – wir wissen nicht, für was wir uns entscheiden sollen. So selbstverständlich, wie wir die zehn verschiedenen Senf- oder Müslisorten im Supermarktregal betrachten, nehmen wir es auch hin, dass es mindestens so viele (und mehr) Geraniensorten gibt. Kaum jemand stellt sich die Frage, woher denn diese Vielfalt kommt.

Wem ist heute noch geläufig, dass die Topfblume im Gartencenter das Ergebnis jahrhundertelanger gärtnerischer Bemühungen ist? Bis aus den Urformen der Geranie unsere Balkonpflanze entstand, wurde in unendlicher Folge eine Pflanze mit einer anderen gekreuzt, die besten Ergebnisse wurden ausgelesen, und wieder wurde gekreuzt... Eine schier endlose züchterische Anstrengung. Erst recht weiß kaum jemand, dass die Geranie keine heimische, auch keine europäische Pflanze ist, sondern ursprünglich aus Südafrika stammt. Auf welchen Wegen ist sie hierhergekommen, wer hat sie gefunden und auf den weiten Weg nach Europa gebracht?

Die »Pflanzenjäger«. Sie sind es, die seit Jahrhunderten die europäischen Gärten bereichern, unsere Gartenkultur prägen und unsere Gärten verändern. »Plant hunters«, so nennen die Engländer die verwegenen Männer, die sie sehr verehren, weil sie die abenteuerlichsten Reisen unternommen, ihre Gesundheit und ihr Leben aufs Spiel gesetzt haben, um neue Gewächse zu finden.

Vor etwa 250 Jahren beklagte der schwedische Naturforscher Carl von Linné (1707–1778), dass Botaniker und Pflanzensammler Heldentaten wie Kaiser und Könige vollbrächten, aber längst nicht deren Beachtung und Anerkennung erführen. »Welche Arbeit ist schwerer, welche Wissenschaft anstrengender als die Botanik?«, fragte Linné[1] und sinnierte, ob denn die Männer noch bei Trost seien, wenn sie für Pflanzen ihr Leben riskierten.

Vor einigen Jahren habe ich ein erstes Buch den Pflanzenjägern gewidmet: Wer sind diese Besessenen, die Haus und Hof verlassen, um auf Pflanzenjagd zu gehen? Was treibt Gelehrte und Wissenschaftler, ihre bürgerliche Karriere aufs Spiel zu setzen, um ganze Kontinente auf der Suche nach unbekannten Pflanzen zu durchstreifen? Es sind allesamt faszinierende Gestalten: Abenteurer und Globetrotter, Gute und Tapfere, Gauner und Schurken, Ruhm- und Geldsüchtige, Rastlose und Reiselustige. Sie alle verfielen dem Zauber der fremden Gewächse.

Das Thema hat mich nicht mehr losgelassen, und in den vergangenen Jahren habe ich mich auf die Spuren von zahlreichen hierzulande wenig bekannten Pflanzenjägern begeben. Einige dieser ungewöhnlichen Persönlichkeiten sind mir besonders ans Herz gewachsen, während ich ihr Leben und Wirken erforscht habe. Ihre Biografien, ihre aufregenden Forschungsreisen sowie die spannenden, auch kuriosen Geschichten hinter den Pflanzen habe ich für diesen Band aufgeschrieben.

Die Beute der Pflanzenjäger ist so unterschiedlich wie ihre Jagdmotive. Hatschepsut beispielsweise, die vor etwa 3500 Jahren Ägypten regierte, brauchte riesige Mengen Weihrauch und Myrrhe, um in den Tempeln die Götter gnädig zu stimmen. Damit sie die Räucherharze nicht teuer importieren musste, organisierte sie die erste dokumentierte Pflanzenjagd und schickte ihre Soldaten auf eine Expedition in das weit entfernte Land Punt, um von dort lebende Weihrauchbäume zu holen.

Zu anderen Zeiten stand vor allem die medizinische Wirkung von Pflanzen im Fokus des Interesses. Botanik und medizinische Wissenschaft gehörten zusammen, und die Pflanzenjäger waren häufig Ärzte, die nach neuen Heilpflanzen Ausschau hielten. Zum Beispiel ein Mann wie Engelbert Kaempfer aus der westfälischen Provinz: Er bereiste Ende des 17. Jahrhunderts zunächst in diplomatischer Mission den Orient, dann heuerte er als Arzt für die Niederländische Ostindien-Kompanie in Japan an. Immer bewegte er sich auf kaum bekanntem Terrain, und wenn er die Pflanzen studierte, dann interessierten den Arzt Anwendung und Heilwirkung der Gewächse, aber auch ihr sonstiger Nutzen.

Zum anderen trieb ihn, wie viele Menschen seiner Zeit, ein allumfassender Wissensdurst. Nichts gab es zwischen Europa, dem Orient und Asien, was diesen Forscher nicht interessierte. Damals wusste man in Europa noch wenig über diese Weltgegenden, am wenigsten aber über das völlig von der Außenwelt isolierte Japan. Alles war neu und aufregend, und Kaempfer wollte seinen Landsleuten so viele Informationen wie möglich mitbringen, aus allen Lebensbereichen. Sein Interesse an der exotischen Flora Asiens und speziell Japans war so ausgeprägt, dass er Material für ein Monumentalwerk sammelte, die noch völlig unbekannten Pflanzen beschrieb und auch zeichnete.

Zeichenstift und Pflanzenpresse waren damals die wichtigsten Werkzeuge der Pflanzenjäger. Skizzen der möglichst noch frischen Exemplare und umfangreiche Herbarien, die teilweise bis heute in den naturkundlichen Museen lagern, waren das Anschauungsmaterial, das sie mit nach Hause brachten, denn nur selten überlebten die Pflanzen die langen Schiffsreisen. Warum sollten die

Matrosen Pflanzen gießen, anstatt das wenige Süßwasser an Bord selbst zu trinken? Gerne machten sich Ratten und Mäuse über das Grünzeug her, und die salzige Gischt war den Gewächsen auch nicht bekömmlich. Erst als 1830 die »Ward'sche Kiste« erfunden war und sich diese Art Minigewächshaus für den Pflanzentransport durchsetzte, schafften es mehr und mehr Pflanzen, wohlbehalten in Übersee anzukommen.

Je mehr man über die fremden Welten und ihre Pflanzen weiß, desto spezialisierter müssen die Kenntnisse eines erfolgreichen Pflanzenjägers sein. Zwar hat es zu allen Zeiten Ärzte, Kolonialbeamte, Missionare oder Militärs gegeben, die neben ihrem Beruf aus eigenen Mitteln Pflanzen gesammelt und für ihre Verbreitung gesorgt haben. Doch nachdem sich die Naturkunde, das Beschreiben und Zeichnen der fremdartigen Pflanzenwelten, im 18. Jahrhundert von der Medizin emanzipiert hat, wird das Pflanzensammeln zu einem eigenständigen Beruf. Es entstehen wissenschaftlicher Ehrgeiz und kommerzielle Konkurrenz, denn reiche Gartenbesitzer und leidenschaftliche Pflanzensammler finanzieren Expeditionen; botanische Gärten, naturwissenschaftliche Gesellschaften, Gartenbaubetriebe oder staatliche Institutionen engagieren Pflanzenjäger, die sich – um erfolgreich zu sein – auf bestimmte Regionen oder bestimmte Pflanzenarten spezialisiert haben.

So sucht der wohlhabende Kaufmann Peter Collinson einen Gewährsmann in den englischen Kolonien in Amerika, der von dort Gehölze beziehungsweise Gehölzsamen nach London schicken könnte. Seine Wahl fällt auf den frommen Farmer John Bartram aus Philadelphia, der in der Schönheit und Ordnung der Natur noch Zeichen für das Wirken Gottes sieht. Was als privater Austausch beginnt, entwickelt sich zu einem florierenden Geschäft mit den im englischen Mutterland weitgehend noch unbekannten Gewächsen. Alles, was Bartram vor seiner Haustür und später auf ausgedehnten Reisen sammelt, schickt er in seinen beliebten zehn Guineen teuren Holzkisten an die adelige Kundschaft, die mit den exotischen Gewächsen ihre neu entstehenden Landschaftsparks aufforstet und schmückt.

Etwa zur gleichen Zeit begleiten Vater und Sohn Forster die zweite Weltumsegelung des gefeierten Captain Cook. Sie reisen im Auftrag der britischen Admiralität bis ans südliche Ende der Welt, und wenn ein Staat die Weltreise zweier Naturforscher finanziert, kann man davon ausgehen, dass ein spezielles Interesse dahinter steht. Während James Cook dem britischen Militär und der Handelsflotte Informationen über die Seewege liefern soll, müssen Johann Reinhold und Georg Forster verwertbare Forschungsergebnisse über die Flora und Fauna der fernen Länder sowie über die Eingeborenen und ihre Lebensart liefern.

Auch der Wiener Joseph Franz Rock ist ein Auftragssammler. Seine Arbeitgeber sind Ministerien und Universitäten, sein spezielles Wirkungsfeld ist Hawaii und später der äußerste Westen Chinas, wo er ab 1922 mehr als 20 Jahre verbringt. Statt des Zeichenstifts benutzt er den Fotoapparat, um seine Pflanzenbeschreibungen durch botanisch aufschlussreiche Fotos zu ergänzen. In fürstlich anmutender Manier reist Rock mit schwerem Gepäck und großer Entourage durch die Wildnis. Für das *National Geographic Magazine* schreibt er mitreißende Reportagen; das Saatgut, das er an das weltbekannte Arnold-Arboretum schickt, wird von dort an botanische Gärten in aller Welt verteilt (auch an den Botanischen Garten in Berlin-Dahlem), wo dann die chinesischen Raritäten erblühen und in den Himmel wachsen.

Für den passionierten Sammler liegen der Reiz und der Wert seiner Pflanzen in ihrer Schönheit und Seltenheit, wobei der Wert durchaus auch ein materieller sein kann, denn solche Sammlungen bergen ein ungeheures genetisches Potenzial, mit dem sich die Sortenvielfalt steigern und viel Geld verdienen lässt. Nach solchen Schätzen jagen auch moderne Pflanzenjäger.

Sie nennen sich »Pflanzenscouts« und klettern nicht wie ihre Vorgänger auf der Suche nach noch unentdeckten Gewächsen durch den Himalaja oder die Regenwälder Brasiliens. Sie jetten durch die Welt, um bei professionellen Züchtern, Pflanzenliebhabern und Sammlern ungewöhnliche Neuheiten oder attraktive Raritäten zu entdecken. Sie arbeiten für große Pflanzenproduktionsbetriebe und bringen Samen oder Stecklinge mit nach Hause, die dann in den Gewächshäusern oder Labors der Auftraggeber auf ihre internationale Marktfähigkeit getestet werden. Besteht ein Kandidat die Prüfung, dann wird mit dem Züchter über eine Lizenzgebühr verhandelt und die Neuzüchtung unter einem blumigen Namen zu Tausenden auf dem Markt eingeführt.

Neben diesen Investitionen in die Zukunft wird der Blick zurück auf die alten Sorten immer wichtiger, Sorten, die zu unserem kulturellen Erbe gehören und von denen viele vom Aussterben bedroht sind. Um sie zu erhalten und weiter zu vermehren, bevor sie ganz verschwinden, haben sich inzwischen Netzwerke von Sammlern gebildet, die in ihrer Region nach überlieferten Obstsorten, nach dem Saatgut vergessener Gemüsesorten oder aber nach den Ahnen unserer züchterisch bearbeiteten Gartenblüher fahnden. Eine solche Pflanzenjägerin war Gerda Nissen. Zu Fuß und mit dem Fahrrad suchte sie einen windgebeutelten Landstrich in ihrer norddeutschen Heimat nach historischen Rosen ab. Bevor es populär wurde, vergessene Pflanzen (oder Tierrassen) zu retten, erforschte sie die Geschichte ihrer Findlinge, vermehrte sie und sorgte für ihre Verbreitung.

Als »Arche« für die vom Aussterben bedrohten Pflanzen aus aller Welt verstehen sich mittlerweile auch viele botanische Gärten. Immer häufiger übernehmen sie neben der Forschung auch Naturschutzaufgaben. Denn Tatsache ist, dass Länder in Afrika, Asien und Lateinamerika, die die größte Artenvielfalt besitzen, selten die Möglichkeiten haben, durch Forschung, Öffentlichkeitsarbeit oder gezielte Schutzmaßnahmen die genetische Vielfalt ihrer Pflanzenwelt zu erhalten. Institutionen, die das leisten können, existieren fast ausschließlich in den sogenannten entwickelten Ländern der gemäßigten Klimazone.

Die Zeit der Pflanzenjäger ist also längst nicht vorbei. Immer noch sind in der Wildnis spektakuläre Pflanzenentdeckungen möglich. Zurzeit werden jedes Jahr 2000 der Wissenschaft unbekannte Pflanzen entdeckt. Zum Beispiel wurden im vergangenen Jahrzehnt in Neuguinea fünf neue Palmenarten aufgespürt und ein Rhododendron mit riesigen Blüten; auf Madagaskar war es eine enorme blühende Palme *(Tahina spectabilis)* und in Kamerun 50 neue Spezies und Varietäten von Pilzen.[2] Und ein australischer Nationalparkangestellter hat 2004 in der Nähe von Sydney eine Jahrmillionen alte Baumart entdeckt. Mehr soll an dieser Stelle nicht verraten werden, denn von David Noble und der Entdeckung des Dinobaums handelt das erste Kapitel.

März 2010   *Renate Hücking*

Der Traum aller Pflanzenjäger

David Noble entdeckt den Dinobaum

Der muskulöse, drahtige Mann steht am Rand einer Schlucht und blickt in den noch unberührten Regenwald. Die von tief unten aufsteigende Feuchtigkeit bildet leichte Nebelschwaden, die den Blick in die Tiefe verschleiern. Der Wanderer löst das Kletterseil von seinem Rucksack und hält Ausschau nach einem Stamm, an dem er es befestigen kann, um sich dann an der steilen Felswand abzuseilen. Ein wenig zögert er noch, denn wahrscheinlich hat vor ihm noch kein Weißer diese Schlucht ausgekundschaftet.

Was erwartet ihn dort unten? Ein Abenteuer mit ungewissem Ausgang. Gerade das reizt den jungen Australier.

Es ist der 12. September 1994, etwa 150 Kilometer nordwestlich von Sydney im Wollemi-Nationalpark. Der Mann, der soeben zu seiner folgenreichsten Erkundungstour ansetzt, heißt David Noble und gehört zum Stab der Nationalparkverwaltung. Fast täglich ist der hochgewachsene 29-Jährige draußen in der freien Natur. Ausgerüstet mit Kletterseil, Kompass und topografischer Karte, mit Taschenlampe, Streichhölzern und Lunchpaket, erkundet er wandernd und kletternd das zerklüftete Areal des Nationalparks, 500 000 Hektar Wildnis, die fast bis an die Metropole Sydney heranreicht. Der Park ist Teil der Greater Blue Mountains, der

15

langen Gebirgskette, die den Westen Australiens mit seiner mörderischen Hitze und Trockenheit vom kühleren, feuchten Küstenstreifen im Osten trennt.

Man sagt, körperlich sei David Noble »biegsam wie ein Gummibaum«, aber bei der Verfolgung seiner Ziele entschlossen und stur. Doch selbst für geübte Wanderer wie Noble ist die ungezähmte Natur des Wollemi-Parks eine Herausforderung. Menschen haben sich im Labyrinth der wuchernden Vegetation schon hoffnungslos verirrt, sind in Erdspalten gefallen oder in einer der etwa 500 tiefen Schluchten auf Nimmerwiedersehen verschwunden. Flugzeuge sind hier abgestürzt, Buschfeuer haben gewütet, und ausgebrochene Häftlinge sind immer wieder in dem unwegsamen Gelände untergetaucht. Seit 1979 ist diese Wildnis gesetzlich geschützt und vor kommerziellen Zugriffen sicher.

Noble liebt die Einsamkeit und die Stille in dem weitgehend unerforschten Naturreservat. Deshalb redet er nicht viel, selbst wenn er Touristen führt oder – wie an jenem 12. September – in Begleitung von Freunden unterwegs ist. Am Rand der Schlucht stehend, zerrt Noble kräftig an einem Bäumchen, das auf dem Felsen zu überleben versucht. Auf der Suche nach Feuchtigkeit hat der kleine Baum seine Wurzel so tief in die Wand gebohrt, dass Noble es wagt, sein 60 Meter langes Seil um den dünnen Stamm zu schlingen. Die Erfahrung sagt ihm, dass Baumsämlinge, die dicker als sein Daumen sind, ihn beim Abseilen halten. Nur mit Blicken verständigt er sich mit seinen beiden Begleitern, dann lässt er sich als Erster in die Tiefe hinab. Seine »rule of thumb« (Daumenregel) hat wieder einmal funktioniert! Die anderen folgen, und sofort sind die drei unter dem dichten Blätterdach des Regenwalds verschwunden.

Noble ist in den Blue Mountains aufgewachsen. Seine Eltern – ein Werkzeugmacher und eine Krankenschwester – sind für ihr exzellentes Pflanzenwissen bekannt und haben sich ihr Leben lang für den Naturschutz engagiert. Früh haben sie ihren Sohn auf Exkursionen mitgenommen. Von ihnen lernt er, die Natur zu beobachten und zu respektieren; auch wie er sich in unbekanntem Terrain bewegen muss – sie erziehen ihn zu einem »bushwalker«,

David Noble

einem Wanderer, der sich mit Leichtigkeit seinen Weg durch den
Busch bahnt und fast immer als Erster ans Ziel kommt. Mindestens
375 der circa 500 Canyons des Nationalparks hat Noble schon erkundet. An diesem 12. September taucht er erneut ab in eine noch
unerforschte Schlucht.

Die Entdeckung

Unten angekommen, bahnen die drei Männer sich ihren Weg
durch dichtes Gestrüpp. David Noble geht voran. Plötzlich merkt
er auf. Irgendetwas kommt ihm seltsam vor. Das Licht hat sich verändert: Das bläuliche, dunkle Grün, das normalerweise unter dem

Blätterdach des Regenwalds herrscht, wird lichter, heller. Noble schaut sich um: »Alles sah ganz anders aus als sonst in den Wäldern mit ihren Coachwood- und Sassafras-Bäumen.«[1] Vor ihm stehen majestätische, fremdartige Nadelgehölze. Ihre Rinde hat seltsame blasenartige Auswölbungen, die ihn an die knusprigen Schokopops in seinem morgendlichen Müslimix erinnern. Unter den Bäumen liegen Berge von verrotteten Blättern, als hätte jemand den Waldboden geharkt und zu einem Komposthaufen aufgeschichtet. Noch einmal schaut er an den Bäumen hoch. Seltsam, denkt er und hebt ein Blatt auf. Und weil ihm alles so ungewöhnlich und fremd erscheint, steckt er ein paar Blätter ein, bricht ein bisschen frisches Grün ab und setzt seine Wanderung fort.

Als er zu Hause seine Mitbringsel hervorholt, um sie seinem Vater zu zeigen, sind sie trocken und ziemlich ramponiert. Noble senior weiß nichts damit anzufangen. Also wendet David sich an

Ein unbekannter Nadelbaum gibt Rätsel auf

Wyn Jones, seinen Vertrauten und Mentor in der Parkverwaltung. Der Mann, der seit 25 Jahren Pflanzen botanisch bestimmt, erinnert sich:»Da landete dieses Ding auf meinem Schreibtisch, und ich wusste nicht, was es war!«[2] Auch er steht vor einem Rätsel. Der nächste Versuch: die auf Pflanzenbestimmung spezialisierte Abteilung des Königlichen Botanischen Gartens in Sydney. Auch hier Fehlanzeige. Jetzt heißt es noch einmal zurück an den Fundort, um besseres Pflanzenmaterial zu beschaffen.

Rätselraten um einen Baum

15. Oktober: Bei dieser Exkursion ist Wyn Jones mit von der Partie. Auch er staunt angesichts der unbekannten Riesen, die in ihrer Umgebung völlig deplatziert wirken.»Die unterscheiden sich von allen anderen Regenwaldbäumen«, sagt Jones und läuft aufgeregt mit Fotoapparat und Videokamera hin und her.»Ich brauche mehr Material, sexuell aktives Material!«[3] Weit oben in den Baumspitzen sichtet der 52-jährige Naturkundler dicke, runde Knubbel, die er für weibliche Zapfen hält. Von hier unten sind sie für ihn unerreichbar. Doch das Jagdfieber hat ihn gepackt. Jones weiß: Er muss noch einmal wiederkommen! Dieses Mal sammelt er einige Pollen tragende männliche Zapfen, schält ein Stück der blasigen Rinde ab und steckt ein paar kleine Zweige mit den farnartigen Blättern in seinen Rucksack.

23 erwachsene Bäume stehen hier zusammen, der größte 40 Meter hoch mit einem Stamm von einem Meter Durchmesser. Umgeben sind sie von einer Handvoll junger Nachkommen und vielen winzigen Sämlingen. Jones ist verblüfft über die simple Architektur der Pflanze, geradezu primitiv sieht sie aus und wirkt deshalb sehr archaisch. So etwas hat er in all den Jahren, die er für den Nationalpark arbeitet, noch nicht gesehen. Seine Beobachtungen, dass junge und alte Blätter sich unterscheiden, dass der Baum mehrstämmig ist und sich reichlich aussät, helfen im Moment nicht weiter. Jones ist sicher, dass es sich um eine nicht blühende Pflanze handelt, doch das Rätsel um die unbekannten Bäume bleibt. Da

Noble und Jones Institutionen und ihren Bürokratien grundsätzlich misstrauen, halten sie ihre Entdeckung vorerst geheim.

Einzig eine Wissenschaftlerin, die sich auf die Pflanzen in den Blue Mountains spezialisiert hat, ziehen sie ins Vertrauen. Ihr Name: Jan Allen. Sie ordnet den Baum den Nadelgehölzen zu, und zwar der Familie der Araukarien, die es schon vor etwa 200 Millionen Jahren gegeben hat. Zwei Gattungen haben sich im Verlauf der Jahrmillionen herausgebildet: *Genus Agathis* und *Genus Araucaria*. Noble und Jones wissen: Um zu bestimmen, zu welcher Gattung »ihre« Bäume gehören, müssen sie unbedingt einen weiblichen Zapfen besorgen.

21. Oktober: Ein Hubschrauber wird gechartert. Der Pilot soll sein Gefährt so nah an die höchste Baumspitze manövrieren, dass Jones mit einer aus dem Fenster gestreckten Hand einen Zapfen angeln kann. Ein gefährliches Unterfangen, das erst nach mehreren vergeblichen Anflügen gelingt. Doch dann sind Noble und Jones stolze Besitzer eines weiblichen Zapfens, eine wertvolle Beute, die die Entschlüsselung des Geheimnisses des unbekannten Gehölzes verspricht.

Das Äußere des Zapfens bestätigt die Annahme, dass es sich um eine Pflanze aus der Familie der Araukarien handelt. Und weiter?

Eigentlich müssten sie ihr Beutestück jetzt aufschneiden, um die Samen, die Samenhüllen und den inneren Aufbau des Zapfens zu studieren. Doch sollen sie das einzige Exemplar, das sie besitzen, zerstören?

8. November: Allen und Jones haben entschieden. Sie zücken das Messer. Das Zapfeninnere sorgt zunächst für Verwirrung, denn es zeigt Merkmale beider bekannten Araukariengattungen. Doch darin stecken die Brisanz und des Rätsels Lösung: Noble hat eine neue, eine dritte Gattung innerhalb der Araukarienfamilie entdeckt.

21. November: Überzeugt vom Resultat ihrer detektivischen Recherche und ausgestattet mit ihrem Pflanzenmaterial, begeben sich Jones und Allen in den Botanischen Garten von Sydney zu Ken Hill. Der bärtige Botaniker ist für seinen langen Atem bekannt, denn er erforscht die Bäume, die am langsamsten wach-

sende Spezies der Pflanzenwelt. Dieses Mal aber kommt er schnell zu einem Ergebnis. Nur einen Tag später greift er zum Telefon: »Ja, es ist was ganz Neues!«[4]

Ein Dinosaurier der Pflanzenwelt

David Noble, ein einfacher »bushwalker«, hat die Entdeckung des Jahrhunderts gemacht. Er hat den ältesten lebenden Baum gefunden, der vor Millionen von Jahren schon existierte, aber mindestens 90 Millionen Jahre verschollen war. Das ergeben Vergleiche mit Versteinerungen, die der Direktor des Botanischen Gartens von Sydney, Carrick Chambers, und ein Kollege in den Achtzigerjahren bei Ausgrabungen geborgen hatten: »Damals haben wir gewitzelt, wenn dieses Fossil eines Tages lebendig gefunden wird, dann sind wir als Wissenschaftler erledigt«, erzählt er und meint: »Dieser Fund ist so spektakulär, als hätte man einen lebendigen Dinosaurier entdeckt.«[5]

Welcher Pflanzenjäger träumt nicht von einer solch sensationellen Entdeckung? Trotz – oder gerade wegen – der Bedeutung von Nobles Fund gibt es Zwist, Kompetenzgerangel und menschliche Eitelkeiten: Da ist jemand verletzt, weil man ihn nicht eher zurate gezogen hat; Nationalparkverwaltung und Botanischer Garten rivalisieren um Zuständigkeiten; auch die Frage, wer profitiert, wenn später mit dem Dinobaum Geld verdient wird, sorgt für Spannungen; und schließlich wird heftig um den wissenschaftlichen Namen des Baumfossils gerungen. Die Mehrheit entscheidet sich für *Wollemia nobilis*. Damit wird sowohl an den Fundort erinnert als auch der Entdecker geehrt.

Schließlich geht am Mittwoch, den 14. Dezember 1994, ein Foto um die Welt, und fast jede Zeitung zwischen Tokio, New York und Paris druckt einen Bericht über die Entdeckung der »Wollemi Pine«. Einen Tag später wird in einem zweiten Artikel berichtet, dass der Botanische Garten von Sydney einen Sämling für Studienzwecke vom Fundort geholt hat – kleiner als ein männlicher Daumen, mit einem Stängel dünner als ein Streichholz.

Die Versteinerung des Zweiges ist Millionen Jahre alt

Das Echo ist enorm. Der Botanische Garten wird von Tausenden von Anfragen überschwemmt. Jeder will das urzeitliche Gehölz sehen. Angeblich hat ein Sammler 500 000 Dollar für den Ableger geboten. Doch der Winzling bleibt an einem geheim gehaltenen Ort versteckt. Erst vier Jahre später wird er öffentlich gezeigt.

Für Wissenschaftler der unterschiedlichsten Disziplinen beginnen nun intensive Forschungsarbeiten. Der Genetiker macht sich daran, die DNA des Baums zu entschlüsseln, und stellt fest, dass es unter den Pflanzen kaum genetische Varianten gibt; der Paläobotaniker forscht, wann die *Wollemia nobilis* in grauer Vorzeit das erste Mal aufgetaucht ist. Ein Pollenforscher entdeckt unter seinem Mikroskop, dass er den Blütenstaub schon lange kennt, ihn aber bislang keiner Pflanze zuordnen konnte. Es stellt sich heraus, dass es ursprünglich noch mehr Araukariengattungen gegeben hat und dass die Verwandten der jetzt gefundenen riesige Wälder gebildet haben. Warum hat gerade *Wollemia nobilis* Millionen von Jahren überlebt, hat allen Buschfeuern, Dürren, Krankheiten und sogar dem Menschen getrotzt? Wie konnten die Bäume auf diesem kleinen Terrain überleben und so lange unentdeckt bleiben? Gibt es noch andere Standorte der »Wollemi Pine«? Wie vermehrt sie sich? Wie lässt sie sich in Kultur nehmen? Fragen über Fragen – die drängendste allerdings ist: Wie kann man die raren Bestände von *Wollemia nobilis* schützen und die Gattung vor dem Aussterben bewahren?

Streng geheim!

An erster Stelle steht der Schutz der noch existierenden Bäume. Aus Angst, Pflanzenjäger könnten Unheil stiften, wird der ursprüngliche Fundort geheim gehalten. Nur wenige Menschen sind eingeweiht. Auch die Lage einer wenig später entdeckten, kleineren zweiten Kolonie bleibt ein Geheimnis, denn vom Menschen geht die größte Gefahr für den *Wollemia*-Bestand aus. Wer ausnahmsweise die Erlaubnis erhält, sich dort umzuschauen, der verpflichtet sich nicht nur schriftlich zu absolutem Stillschweigen, zusätzlich werden ihm auf dem Helikopterflug die Augen verbunden. »Ein Canyon im Wollemi-Park« – mehr darf über die Standorte nicht an die Öffentlichkeit dringen.

Eine andere Gefahr droht den Gehölzen von pathogenen Keimen, die vom Menschen in das empfindliche Ökosystem eingeschleppt werden könnten. Deshalb gibt es strenge Sicherheitsvorschriften: Nur das Nötigste an Ausrüstung, desinfizierte Kleidung und der Gang durch eine Desinfektionswanne, denn eingetragene Bakterien oder Pilzsporen würden die ganze Kolonie bedrohen, da die Bäume genetisch fast identisch sind. Vor allem Wurzelpilze sind eine tödliche Gefahr, weil sie die Wasser- und Nährstoffaufnahme einer Pflanze unterbrechen.

Nachdem im Juli 2000 eine Gruppe von Wanderern durch Zufall weitere drei Exemplare von *Wollemia nobilis* entdeckt hat, und zwar ganz in der Nähe des ersten Fundorts, ist Gefahr in Verzug. Sollte man vielleicht eine der Kolonien begrenzt zugänglich machen? Wenn ja, auf welche Weise? Kann man so vielleicht andere Standorte der insgesamt knapp 100 Exemplare in der freien Natur weiterhin geheim halten und die Kontrolle über die notwendigen Schutzmaßnahmen behalten?

Wie immer man es dreht und wendet, solange nicht Gärtnereien genügend »Wollemi Pines« produzieren, um die Neugierde der Menschen zu befriedigen, sind die wilden Bestände in Gefahr, zumal es in der freien Natur um den Nachwuchs der Gehölze schlecht bestellt ist, wenngleich sie sich reichlich vermehren.

In den Monaten Oktober und November sind die weiblichen Zapfen nur für kurze Zeit empfängnisbereit, und an den männlichen explodieren Millionen von Samen und schweben in dichten Wolken durch die Schlucht. Doch die Sämlinge haben wegen der Dunkelheit in der Tiefe des Canyons und unter dem dichten Blätterdach des Regenwalds nur geringe Überlebenschancen.

Deshalb wird noch 1994 ein Zweig des Botanischen Gartens von Sydney beauftragt, zügig einen Pflanzenbestand außerhalb des Nationalparks aufzubauen. Doch zu dem Zeitpunkt weiß man noch wenig über den Lebenszyklus der Bäume, und die Beschaffung der Samen ist schwierig und außerdem gefährlich. Von unten sind sie unerreichbar, denn sie sitzen ganz oben in den lichten Baumkronen am äußersten Ende extrem langer dünner Zweige. Die einzige Möglichkeit, an die Zapfen heranzukommen, ist, dass sich der Parkwächter, der sich auf diese Herausforderung einlässt, aus einem Hubschrauber abseilt und an einem langen Kabel baumelnd die Zapfen einsammelt. Über Funk dirigiert er den Piloten mal rauf, mal runter. Er selbst hält es in seinem stramm sitzenden Geschirr nicht länger als 20 bis 25 Minuten aus. In dieser Zeit erntet er meist nicht mehr als acht Zapfen, sind es zwölf, dann gilt der Trip schon als großer Erfolg.

Bald wird der mit 40 Metern höchste Baum nach einem beliebten Hubschrauberpiloten »King Billy« genannt. Keiner weiß genau, wie alt der Riese ist, doch man schätzt ihn auf 1000 Jahre.

»King Billy« – der älteste und höchste Baum

Als Einziger hat er es geschafft, seine Spitze durch das Blätterdach des Regenwalds zu schieben. Mindestens 100 Jahre, sagen die Botaniker, habe er gebraucht, um bis ins Sonnenlicht vorzudringen. Doch es hat sich gelohnt, denn »King Billy« hat sich prächtiger als andere entwickelt, er ist kräftig, reich verzweigt und produziert die meisten Zapfen.

Inzwischen werden auch die Bedingungen erforscht, unter denen die Bäume so lange überlebt haben und gedeihen. Mess-

Die zerklüftete Landschaft des Wollemi-Nationalparks

geräte liefern wichtige Daten über Temperaturen, Niederschläge und Luftfeuchtigkeit – wichtige Informationen für die Gärtner, die »Wollemi Pines« vermehren und aufziehen. So weiß man inzwischen, dass die Bäume sauren Boden lieben und Temperaturen zwischen minus 12 und plus 45 Grad tolerieren, eine wichtige Voraussetzung für ihre weltweite Verbreitung.

Außerdem hat sich die Vermehrung der »Wollemi Pines« aus Stecklingen als effektiv und zuverlässig durchgesetzt und ist zur Routine geworden. 1998 entsteht in einer Kooperation zwischen dem Staat und einem Privatunternehmer bei Brisbane ein Gartenbaubetrieb, der seither »Wollemi Pines« in großem Stil produziert. Hier werden Tausende Mutterpflanzen gehätschelt und mit Dünger verwöhnt, damit sie laufend neue Triebe produzieren, die dann als Stecklinge geschnitten und gesetzt werden können. Auch hier wird auf Diskretion geachtet: Abgeschottet von der Außenwelt, liegt das zehn Hektar große Gelände hinter einem elektrischen Zaun, die Angestellten müssen ein polizeiliches Führungszeugnis vorlegen und sich schriftlich zu Stillschweigen verpflichten.

Die ersten 292 Exemplare des nachgezüchteten Bestands werden am 25. Oktober 2005 von Sotheby's im Botanischen Garten von Sydney versteigert. Begleitet von großem Medienrummel, erzielen sie zusammen einen Spitzenpreis von insgesamt einer Million Australische Dollar.

Seit 2006 wird die Nachkommenschaft der Wollemi-Urpopulation zu Hunderttausenden international vermarktet. Eine Lizenzgebühr für jeden verkauften Baum wird zum Erhalt von *Wollemia nobilis* und anderen gefährdeten Pflanzen aufgewendet. Seit 2007 existiert ein offizieller »Erholungsplan« für den Dinobaum. Alle wichtigen botanischen Gärten der Welt präsentieren mittlerweile mindestens ein Exemplar des pflanzlichen Sauriers. Nicht zuletzt dank Nobles sensationeller Entdeckung, die ein Schlaglicht auf die Biodiversität der Blue Mountains und ihre noch verborgenen Schätze wirft, hat die UNESCO eine Million Hektar der »Blauen Berge« als Weltkulturerbe unter Schutz gestellt.

Um David Noble, den Entdecker des Urzeitgewächses, ist es still geworden. Er hat inzwischen am College seinen Bachelor in angewandten Naturwissenschaften gemacht. Im Management des Nationalparks ist er zum Ranger befördert worden, sodass er wie eh und je die Wildnis des Wollemi-Parks durchwandert. Bleibt zu hoffen, dass seine »rule of thumb« auch in Zukunft funktioniert, wenn er sich wieder einmal in unerforschte Canyons abseilt.

Pflanzenjagd für die Götter

Hatschepsuts Expedition zu den
»weinenden Bäumen«

Sie ist ein Star der ägyptischen Geschichte, und wie ein Star hat sie
die Phantasie der Menschen immer wieder beflügelt. Dreieinhalb-
tausend Jahre lang. Man weiß viel über die Herrscherin Hatschepsut (1495–1457 v. Chr.[1]), denn sie hat ungewöhnlich lange regiert,
vor allem aber hat sie es verstanden, für sich, ihr Regierungspro-
gramm und ihre Taten nachhaltig zu werben. In diesem Sinn berichten ihre Schreiber und Bildhauer ausführlich in Wort und Bild
über die Amtszeit dieser Königin (1479–1457 v. Chr.[2]). Trotzdem
sind viele Rätsel geblieben, und wo die Wissenschaft nicht weiter-
gekommen ist, haben Romanciers phantastische Geschichten um
diesen ersten historisch bezeugten weiblichen Pharao[3] gesponnen,
und selbst Ägyptologen haben sich hinreißen lassen, an der Legen-
denbildung mitzuwirken.

Mal wird Hatschepsut als eine vom Ehrgeiz zerfressene Frau
dargestellt, als skrupellose Usurpatorin, die intrigiert und über Leichen geht, um an der Macht zu bleiben und ihren Neffen und Stief-
sohn Thutmosis III. um den Thron zu betrügen. Der wiederum
soll nach dem Tod seiner Tante hasserfüllt versucht haben, jegliche
Erinnerung an ihre Regentschaft auszumerzen, indem er ihre Bildnisse zerstören ließ. Eine frivolere Variante der Legenden um Hat-

schepsut präsentiert uns die Herrscherin als ein willenloses Werkzeug in den Händen ihres machtbesessenen Liebhabers Senenmut. Auch das eine publikumswirksame Geschichte: Ein Mann niederer Herkunft dient sich zum Günstling empor, zeugt vermutlich ein Kind mit der Königin und hält die Fäden der Macht in der Hand; schließlich fällt er in Ungnade, und auch seine Bildnisse werden ausradiert.

Neuere wissenschaftliche Erkenntnisse haben diese eingängigen Geschichten ins Reich der Phantasie verwiesen und gleichzeitig klargestellt, dass längst noch nicht alle Rätsel um die Person Hatschepsut gelöst sind. Dass es da immer noch viel zu entdecken gibt, zeigte sich erst 2007, als man mithilfe von Genanalysen eine 100 Jahre lang unbeachtet gebliebene Mumie als den möglichen Leichnam Hatschepsuts identifizierte.

Amun, der göttliche Vater

Tatsache ist, dass Hatschepsut von königlichem Geblüt ist: Ihr Vater, der nur sechs Jahre regierende Thutmosis I. (1524–1518 v. Chr.[4]), ist der erste von vier Herrschern, die den Mondgott Thot in ihrem Namen tragen. Um Pharao zu werden, braucht Hatschepsut aber zusätzlich einen göttlichen Vater, denn ein Pharao ist ein Wesen, in dem sich ein vergänglicher Mensch und eine unsterbliche, symbolische Persönlichkeit vereinen. Dieser göttliche Vater Hatschepsuts ist Amun, der Verborgene, der zugleich Re, das offenbare Licht, ist und als Amun-Re in Theben im Tempel von Karnak verehrt wird.

Hatschepsuts göttliche Zeugung gelingt durch eine List des Gottes: In der Gestalt von Thutmosis I. sucht Amun dessen Gattin Ahmose (1570–1546 v. Chr.[5]) in ihrem Schlafzimmer auf – eingehüllt in die Wohlgerüche des weit entfernten Landes Punt, in dem die Weihrauchbäume wachsen. Ahmose wird von dem betörenden Duft ihres göttlichen Besuchers geweckt, und in einer leidenschaftlichen Vereinigung zeugen der Gott und die Königin ein Kind: »Hatschepsut ist der Name deiner Tochter, die ich in dei-

Hatschepsut als Königin – eine der wenigen
erhaltenen Skulpturen

nen Leib gepflanzt habe«, verkündet Amun, »sie wird das herrliche Amt der Königin in diesem Land ausüben.«[6] Alles, was sie dazu braucht, wird ihr von Amun mitgegeben: Intelligenz und Kreativität, Gerechtigkeitssinn, visionärer Weitblick und Charisma.

Ahmose ist entzückt beim Anblick des Neugeborenen – ein zierliches, feingliedriges Wesen mit schmalem Gesicht und edlen Zügen, und wie geheißen, nennt die stolze Mutter ihre Tochter Hatschepsut, was »die herrlichste aller Edelfrauen« bedeutet. Glaubt man den Worten Hatschepsuts, so hat auch der irdische Vater Thutmosis I. sie ausdrücklich zu seiner Nachfolgerin bestimmt, obwohl er mit einer Nebenfrau einen Sohn gezeugt hatte.

Hatschepsuts Parfümflakon

Vermutlich um einen Familienzwist zu vermeiden, wird Hatschepsut als junges Mädchen mit diesem Halbbruder, Thutmosis II. (1518–1504 v. Chr.), verheiratet und wird so zur »Großen Königlichen Gemahlin«, die in den Dynastien des Neuen Reiches eine gewichtige Rolle spielt. Hätten Hatschepsut und Thutmosis II. einen Sohn gezeugt, dann wäre die Thronfolge eindeutig gewesen. Doch sie gebiert eine Tochter, während eine der Nebenfrauen um 1483 v. Chr. einen Sohn zur Welt bringt. Dieser Thutmosis III. (1504–1450 v. Chr.), der dritte »Sohn des Thot«, ist unbestritten der legitime Thronfolger, doch er ist nicht älter als fünf Jahre, als sein Vater stirbt, zu jung, um die Regentschaft zu übernehmen. Aber nicht die Mutter des kleinen Thutmosis, sondern die Tante und

Stiefmutter, Hatschepsut, übernimmt als Große Königliche Gemahlin die Amtsgeschäfte. Zwei oder drei Jahre später lässt sie sich zum Pharao krönen und ihre Herrschaft durch das Orakel des Gottes Amun legitimieren: Hatschepsut, so prophezeit ihr göttlicher Vater, sei zum König bestimmt, der über Ober- und Unterägypten herrschen solle.[7]

Auch nach ihrer Krönung zieht sie den jungen Thutmosis III. bei vielen Amtshandlungen und Ritualen hinzu. Die beiden treten zusammen auf und bilden ein Paar, nicht als Mann und Frau, sondern als zwei Koregenten. Für einen Machtkampf der beiden gibt es keinen Hinweis. Auch wenn eine solche Doppelregentschaft einmalig für das alte Ägypten ist und Hatschepsut in den Listen der Regenten fehlt, ist zweifelsfrei erwiesen, dass sie als weiblicher Pharao regiert hat – und das mit großem Geschick!

Hatschepsut ist eine schöne Frau: Mandelaugen, eine schmale gerade Nase, ein kleiner Mund und ein zartes Kinn. Sie hat eine zierliche Gestalt, und Männer bescheinigen ihr eine »katzenhafte Anmut«.[8] Als Pharao verkörpert sie beides, Frau und Mann. Tritt sie als Frau auf, trägt sie lange, eng anliegende Kleider; als männlicher Herrscher zeigt sie sich in kurzem Lendenschurz, auf dem Kopf eine kurze Perücke aus drei Lockenreihen.

Bald werden wir vielleicht sogar wissen, in welchen Duft sich Hatschepsut gehüllt hat. Ein 3500 Jahre alter Parfümflakon mit ihrem Schriftzug soll darüber Auskunft geben, nachdem Wissenschaftler am Ägyptischen Museum in Bonn mithilfe von Röntgenstrahlen festgestellt haben, dass sich in diesem Fläschchen der eingetrocknete Rest einer Flüssigkeit befindet. Inzwischen ist das kostbare Gefäß aufgebohrt worden, und Forscher des Pharmazeutischen Instituts versuchen herauszufinden, welche Pflanzenextrakte die kristallartige Masse enthält, die einmal das Parfüm der Herrscherin war. Für welche Herz-, Kopf- und Basisnote hat sich diese machtbewusste Frau entschieden? Enthält ihr Parfüm auch Weihrauch, dessen Duft in der Götterverehrung eine so wichtige Rolle spielt? Verleiht Hatschepsut sich mit einem solchen Parfüm einen Hauch des Göttlichen, oder setzt sie es als ein Mittel weiblicher Verführungskunst ein?

Senenmut trägt die kleine Nofrure

Sie hat nie geheiratet. Aber einen Liebhaber soll sie gehabt haben: Senenmut, den Mann aus bescheidenen Verhältnissen, der zu ihrem engsten Vertrauten und zu einem ihrer mächtigsten Beamten wird, der nicht weniger als 66 Ämter bekleidet. Auch er, und das ist äußerst ungewöhnlich, bleibt unverheiratet. Doch für ein Liebesverhältnis der beiden gibt es keine eindeutigen Belege. Zwar existieren in Hatschepsuts Begräbnistempel zwei versteckt angebrachte pornografische Darstellungen der beiden, doch das kann auch ein grober Scherz der Arbeiter gewesen sein.

Tatsache ist, dass Hatschepsut Senenmut voll und ganz vertraut und ihm zahlreiche Vorrechte einräumt, so gewährt sie ihm eine Grabstätte in ihrem Totentempel Deir el-Bahari, dessen Errichtung Senenmut als Architekt und Bauleiter überwacht hat und der sein berühmtestes Werk geworden ist. Vor allem überlässt sie ihm die Erziehung ihrer beiden Töchter – eine Aufgabe, der er sich mit Hingabe widmet. Von den mehr als 20 Statuen, die ihren »Großen Haushofmeister« darstellen, zeigen ihn einige als liebevollen Ziehvater mit Tochter Nofrure, eine Tatsache, die die Spekulationen über eine mögliche Vaterschaft Senenmuts immer wieder angefacht hat.

Gartenluxus in Ägypten

In der etwa 20 Jahre dauernden Regierungszeit Hatschepsuts kommt Ägypten zu Wohlstand. Es ist eine friedliche Epoche, und es wird viel gebaut. Neue Tempelanlagen entstehen, alte werden erweitert oder restauriert. Das soll die Götter milde stimmen, ist aber auch ein politischer Schachzug, um die rivalisierenden Fraktionen des mächtigen Klerus ruhig zu halten und die unterworfenen Völker im Osten Ägyptens zu befrieden. In diesem Umfeld können sich Kunst und Handwerk entwickeln. Auch die Gartenkunst.

Nirgends in der Region findet man zu Hatschepsuts Zeit so üppige und liebliche Gärten wie im Land am Nil. Die Vornehmen und Reichen legen um ihre Häuser ausgedehnte Gärten an, mit Alleen, Wein, Obst und Gemüse sowie einer duftenden Blumenpracht. Diese Lustgärten sind Statussymbole, auf die die Ägypter auch im Jenseits nicht verzichten wollen. Der Garten, so glauben sie, sei ein Lieblingsort der Verstorbenen, und deshalb lassen sie ihre Gartenanlagen in den Gräbern abbilden. Sie sollen die Seelen der Verstorbenen erfreuen, wobei diese farbenfrohen Abbildungen uns noch Jahrtausende später ein lebendiges Bild der ägyptischen Gartenkunst übermitteln.

Umgeben von hohen Mauern, sind die unterschiedlichen Gartenpartien streng geometrisch angeordnet. Quadratische Gemüsebeete sind voll mit Lattich, Zwiebeln und anderem Gemüse; der Wein wächst meist mitten in den Obstgärten und wird häufig an

Gestellen gezogen, damit die Reben schattige Weinlauben bilden. Palmen und Feigenbäume bilden kühle Alleen, in denen die Herrschaften lustwandeln, wobei die Feigen und die Früchte der Dattel- und Dumpalmen geerntet und in der Küche zu köstlichen Speisen verarbeitet werden. Die Lieblingsbäume der Ägypter sind die Maulbeerfeigen *(Ficus sycomorus)*. Die Sykomoren sind vielseitig nutzbar und fehlen in keinem Garten. Ihre wässrig-süß schmeckenden Früchte werden mehrmals im Jahr geerntet und seit jeher den Toten mit auf ihre Reise gegeben.

Ins Zentrum des Gartens gehört immer ein Wasserbecken, in dem sich Fische und Schwimmvögel tummeln. Hier kann sich der Hausherr erfrischen, aber auch rituelle Waschungen vornehmen. In einem nahe am Wasser erbauten Gartenpavillon sitzend, genießt er den Blick auf die Blumen, die das Bassin umgeben – ein Bild, in dem sich die ägyptische Realität spiegelt: der Nil, der die Pflanzen mit seinem Wasser nährt.[9]

Besondere Sorgfalt verwenden die ägyptischen Gartenliebhaber auf ihre Blumen. Exotische Pflanzen aus fernen Ländern erfreuen sich großer Beliebtheit, und in den Gärten blühen roter Mohn und gelbe Alraune, Winde, Distel, Kornblume und Chrysantheme, Lilie und Iris. Vor allem aber Papyrus sowie blauer und weißer Lotos. Sie werden in Abbildungen sehr reduziert, fast schematisch gezeichnet, denn sie sind das Symbol für Blumen schlechthin.

Und Blumen sind immer dabei – bei Festen und religiösen Zeremonien, in der Poesie und in der Liebe. Farbenprächtige Sträuße, Kränze und Girlanden schmücken die Frauen, die Festsäle, die Tische und Speisen. Auch die Verstorbenen werden mit kunstvoll gearbeiteten Girlanden für die Reise zu den Göttern geschmückt.[10] Jeder Gärtner muss die Kunst des Blumen- und Kranzbindens erlernen, denn man kränzt Hals und Haar und begrüßt den Gast mindestens mit einer Blüte, besser noch mit einem Strauß. Die Gärtner arrangieren immer neue Gebinde, und mit jeder Erfrischung werden neue Blüten herumgereicht. Die Gäste tragen sie in der Hand und lassen andere daran riechen.

Es ist anzunehmen, dass im Garten des Pharao die Blumenpracht keine Grenzen kennt. Doch wir wissen nicht viel über die

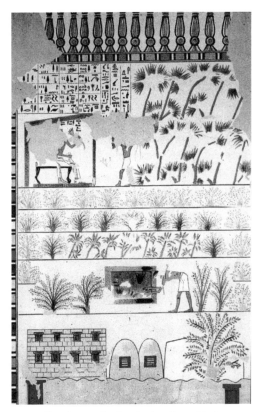

Der Garten des Ineni – in seinem Grab
abgebildet

Palastgärten im alten Ägypten, denn die weltlichen Wohnsitze der Könige wurden – anders als ihre Totentempel – nicht für die Ewigkeit gebaut. Sie sollten nach dem Tod der Herrscher schnell vergehen. Über Hatschepsuts Paläste und ihre Gärten wissen wir nur, dass sie ganz in der Nähe der Tempelanlage von Karnak lagen und dass Ineni, der geniale Baumeister ihres Vaters, sie bei der Anlage der Gärten beraten hat. Ihn kennt die Königin schon lange, denn oft hat sie ihn als Kind in seinem berühmten Garten besucht, der ganz in der Nähe des elterlichen Palastes lag. Viel hat sie von ihm gelernt. So hatte Ineni ein großes botanisches Wissen und kultivierte sehr erfolgreich Blumen aus fremden Ländern sowie exotische Gewürzbäume, deren Namen er sogar an einer Mauer seines Grabmals festhielt.

Vielleicht hat er die botanische Neugier der kleinen Hatschepsut geweckt und sie ermuntert, später selbst einmal mit fremdartigen Gewächsen zu experimentieren.[11] Bestimmt hat er ihr von dem fernen und geheimnisvollen »Land Gottes« erzählt, für dessen ungeheure Pflanzenschätze sie sich seither interessiert. Als Herrscherin ist sie nun entschlossen, das sagenhafte Land Punt zu erkunden, wo es angeblich die Balsam spendenden Bäume im Überfluss gibt.

Der Weg nach Punt

Mit vielen östlich von Ägypten gelegenen Ländern bestehen florierende Handelsbeziehungen, denn anders als ihr Vater setzt Hatschepsut nicht auf militärische Feldzüge, sondern will durch Handel das Verhältnis Ägyptens zu seinen Nachbarn im Osten stabilisieren. Dort liegen die Handelszentren für tropische Waren aus den Küstenregionen des Roten Meers und aus Nordafrika. Von hier bringen ausländische Zwischenhändler mit ihren Karawanen Gold und Elektrum (silberhaltiges Gold) nach Ägypten, Ebenholz, Elfenbein oder Schmucksteine wie Karneol und Lapislazuli.

Doch dieser Zwischenhandel verteuert die Waren erheblich, und die Nilbewohner sind angewiesen auf das Wohlwollen der Herrscher im Hinterland: Von diesen hängt es letztlich ab, ob genügend Rinderherden das Land erreichen oder ob die Köche die Speisen des Pharao mit Zimt oder Wacholderbeeren würzen können. Vor allem aber die für den Götterkult wichtigen Balsamstoffe wie Weihrauch und Myrrhe erreichen nur über diese unsicheren Wege die ägyptischen Tempel. Das will Hatschepsut ändern: Sie will den Zwischenhandel ausschalten, damit die Ägypter direkt mit den Völkern im Hinterland Handel treiben können.

Die kriegerischen Expeditionen des Vaters waren nie über die Stromschnellen des fünften Katarakts hinausgekommen, noch waren sie in die östlichen Regionen des oberen Nils vorgedrungen. Hatschepsut lässt nun Nachforschungen über alte, möglicherweise in Vergessenheit geratene Handelswege in die Regionen anstellen, von denen die Bewohner des östlichen Nilufers behaupten, dort wüchsen »die Bäume, die wohlriechende Stoffe weinen«.

Ganz besonders interessiert sich Ihre Majestät für das von Amun geliebte Punt, das auch »Gottesland« genannt wird. Die Nachforschungen ergeben, dass früher tatsächlich schon Expeditionen in dieses sagenhafte Eldorado vorgedrungen sind, um die kostbaren Duftharze und andere Essenzen zu holen, die dort wachsen und am Nil gebraucht werden, um die Götter im geheimnisvollen Inneren der Tempel zu erfreuen.

Nun beauftragt Hatschepsut den erfahrenen Militärführer Nehesi, eine Nilfahrt vorzubereiten. Gleichzeitig weist sie ihre besten Karawanenführer an, die Landwege auszukundschaften, die vom östlichen Nilufer ins Hinterland führen. Schon bald kehren die Kundschafter mit konkreten Vorschlägen zurück, wie eine ägyptische Expedition zu Wasser und zu Land bis nach Punt vordringen könne. Außerdem bringen sie die Zusage, dass die Herrscher der Anrainerstaaten die Abgesandten des Pharao empfangen werden und sie sich frei bewegen dürfen. Hatschepsut entscheidet sich für die Route, auf der ihre Flotte eine möglichst weite Strecke der circa 300 Kilometer zwischen Nil und Rotem Meer auf dem Wasser zurücklegen kann. Sie ordnet den Bau von fünf Schiffen an, die man sowohl rudern als auch segeln kann, und lässt ein Orakel Amuns im Land verbreiten: »Sucht die Wege nach Punt, entdeckt den Zugang zur Weihrauchtreppe«, habe der Gott befohlen, »führt das Heer über Wasser und Land, um von den Wundern aus dem Land Gottes zu berichten, jenes Gottes, der die Vollkommenheit dieses Landes geschaffen hat.«[12]

Dieser Gott ist natürlich Amun. Ihn will die Königin großzügig und dauerhaft mit den Wohlgerüchen des Balsams aus Punt beglücken. Deshalb hat sie auch Pläne geschmiedet, Weihrauchbäume von dort nach Theben zu holen, um sie in Amuns Tempelbezirk zu pflanzen. Auf diese Weise, so hofft sie, werden ihr die Vorräte an wohlriechenden Essenzen nie ausgehen.

Gärtnern in der Wüste

Schon zahlreiche Pharaonen vor Hatschepsut rühmten sich, lebende Weihrauchbäume an den Nil geholt zu haben, doch die kostbaren Gewächse haben nicht überlebt. Zu heiß, zu trocken, der Boden zu steinig – woran die Balsambäume eingegangen sind, wissen wir nicht. Allemal ist das Gärtnern in Ägypten schwierig, denn auch das bescheidenste Grün muss der Wüste abgerungen werden. Landwirtschaft ist nur im breiten Nildelta und im schmalen Flusstal möglich, die einmal im Jahr überschwemmt werden. Dann bedecken wild wachsende Lotosblumen alle Wasserflächen, und das Land verschwindet unter einem weiß-blau und rot leuchtenden Blütenteppich. Ist das Wasser zurückgegangen, wird auf dem fruchtbaren Schwemmland Getreide angebaut.

Alles andere aber wächst in unwirtlichen Wüsten. Wer da Bäume oder Blumen, Gemüse, Wein oder Obst kultivieren will, muss viel Land besitzen und reich sein, denn die Natur ist nicht freigebig, der Mensch muss sich die Schönheit der Gärten, ihren wohltuenden Schatten und die wohlschmeckende Nahrung mit viel Mühe und Arbeit erkämpfen. Sind die Ägypter vielleicht gerade deshalb so innig mit ihren Gärten verbunden, weil es an ein Wunder grenzt, dass unter den extremen klimatischen Bedingungen überhaupt etwas wächst?

Dafür, dass das gelingt, sind die zahlreichen Gärtner und ihre Gehilfen verantwortlich. Eine ganz spezielle Pflanztechnik soll den Gewächsen das Überleben erleichtern: Bis zu drei Meter tiefe Löcher werden für die Bäume ausgehoben und die Wurzeln in eine Mischung aus Sand und fruchtbarem Nilschlamm gebettet. Junge Bäume werden in Wasser speichernden Tongefäßen in die Pflanzgrube gesetzt. Wenn der Wurzelballen wächst und schließlich das Tongefäß sprengt, dienen die im Pflanzloch verbleibenden Scherben weiterhin als Wasserspeicher.

Traubenernte in der Weinlaube

Darüber hinaus befördert ein ausgeklügeltes System von weit-
verzweigten Kanälen, das durch Dämme und Schleusen reguliert
und stets kontrolliert wird, das Nilwasser auch in entfernt liegende
Gebiete, doch längst nicht alle Gärten werden davon erreicht. Die
höher gelegenen Grundstücke brauchen ihre eigenen Brunnen.
Eine ganze Schar von Gartengehilfen muss das kostbare Nass mit
Hebelbrunnen (Schadufs) heraufholen, um dann die Krüge unter
der sengenden Sonne zu den Pflanzen zu schleppen. Meist wacht
ein mit einer Fuchtel ausgestatteter Vorarbeiter über die Arbeits-
moral seiner Gehilfen, doch kaum hat er sich herumgedreht – so
jedenfalls zeigen es viele Wandmalereien –, ruhen die Männer sich
im Schatten der Bäume von ihrer schweren Arbeit aus. »Der Gärtner trägt das Joch«, heißt es in einer Schrift um 1800 v. Chr., »seine
Schultern sind wie vom Alter gebeugt. Er hat so viele Geschwüre
auf seinem Nacken, dass dieser einer eitrigen Wunde gleicht. Des

Mit dem Schaduf wird Wasser aus dem Nil geschöpft

Morgens begießt er das Gemüse und am Abend die Schat-Pflan-
zen [?], wobei er den ganzen Tag im Obstgarten verbringt. Dann
fällt er todmüde um, und das gilt für ihn mehr als für jeden anderen
Beruf.«[13]

Dann kommt die Zeit der Gemüse-, Obst- und Weinernte – da
ist die Arbeit etwas leichter: Die Männer stehen unter den Obst-
bäumen und pflücken die Früchte der unteren Zweige, andere klettern in den Baum und sammeln die Früchte oben in einen Korb,
den sie an einem Seil hinablassen. Bei der Gemüseernte sitzt der
Gärtner meist in der Hocke und nimmt einen Stock zur Hilfe, um
die Pflanze aus dem Boden zu hebeln. Auch mit der Blumenernte
sowie der Herstellung des Blumenschmucks ist der Gärtner betraut;
und in den Tempeln haben der »Gärtner für die Blumenopfer« und
der »Träger der Blumenopfer« wichtige Funktionen in den Opfer-
zeremonien und -prozessionen.

Abreise nach Punt

Zu Beginn der Überschwemmungsperiode sind alle Vorbereitungen für die abenteuerliche Expedition abgeschlossen. Die besten Werkstätten Ägyptens haben erlesene Geschenke für den Herrscher von Punt geliefert. Die Reiseverpflegung und die Handelswaren sind verstaut, auch die Landkarten sind fertig gezeichnet: Punt, das »Land Gottes«, liegt südöstlich von Ägypten, im Gebiet des heutigen Somalias oder Eritreas.

Hatschepsut weiß um die großen Risiken einer Fahrt nilaufwärts durch die gefürchteten Stromschnellen, wischt aber alle Bedenken mit dem Hinweis beiseite, dass Amun ihr befohlen habe, einen neuen Weg nach Punt zu finden, um von dort Harze und Salben für den Gott heranzuschaffen. Sie solle »Punt im Inneren seines Tempels errichten, die Bäume aus dem Land des Gottes zu beiden Seiten seines Heiligtums und in seinen Garten pflanzen«.[14]

Ihre Majestät will die gefährliche Reise nach Punt nicht selbst antreten, aber ihr Geist wird die Expedition begleiten. Sie drängt zur Eile, denn die Schiffe sollen die unberechenbaren Stromschnellen noch mithilfe des Hochwassers passieren; falls doch unüberwindbare Hindernisse aufträten, müsse man die Schiffe eben an Land auf Gleitplanken über den Nilschlamm ziehen.

Drei Tage nach einer letzten Besprechung mit ihren Beratern bricht die Flotte auf. Zu ihrer Verabschiedung erscheint die Herrscherin auf der Hafenanlage von Karnak. An der Spitze des Verbands das kostbarste Schiff; an Deck die Standbilder von Amun und Hatschepsut aus kostbarem Rosengranit, die in Punt aufgestellt werden sollen. Expeditionsleiter Nehesi grüßt seine Königin zum Abschied, die Götter werden um Beistand gebeten und Weihrauchopfer verbrannt. Danach erklingen die Fanfaren, und 150 Ruderer greifen in die Riemen. Auf dem Nil werden die Segel gesetzt, um die Männer auf den fünf Schiffen bei der anstrengenden Fahrt flussaufwärts zu unterstützen.

Dieser Anblick erfüllt Hatschepsut mit Genugtuung. Schon jetzt ist die Königin unendlich stolz auf diese Unternehmung, denn sie zeugt von ihrer Macht und wird die Nachwelt beeindrucken. Auf robusten Papyrusrollen wird über jeden einzelnen Tag der Erkundungsreise berichtet werden; die Zeichner hat Hatschepsut angewiesen, alle Besonderheiten im Bild festzuhalten, und an einer Wand in ihrem Begräbnistempel sollen die Künstler später die Reise in allen Details wiedergeben.

In der Tat ist diese Expedition eine Sensation, und wie ein Lauffeuer verbreitet sich die Nachricht von der stattlichen ägyptischen Armada, die sich in friedlicher Absicht nach Süden bewegt. Sie durchquert äußerst fischreiche Gewässer und landet nach schwierigen Manövern sicher in Punt. Als Erstes bringt ein kleines Boot die Opfergaben an Land, um Amun und die Große Mutter Hathor zu ehren und den Göttern für die günstigen Winde und die sichere Passage der Katarakte zu danken.

Inzwischen ist auch Nehesi mit acht Soldaten von Bord gegangen. Sie tragen Truhen voller Schmuckstücke: Arm- und Fußreifen, Halsketten, glasierten Emailleschmuck und eine Menge bunter Glasperlen. Verwundert betrachten die Ägypter die runden Hütten der Puntiter, die auf Pfählen stehen und nur über Leitern zu erreichen sind. Zugleich entdecken sie in großer Zahl die begehrten stark duftenden Weihrauchbäume und schmieden Pläne, wie sie die ausgewachsenen Pflanzen gesund und unbeschädigt in die Tempel nach Theben bringen können.

Weihrauch für die Götter

Im alten Ägypten sind die Tempel die Wohnstätten der Götter und deshalb mit Grünanlagen geschmückt. Diese sollen eine angenehme Umgebung erzeugen und durch ihre Symbolik einen den göttlichen Wesen angemessenen Ort schaffen. So ist beispielsweise der von Palmen umstandene, mit Papyrus und Lotos bewachsene Teich ein Sinnbild für die Schöpfung und steht für Wachstum in dem immerwährenden Zyklus von der Überschwemmung bis zur Ernte.

Darüber hinaus spielen die Tempelgärten eine wichtige ökonomische Rolle: Sie ernähren das zahlreiche Tempelpersonal und spenden die Grundstoffe für viele Gebrauchsgegenstände. Auch im kultischen Kontext dienen die Gärten ganz praktischen Zwecken: Zum einen verfügt jeder Tempel über einen schattigen Obstgarten und ein Wasserbecken, damit sich die Götter erfrischen können. Außerdem ernähren die Tempelgärten die Götter. Täglich werden ihnen Pflanzenopfer dargebracht – Blumen, Obst und Gemüse. Amun liebt beispielsweise den Lattich, ein Blattgemüse, das als Aphrodisiakum gilt und das für ihn in den Tempelgärten von Karnak in großen Mengen angebaut wird. Blumensträuße sind hochwillkommene Opfergaben, wobei die Götter besonders vom Duft der Pflanzen angetan sind. Deshalb werden in den Ritualen Duftharze aller Art verwendet, vor allem aber Myrrhe und Weihrauch.

Diese Bäume, »die wohlriechende Tränen weinen«, gehören zur Familie der Balsambaumgewächse, und sie geben die Duftharze frei, wenn man ihre Rinde einschneidet. »Senetscher« bezeichnet das Weihrauchharz, das bei mehreren Boswellia-Arten in dicken Tränen aus der Schnittstelle hervorquillt; »Antiu«, die Myrrhe, ist das Gummiharz, das von Bäumen der *Commiphora*-Familie gewonnen wird. Beide sind unscheinbare Bäume, die auf beiden Seiten des Roten Meeres bis hinunter nach Südarabien und Nordafrika wachsen.

Weihrauch ist für die Ägypter »der Stoff, der göttlich macht« und deshalb im Götterkult eine besonders wichtige Rolle spielt. In riesigen Mengen wird dieses Räucherharz täglich gebraucht, um in allen Tempeln Ägyptens die Rituale vor den Götterstatuen zu vollziehen. Dazu tritt der Pharao oder der Priester als sein Vertreter vor den Götterschrein, öffnet die Tür und hält einen Räucherarm mit brennender Holzkohle vor die Statue. Dann wirft er langsam ein Harzkügelchen nach dem anderen in die Glut, oder das Harz brennt in kleinen schalenförmigen Räuchergefäßen, sodass muntere Flammen emporzüngeln. Durch das Erhitzen werden die ätherischen Öle freigesetzt, deren Duft die Götter immer aufs Neue belebt und erfreut. Der Weihrauchduft verkörpert den Gott, und der in Schwaden aufsteigende Rauch gilt als Zeichen, dass sich die Gottheit dem Gläubigen offenbart.

Eigentlich werden die Harze getrocknet und in festen Brocken gehandelt, und sie garantieren dem Land, in dem sie wachsen, Wohlstand und Macht. Seit Jahrhunderten ziehen Karawanen auf der berühmten Weihrauchstraße vom Indischen Ozean Richtung Mittelmeer: In monatelanger Anstrengung legen die Händler mit ihren Kamelen 3500 Kilometer durch unwirtliche Wüstenregionen zurück. Doch der Handel lohnt, denn mit jedem Transportkilometer steigt der Wert ihrer Fracht. Viel Geld ließe sich sparen, wenn Ägypten mit den Bäumen aus Punt eine nie versiegende Weihrauchquelle erhielte. Dafür, so meint Hatschepsut, lohnt die risikoreiche und aufwendige Expedition ihrer Pflanzenjäger nach Punt.

Der Aufenthalt in Punt

Am Ziel angekommen, ist es Nehesis vornehmliche Aufgabe, über den Preis der Weihrauchbäume und anderer Schätze des Landes zu verhandeln. Von einer Seite nähert sich eine kleine Menschengruppe mit einem Esel: An der Spitze schreitet, groß und schlank, Paheru, der Herrscher von Punt, und grüßt mit erhobenen Unterarmen und offenen Handflächen. Ähnlich wie die Ägypter trägt er einen Lendenschurz; seine Haare sind kurz gelockt, und das Kinn schmückt ein langer dünner Bart, wie ihn die Götter von Karnak lieben.

Daneben wirkt Paherus Frau in ihrem hemdähnlichen Oberteil und einer Art Wickelrock unförmig: Königin Iti ist kurzbeinig, fett und hat ein überdimensionales Hinterteil. Ihr langes Haar wird durch ein Stirnband gehalten. Sie trägt ein Collier mit schweren Anhängern, während ihre Hand- und Fußgelenke mit Reifen geschmückt sind. Wie ihr Mann ist sie barfuß, und wie er heben sie und die drei Kinder die Arme zur Begrüßung. Hinter der Gruppe stehen der Esel und der Eseltreiber mit einem kräftigen Stock: »Der Esel, der die Gemahlin des Herrschers trägt«, schrieb der Künstler, der die Szene im Bild festhielt. Ein boshafter Kommentar? Fast sieht es so aus, wenn man die Größe der Königin mit der des Esels vergleicht.

Paheru und Iti – das Königspaar von Punt

Nehesi hat genügend Lebensmittel mitgebracht, um den Mächtigen in Punt ein Festbankett auszurichten. Während die Schiffsköche ein Galadiner bereiten, wird ein geräumiges Zelt aufgestellt. Als Gastgeber trägt Nehesi ein Prunkgewand und hat ein schweres Goldcollier angelegt; auch die beiden Ehrengäste sind festlich gekleidet. Die goldenen Reifen an Paherus Bein glitzern in der Sonne. Den Herrschern von Punt soll es an nichts fehlen: »Sie sollen Brot, Bier, Wein, Fleisch, Früchte und alle guten Sachen erhalten, die es in To-meri [Ägypten] gibt – so wie der Palast es verfügt hat.«[15]

Da kochen Linsen in den Töpfen, Bohnen und Kichererbsen, die »an Falkenaugen erinnern«. Hatschepsuts Bäcker liefern Kümmel- und Sesambrötchen; die Konditoren backen Nuss- und Früchtekuchen aus Honig, Datteln, Feigen und Rosinen, aus Mandeln und Pistazien. Gepökelte und geräucherte Fische kommen auf den

Tisch; getrocknetes und gewürztes Rindfleisch, Wildenten und Gazellenkeulen haben die Gäste aus Ägypten für den Festschmaus mitgebracht. In einer Soße aus Olivenöl schwimmen Auberginenscheiben; Oliven und Quark werden mit kleinen weißen Zwiebeln und Fischrogen serviert, und um das Festmahl abzurunden, wird am Ende köstlicher süßer Wein gereicht.

Die Papyrusrollen, die sicher verpackt auf den Schiffen verstaut werden, berichten ausführlich über die Ereignisse jeden Tages: Da wird notiert, dass der Architekt die Topografie von Punt erkundet, die Wasserverhältnisse sowie die Bautechniken studiert; oder dass der mitreisende Arzt die Menschen der unterschiedlichen Ethnien untersucht und dass Nehesi ins Tiefland geführt wird, um den größten Markt Ostafrikas kennenzulernen.

Auch der Handel zwischen Hatschepsuts Abgesandten und den Puntitern kommt in Schwung. Letztere schaffen die unterschiedlichsten Erzeugnisse zum Tauschen heran. Nehesi hat Proben der ägyptischen Waren aufgebaut, während Paheru Duftharze und zwei Kisten mit Goldreifen neben das Festzelt gestellt hat. Vom König ausgewählte Männer helfen, die kräftigsten Weihrauchbäume auszuwählen, die ausgegraben und nach Theben transportiert werden sollen. Nun gilt es, die Beförderung von 31 ausgewachsenen Bäumen so zu organisieren, dass sie wohlbehalten in Ägypten ankommen, um so den ausdrücklichen Wunsch der Königin zu erfüllen und sie zufriedenzustellen.

Rückkehr mit reicher Beute

An einem von Nehesi vorgegebenen Tag versammeln sich die Expeditionsteilnehmer bei den Schiffen, um die Abreise vorzubereiten: »Man belädt die Schiffe bis zum Rand mit den Wundern des Landes Punt, mit allen schönen Aromen, die das Land des Gottes schenkt, mit Harzen, Weihrauch und grünen Weihrauchbäumen, mit Ebenholz und reinem Elfenbein, mit grünem Gold aus dem Land des Amon, mit dem Holz des Zimtbaumes, dem Cherit-Holz [?], mit Myrrhe, Terpentinharz, Antimon, Pavianen, Hundskopfaffen, Windhunden, Pantherfellen aus dem Süden und mit Einheimischen und ihren Kindern.«[16] Tatsächlich geht eine ansehnliche Delegation aus Punt mit an Bord, selbst der König hatte den Wunsch geäußert, sich nach Theben zu begeben.

Auf der Gangway herrscht ein ständiges Hin und Her der Matrosen, und Nehesi läuft von einem Schiff zum anderen, um das Verstauen der Waren zu überwachen. Er achtet darauf, dass die Weihrauchbäume besonders sorgfältig behandelt werden: Fachmännisch mit den Wurzeln ausgegraben, werden sie erst am Tag vor der Abfahrt in großen Körben ans Ufer gebracht. Jeder der insgesamt 31 Bäume eine tonnenschwere Last! Das Wurzelwerk ist von dicken Erdballen umgeben, um ein Austrocknen zu verhindern. Die Körbe hängen an starken Tragebalken, die vorn und hinten von je drei Männern geschleppt werden. Um jeden Stamm ist ein Tau gebunden, das von einem der Träger gehalten wird, damit der Baum im Gleichgewicht bleibt und nicht umkippt.

Die Matrosen stöhnen unter der Last. »Passt auf eure Beine auf!«, ruft einer der Aufseher, die aus dem vorderen Deckaufbau durch Händeklatschen den Arbeitsrhythmus vorgeben. »Du lädst mir zu viel auf«, beklagt sich einer der Matrosen. »Wir arbeiten für unsere Königin!«, erhält er zur Antwort: »Wir begleiten die Weihrauchbäume aus dem Land des Gottes zum Tempel des Amun, [denn] dort ist ihr Platz. Maatkare [ein anderer Name Hatschepsuts] wird dafür sorgen, dass sie sich von ihrem See zu beiden Seiten ihres Tempels ausbreiten.«[17]

Sobald ein Schiff beladen ist, suchen sich die für die Tempel bestimmten Affen ihre Plätze: Einer balanciert auf einer Trosse, ein anderer sitzt nicht weit von einem Wasserschlauch entfernt. Die Schiffe lichten die Anker, und während die Matrosen die Segel hissen, stimmen sie ein Lied an. Zügig wollen sie die kostbare Ladung nach Hause bringen, denn sie rechnen fest mit der Bewunderung der Thebaner sowie einer reichen Belohnung durch die Königin.

In Karnak hat die Ungeduld ihren Höhepunkt erreicht. Eine riesige Menschenmenge versammelt sich, als die Schiffe auf dem Fluss erscheinen. Die Thebaner wollen die Schätze aus dem fremden Land mit eigenen Augen bestaunen. Kaum haben Nehesi und seine Truppe festen Boden unter den Füßen, opfern sie verschwenderisch von den mitgebrachten Räucherharzen ihrem Gott Amun, denn »dank der Macht des verehrungswürdigen Gottes Amon-Re, de[s] Herrscher[s] auf dem Thron des doppelten Landes, bringen sie die Wunder des Landes Punt herbei, die noch keinem der vorhergehenden Könige ausgehändigt wurden«.[18]

Hatschepsut erscheint persönlich, um die Rückkehrer zu begrüßen. Dabei wird sie von ihrem Neffen, Thutmosis III., begleitet. Die Königin präsentiert sich als Pharao in majestätischer Pracht auf dem riesigen Platz, wo alle Kostbarkeiten ausgebreitet sind. Auf dem Kopf trägt sie zwei lange, gewellte Widderhörner, an denen zwei Straußenfedern befestigt sind; in der Hand hält sie eine Keule für die Weihezeremonie.

Die Fürsten von Punt, die mit nach Theben gekommen sind, »kauern am Boden«, besagt die Inschrift des Reliefs, das die Fremden zeigt, wie sie sich kniend und mit anbetend erhobenen Armen der (symbolisch dargestellten) Königin nähern. Ihre Worte: »Gegrüßet seist Du, o Herrscherin von To-meri [Ägypten], weibliche Sonne, die wie die Kugel Aton [der Sonne] erstrahlt ...«[19] Neben ihnen am Boden liegen wertvolle Geschenke; ein Mann führt einen Hundskopfaffen an der Leine, auch ein angeleinter, traurig dreinblickender Panther ist zu sehen, denn zur Freude der Ägypter werden zahlreiche wilde Tiere ausgeladen, darunter auch Giraffen, Nashörner und Wildkatzen für den zoologischen Garten. Ein Gepardenpaar behält Hatschepsut persönlich. Mehrfach lässt sie sich mit den beiden Tieren an der Leine abbilden, die mit ihrem geschmeidigen Gang Eleganz und Majestät ausstrahlen.

Hatschepsut betont immer wieder, dass die Schätze Punts nur für Amun bestimmt seien, und wie zum Beweis sind schon vier mächtige Weihrauchbäume ganz in der Nähe des Tempels von Karnak gepflanzt worden. Es sind Prachtexemplare, so groß, dass eine kleine Rinderherde darunter Schatten findet, die stellvertretend für die 3300 Rinder abgebildet ist, die noch auf der Karawanenstraße nach Karnak unterwegs und ebenfalls für den Amun-Bezirk bestimmt sind.

Weihrauchbäume sind am Tempel aufgestellt

Im Hintergrund stehen sieben Weihrauchbäume in ihren Reisekörben, die Wurzeln noch immer im Ballen geschützt. Sie werden vermutlich in riesigen Töpfen auf einer Terrasse von Hatschepsuts Begräbnistempel aufgestellt. Vor den Bäumen liegt ein Berg Weihrauchharz, und vier Männer schicken sich an, ihre goldenen Scheffel damit zu füllen.

Angesichts dieses unermesslichen und lang ersehnten Weihrauchschatzes kommt es zu einem ungeheuerlichen Ereignis, das selbst Hatschepsuts engste Umgebung in Erstaunen versetzt: So nähert sich die Herrscherin den Harzen, die in der Sonne weich geworden sind und an schmelzendes Gold erinnern. Eigentlich will der Schreiber die Szene zeichnen, doch ist er zu überwältigt und beschränkt sich auf die schriftliche Schilderung: »Die Königin ergreift den Elektronscheffel. Sie streckt die Arme aus, um den Haufen zu messen. Dann gießt sich Ihre Majestät eigenhändig Öl über alle ihre Glieder. Ihr Parfüm ist wie ein göttlicher Hauch. Ihr Duft breitet sich aus bis Punt, ihre Haut verwandelt sich in Elektron. In Anwesenheit des ganzen Landes erstrahlt sie wie die Sterne. Das Volk ist voller Freude, es betet den Herrn der Götter an. Es feiert Maatkare [Hatschepsut] und betet sie an, denn sie ist ein wahrhaftiges Wunder. Vergeblich sucht sie ihresgleichen unter allen göttlichen Erscheinungen, die es seit Anbeginn der Welt gibt. Wie Re ist ihr ewiges Leben beschieden.«[20]

Ein Denkmal für die Nachwelt

Doch da ihr irdisches Leben irgendwann enden wird, beginnt Hatschepsut im achten Jahr ihrer Regierung, das heißt in dem Jahr, in dem die Expedition aus Punt zurückkehrt, mit dem Bau ihres Begräbnistempels Deir el-Bahari, was so viel heißt wie »Tempel aller Tempel« oder »Wunder aller Wunder«. Alles an diesem Bauwerk hat symbolische Bedeutung und dient der Selbstinszenierung eines stolzen Pharao. Die Anlage wird auf der Rückseite des Tals der Könige an einem steilen Felsen gebaut, in dem die Göttin Hathor ihren Sitz hat. Oft als Kuh dargestellt, symbolisiert sie die universelle Mutter, die mit ihrer Milch auch die Verstorbenen nährt, die als Anwärter auf die Unsterblichkeit auf ihre Neugeburt warten.

Höchstpersönlich leitet Hatschepsut das Gründungsritual des Tempels, in dem die wichtigsten religiösen Lob- und Dankesfeste des Jahres gefeiert werden sollen. Gebaut wird vor allem zur Zeit der Überschwemmung, wenn die Bauern, die die Schwerstarbeit verrichten müssen, nicht auf den Feldern arbeiten können. Architekt dieser in Ägypten einmaligen Anlage und oberster Aufseher bei den Bauarbeiten ist Hatschepsuts Vertrauter Senenmut. Fast täglich inspiziert er die Baustelle, von Zeit zu Zeit begleitet Hatschepsut ihren Architekten.

Es heißt, es sei eine der größten Freuden ihrer Regierungszeit gewesen, zum ersten Mal den Prozessionsweg zu ihrem Tempel entlangzugehen. Mit Senenmut kommt sie mit einer Barke durch einen Kanal und legt unterhalb des terrassenförmigen Tempels aus

Hatschepsuts Totentempel Deir el-Bahari

elfenbeinfarbenem Sandstein an. Von unten betrachtet, verschmelzen die Terrassen miteinander, und die beiden sie verbindenden Rampen scheinen ineinander überzugehen. Hatschepsut ist überwältigt. Sie hat Tränen in den Augen, als sie sagt: »Nicht[s] Vergleichbares ist jemals seit der Zeit des Gottes geschaffen worden.«[21]

Vom Bootsanleger bis zum Eingang in den Tempelbezirk führt der eindrucksvolle Prozessionsweg – 800 Meter lang und von 120 Sphingen gesäumt, die das Antlitz der Königin tragen.[22] Gespannt auf den Fortgang der Arbeiten durchschreitet Hatschepsut das Tor zum Tempelbezirk, das von zwei Perseabäumen *(Mimusops schimperi)*[23] flankiert ist. Auf der ersten Terrasse glitzert rechts und links das Wasser in zwei T-förmigen Wasserbecken in der Sonne. Im Wasser wächst Papyrus, das den Sumpfvögeln Zuflucht bietet. Die Bassins werden später, wenn der Tempel fertig ist, Schauplatz wichtiger Rituale sein, denn sie symbolisieren eine wichtige Station auf der Flussreise aus der Welt der Lebenden in das Reich der Toten. Deshalb wird man Wurfhölzer auf die Pflanzen schleudern, um die darin hausenden Dämonen zu vernichten, die den Verstorbenen gefährlich werden könnten.[24]

Freudig stellt Hatschepsut fest, dass – wie geplant – schon zahlreiche Bäume die erste Terrasse verschönern: Mimosen, Palmen, Obstbäume und Weinstöcke umgeben die Bassins. An diesem erholsamen Ort in der glühenden Wüstensonne wird Hatschepsut einige der Weihrauchbäume aus Punt platzieren. Sie werden vermutlich nicht wie die anderen Gewächse gepflanzt, sondern in Töpfen aufgestellt.

Noch wimmelt es auf der Baustelle von Arbeitern, die bei der Ankunft der Königin einen Gesang anstimmen und mit den Händen den Rhythmus klatschen. Hatschepsut steigt die erste Rampe zu den beiden jeweils 25 Meter langen Säulenhallen hinauf und taucht ein in das Spiel von Licht und Schatten zwischen den doppelten Säulenreihen. Noch arbeitet der Chefzeichner, der »Schreiber der Umrisse«, an der Rückwand. Er zeichnet auf, was der »Mann mit dem Meißel« als Relief herausarbeiten wird. Zuletzt wird dann ein Maler dem Ganzen Farbe verleihen.

Von der darüber liegenden zweiten Terrasse blickt Hatschepsut in das fruchtbare Tal von Theben. Rechts erstreckt sich die Stadt mit geraden Straßen, den zwei- bis dreistöckigen Häusern und ihren Gärten. In der Ferne, am Ende der geraden Achse nach Karnak, blickt sie auf den mächtigen Tempelbezirk des Amun, hinter dem morgens die Sonne aufgeht. Das eigentliche Heiligtum ihres Begräbnistempels wird ihm genau gegenüberliegen, und hinter Deir el-Bahari wird abends die Sonne untergehen.

Auch am Ende der zweiten Terrasse ist eine Säulenhalle entstanden. Hier lässt Hatschepsut auf der einen Seite ihre Geburt und göttliche Herkunft darstellen, auf der anderen feiert sie sich als Auftraggeberin der mutigen Expedition nach Punt. Hier wird die wahrscheinlich erste Pflanzenjagd der Geschichte bestens dokumentiert. In Bild und Schrift schildern die Künstler am Hof des Pharao mit Geschick und Detailtreue den Verlauf der Reise, ihre Ziele und ihr triumphales Ende.

In diesem Bauwerk werden alle Register gezogen, um Hatschepsut als bedeutende Herrscherin zu ehren, sie unsterblich zu machen und für die Nachwelt ihre Größe darzustellen. Das ist insofern gelungen, als Deir el-Bahari, der majestätisch aus dem Felsen wachsende helle Terrassenbau, auch 3000 Jahre nach Hatschepsuts Tod noch eine Attraktion jeder Nilfahrt ist.[25]

Warum Hatschepsut nach ihrem Tod geächtet wird und alle ihre Bildnisse zerstört werden, ist ein Rätsel geblieben. Mehrere Forschergenerationen glaubten, Thutmosis III. habe aus Hass auf die Usurpatorin gehandelt, die ihn so lange von der Macht ferngehalten habe. Doch warum kommt der Rachefeldzug erst 20 Jahre nach ihrem Tod?

Aktuellere Forschungen weisen aufgrund neu entdeckter Dokumente darauf hin, dass Hatschepsut in mehreren Punkten gegen altehrwürdige Konventionen verstoßen hat. Zum Beispiel fühlte sich der Klerus des Totengotts Osiris von den theologischen Reformen bedroht, weil Hatschepsut den Gott Amun über Osiris gestellt habe. Andere meinen, man habe Hatschepsut aus dem Gedächtnis der Ägypter und der Nachwelt entfernen wollen, weil sie als erfolgreicher weiblicher Pharao die Regeln der Thronfolge ändern wollte, um Frauen aus königlichen Familien den Weg auf den Thron zu ermöglichen.

Auch der Tod von Hatschepsut bleibt im Dunkeln. Wurde sie von Thutmosis III. ermordet?, haben sich frühere Archäologen gefragt. Das aber ist unwahrscheinlich, denn in den 20 Jahren ihrer Doppelregentschaft gibt es kein Zeichen eines Zerwürfnisses. Vielmehr geht die Forschung mittlerweile davon aus, dass Hatschepsut nach einer ungewöhnlich langen Regierungszeit als Pharao eines natürlichen Todes gestorben ist – und zwar am neunten Tag des zweiten Monats der Jahreszeit Peret im 22. Jahr ihrer Regierungszeit.[26] Das bedeutet: Zwei Monate nach der Überschwemmung von 1457 v. Chr. verlässt Hatschepsut endgültig die politische Bühne. Derjenige, der später ihre Bildnisse zerstören lässt, leugnet nicht nur Hatschepsuts Existenz, er verweigert diesem weiblichen Pharao sogar die Unsterblichkeit und ein Leben im Jenseits – ein doppelter Frevel!

Ein »Humboldt des 17. Jahrhunderts«

Der Forschungsreisende Engelbert Kaempfer

Im westfälischen Lemgo brennen die Scheiterhaufen. Jedes Jahr mehrmals. Zu diesen öffentlichen Spektakeln läuft das ganze Städtchen zusammen – als ob die Menschen im gerade erst beendeten Krieg nicht genug Mord und Totschlag erlebt hätten. Erst drei Jahre liegt das Ende des Dreißigjährigen Krieges zurück, wobei der Westfälische Frieden zwar die Kampfhandlungen in diesem grausamen und zerstörerischen Religionskrieg beendet hat, doch sind die ausländischen Truppen längst noch nicht abgezogen.

Überall herrschen Hunger, Not und Armut. Auch im Pfarrhaus an der Nicolaikirche geht es bescheiden zu, als am 16. September 1651 der zweite Sohn des Pfarrers Johannes Kemper geboren wird. Er wird auf den Namen Engelbert getauft. Die Schreibweise seines Familiennamens wird sich noch mehrmals ändern: Aus Kemper wird Kempfer, dann Kaempffer. Im Lauf der Jahrhunderte hat sich als Kompromiss »Engelbert Kaempfer« durchgesetzt. Die Mutter des Jungen stirbt früh, der Vater heiratet noch einmal, und schließlich hat Engelbert (1651–1716) sechs Geschwister.

Es sind unruhige Zeiten, das merkt auch der Heranwachsende. Die Hexenverfolgung und die brennenden Scheiterhaufen, die er als Kind gesehen hat, haben sich tief in sein Gedächtnis gegra-

57

ben. 34 Hexenprozesse in einem Jahr, das ist 1666 der Höhepunkt. 34-mal, statistisch fast dreimal im Monat, werden in der Kleinstadt Menschen verbrannt. Pfarrer Kemper spielt dabei eine unrühmliche Rolle: Als Pastor an der Hauptkirche Lemgos hat er die Pflicht, die »von Gott abgefallenen und mit dem Teufel in ein Bündnis getretenen Sünder« mit geistlichem Zuspruch zu ermahnen, ihre unter der Folter abgelegten Geständnisse nicht zu widerrufen. »Beim Sakrament« müssen die Opfer ihrem Prediger versprechen, sich bis zum Tod zu ihren vielleicht nie begangenen Schandtaten zu bekennen.[1]

Engelberts Vater ist so lange ein willfähriges Werkzeug der Inquisition, bis sein Schwager – ebenfalls ein evangelischer Pfarrer – 1665 der Hexenverfolgung zum Opfer fällt. Während des Prozesses wird vermutlich im Pfarrhaus intensiv über die Folter und das erpresste Geständnis gesprochen. Engelbert ist 14 Jahre alt und erlebt die Verzweiflung der Familie, auch wie sein Vater seinen Irrglauben erkennt, sich gegen die »Herren von Lemgo« stellt und Gefahr läuft, selbst als Hexer angeklagt zu werden.[2]

Möglicherweise sind das die Hintergründe dafür, dass der Junge schon als Schüler Lemgo verlässt, um in Hameln und ein Jahr später in Lüneburg die Schule zu besuchen. Nirgends hält es ihn lange: Er reist durch Mecklenburg und Holstein, um dann die Lateinschule in Lübeck zu besuchen. Mit 21 Jahren geht er nach Danzig, studiert Philosophie, Geschichte, alte und neue Sprachen. Stolz veröffentlicht er hier seine erste wissenschaftliche Arbeit.

»Lerne so, als ob Du ewig lebtest, lebe so, als ob Du heute stürbest«,[3] hat ihm sein Vater ins Stammbuch geschrieben, und Engelbert Kaempfer hält sich insofern daran, als er seine breit angelegten Studien mit großer Gründlichkeit verfolgt. Er will ein Gelehrter werden. Im damaligen Königreich Polen studiert er vier Semester Medizin und Philosophie; in Thorn macht er seine Magisterprüfung. 1677 wechselt er nach Königsberg, um an der Albertus-Universität Jura zu studieren, doch verbringt er die meiste Zeit in den Hörsälen der Mediziner, weil er die Naturwissenschaften liebt. Pflanzenkunde ist damals fester Bestandteil des Medizinstudiums, denn die Kenntnis der unterschiedlichen Pflanzen und ihrer Wirkung auf den menschlichen Organismus ist schließlich die Voraussetzung, um Krankheiten heilen zu können.

Kaempfer studiert ungewöhnlich lange. Seinen Lebensunterhalt muss er selbst verdienen; zum Beispiel unterrichtet er als Hauslehrer »unter der holdseligen Beschirmung« einer Äbtissin deren beide Neffen. Eine angemessene Anstellung ist nicht in Sicht. Vielleicht wechselt er deshalb im August 1681 an die als fortschrittlich bekannte Universität im schwedischen Uppsala. Dort tut er sich mit seiner ausgeprägten Fähigkeit hervor, exakt zu beobachten und das Gesehene präzise wiederzugeben. Außerdem fällt er als ungemein kenntnisreich und talentiert auf, sodass einige einflussreiche Männer mit guten Beziehungen zum Königshof auf ihn aufmerksam werden und ihm einen diplomatischen Posten verschaffen: Er wird »Legationssekretär bey einer an den russischen und persischen Hof bestimmten Gesandtschaft« – eine Aufgabe, auf die der Berufsanfänger stolz sein kann.[4]

Politischer Hintergrund dieser diplomatischen Reise ist der Wunsch Schwedens, einen direkten Zugang zu persischen beziehungsweise orientalischen Waren zu erhalten. Man will den holländischen Zwischenhandel ausschalten, der die Waren verteuert und den langen Transportweg um das Horn von Afrika mit sich bringt. Darüber hinaus möchte der schwedische König Karl XI. den Schah von Persien als Verbündeten gegen die Türken gewinnen, die ihren Machtbereich in Europa immer weiter ausdehnen. Am 20. März 1683, im Alter von 31 Jahren, bricht Kaempfer zum großen Abenteuer seines Lebens auf. Dass er zehn Jahre in exotisch fremden Ländern bleiben wird, ahnt er noch nicht. Geplant hat er seine Karriere als reisender Naturforscher jedenfalls nicht. Leider wissen wir nicht, wie der unternehmungslustige junge Mann ausgesehen hat, denn es gibt kein Bildnis von ihm.

Auf dem Weg nach Persien verbringt die Gesandtschaft zwei Monate in Moskau, verhandelt mit den beiden Zaren Iwan und Peter und amüsiert sich in der nicht eben prüden Metropole. Auch Kaempfer ist einer der freizügigen Vorstadtdamen zugetan und stellt im Nachhinein ernüchtert fest: »In Russland sind viele Kirchen und wenig Zuhörer, viel Seuffer und wenig Krüge, viele

Huren und wenig Hurenhäuser. Dreierlei werden in Russland viel forciert: die Glocken, die Pferde, die Weiber.«[5]

Auf der Route von Moskau nach Isfahan lauern Banditen den Reisenden auf. Gerade erst seien »10 Kaufleute geplündert, 2 erschossen, die anderen lahm gehauen« worden,[6] notiert Kaempfer. Bei der Überquerung des Kaspischen Meers wird die Gesandtschaft von einem heftigen Sturm überrascht. Eines der kleineren Schiffe läuft voll Wasser, und die für den Schah als Geschenk mitgeführten drei deutschen Windhunde ertrinken, als sie über Bord gespült werden.[7] Eine Expedition voller Gefahren! Doch Engelbert Kaempfer, immer neugierig den Naturphänomenen nachspürend, lässt sich nicht einschüchtern. Unerschrocken setzt er sich zeitweise von seiner Reisegruppe ab, um Baku und die Erdölquellen der Halbinsel Apscheron zu erkunden. Doch das bringt dem Forscher den Verdacht der Spionage und zahlreiche Scherereien mit den lokalen Machthabern ein.

Die Gärten des Schahs

Ein Jahr nach ihrer Abreise aus Schweden erreicht die Gesandtschaft Ende März 1684 endlich ihr Ziel, die Stadt Isfahan. Hier soll der Schah sie empfangen, doch die Geduld der Diplomaten wird auf eine harte Probe gestellt: Vier volle Monate dauert es, bis die Sterne günstig stehen und der Hofastrologe dem »König der Könige« grünes Licht gibt, die Ausländer zu empfangen. Was für die Reisekasse eine arge Belastung und für den Delegationsleiter Ludwig Fabritius ein Ärgernis ist, ist für Kaempfer ein Glücksfall, denn so hat er genügend Zeit, sich in Isfahan gründlich umzusehen.

Auf zahlreichen Gebieten kann er seine Forschungen vorantreiben. Sein Tagebuch ist voll mit Messungen – Höhen und Entfernungen, so als hätte er eine Karte Persiens erstellen wollen, wie er es später in Japan getan hat. Mit Kompass und Zeichenbrett durchwandert er täglich die Stadt und fertigt einen Stadtplan an, der aber leider nicht mehr erhalten ist. Er erkundet die Palastregion, sofern sie für Fremde zugänglich ist, besorgt sich Informationen

Der Palast von Isfahan –
aus Amoenitates Exoticae

über die geheimen, allen Außenstehenden verschlossenen Bereiche und zeichnet aus der Vogelperspektive einen detaillierten Plan des Palastes und seiner Gärten.

»Sinnenfreude und Eifersucht«, so Engelbert Kaempfer, bestimmen die Architektur der persischen Häuser und Paläste: »Die Sinnenfreude bewog den Perser, seine Behausung in einen möglichst ausgedehnten Garten mit viel Wasser, Schatten, Blumenflor und ähnlichen schätzbaren Dingen zu verlegen. Durch seine Eifersucht war er veranlasst, dies alles durch eine Mauer mitten durch zu teilen und die eine, Diwan genannte, Hälfte Fremden und Gästen zu-

gänglich zu machen, die andere aber, den Harem, so abzuschlie-
ßen, dass auch der teuerste Herzensfreund keinen Schritt dorthin
zu setzen wagen dürfte.«[8]

Offene Säulenhallen, Bogenfenster, kostbare Mosaiken, Schatten spendende Platanenalleen sowie eine ungeheure Blumen- und
Blütenpracht – so schildert Kaempfer die ausgedehnten Palastgärten von Isfahan. Besonders gefällt ihm der »Nachtigallengarten«
mit dem Palast des »achten Paradieses«, der in seiner Mitte liegt.
Trotzdem will er beides nicht beschreiben, »denn die herrlichen
Dinge in ihnen, die stehenden, fließenden, springenden Gewässer,
die weiten, langgestreckten, umgitterten Alleen mit ihren pracht-
vollen Platanenreihen, die große und reich geschmückte Reitbahn,
die mannigfaltigen Rabatten und auf ihnen die reizend wetteifern-
den Kinder der Pomona und Flora, endlich die fremdartige Zier all
der Baulichkeiten – das darzustellen, dazu würde ein eigenes Kapitel nötig sein«.[9]

Wasser ist das herausragende Merkmal dieser von Mauern um-
gebenen Refugien. Sie alle haben Wasserbecken – mal aus Alabas-
ter, mal aus Marmor –, Springbrunnen oder aufsteigende Fontänen,
plätschernde Rinnsale oder glatte Wasserflächen, in denen sich die
Bäume und der Himmel spiegeln. Wohin er schaut – es rinnt, es
sprudelt und springt oder steht. Die Wasserkunst der Perser findet
Kaempfers volle Anerkennung: »Wer die zahllosen Springbrunnen, die auf dem See schwimmenden Wasservögel und die sich in
ihm spiegelnden Bäume ohne Genuss zu betrachten vermag, der
ist gefühlloser als ein Klotz oder Pfahl.« Dabei ist es nicht nur die
Optik, die ihm gefällt. Auch das Geräusch des herabfallenden Wassers »ist so überaus wohltuend, dass es für einen in dies Schauspiel
versunkenen Dasitzenden schwer ist, nicht zu entschlummern«.[10]

Trotz seiner Wertschätzung der persischen Gärten will Kaempfer sie nicht »mit den Parkanlagen unserer abendländischer Fürsten
auf eine Ebene stellen, da sie deren Großartigkeit und Erfindungsreichtum oft vermissen lassen«.[11] Kaempfer hat wohl mehr für die
Repräsentation und öffentliche Prachtentfaltung übrig, die sich in
den europäischen Fürstengärten seit der zweiten Hälfte des 16. Jahrhunderts spiegelt, als für den eher privaten Charakter der Gärten

persischer Herrscher. Diese nutzen ihre nach außen abgeschlosse-
nen Gartenanlagen zu ihrem ganz persönlichen Vergnügen, notiert
Kaempfer: »Denn für die Perser gibt es kein höheres Vergnügen, als
sich mit ihren Frauen in die Geborgenheit eines Garten[s] zurück-
zuziehen, dessen Bepflanzung sie selbst leiten und den sie mit aller
Sorgfalt nach eigenen Plänen ausgestalten; sie scheuen auch nicht
davor zurück, Gärten selbst in schwierigen und einsamen Gegenden anzulegen.«[12]

Prachtvoller Empfang im Palast

Nach vier Monaten, am 30. Juli 1684, empfängt Schah Süleyman
endlich die schwedischen Gesandten. Eine Stunde nach Sonnenaufgang werden sie in ihrem Quartier abgeholt und von einer Es-
korte aus zwölf edlen Rössern zur Audienzhalle geleitet. Zunächst
werden sie von »drei prächtig aufgeputzten Elefanten aus Ceylon«
empfangen und einem in Ketten gelegten Rhinozeros; es stand
»auf einem großen scharlachroten Teppich, und sein nackter Kör-
per war eingeölt«. Zwei Panther »von ausnehmender Größe und
Schönheit«, zwei Löwen und ein Leopard, »der andere war kürz-
lich getötet, weil er einen Knaben zerfleischt hatte«,[13] komplettie-
ren die fremdartige, Respekt einflößende Szenerie.

Kaempfer, der Pfarrerssohn aus Lemgo, kommt aus dem Staunen gar nicht mehr heraus: Pferde mit Zaumzeug aus Gold und
Edelsteinen, die an Eleganz kaum zu übertreffen sind; goldene
Weihrauchschalen, die köstliche Düfte verströmen; und vor dem
Schah sind »Jasminblüten zu Kegeln angehäuft, um durch ihr Bild
und ihren Hauch die sitzende Majestät zu erquicken«.[14] Der For-
schungsreisende zeigt sich durchaus empfänglich für die Pracht
und den Luxus, die den Herrscher umgeben, genauso wie für die
Schönheit der Requisiten dieser kunstvollen Inszenierung, die die
Sinnenfreude anregt.

Alle Blicke sind auf den König gerichtet, der reglos auf der
obersten Tribüne thront – mit mächtigen Edelsteinen und einem
golddurchwirkten Turban geschmückt. Zu seiner Bedienung um-

geben ihn 22 Eunuchen. »Außerdem sechs georgische Knaben von ausgesuchter Schönheit – ganz gegen die Landessitte tragen sie das Haar in langen Locken. Einer fächelte mit einem großen Wedel aus weißen Pferdehaaren dem König Kühlung, ein anderer bediente die Wasserpfeife, der dritte den Spucknapf, der vierte das Weihrauchbecken usf.«[15] Zu alldem spielt ein Orchester aus 30 Musikern eine fremdartige Musik.

Es dauert Stunden, bis all die ausländischen Abgesandten dem Schah ihre Aufwartung gemacht haben und die Präsentation der Geschenke beginnt. Als Erstes werden »wie im Triumphzug die Köpfe von 30 usbekischen Räubern auf langen Lanzen hereingetragen«.[16] Das Geschenk des Schwedenkönigs ist weniger martialisch ausgefallen: eine Standuhr und neun Flinten italienischer Machart. Ansonsten defilieren Falkner mit den abgerichteten Raubvögeln auf der Faust sowie elegante schwarze Araberhengste. Da werden Zobelpelze herangeschleppt, Spiegel und eine gläserne Truhe; Kaempfer fühlt sich bei diesem Geschenk des russischen Zaren an einen kleinen Sarg erinnert. Drei Stunden dauert die Zeremonie, dann endlich wird das Essen serviert, das Kaempfer wiederum in allen Einzelheiten beschreibt: die Schüsseln, die Speisen, die Tischtücher und die Form der Darbietung – nichts entgeht seiner neugierigen Betrachtung.

Dem Schah attestiert der westliche Beobachter ein »liebenswürdiges Lächeln«, höfliche Umgangsformen und vollkommene Gastfreundschaft, wobei er an anderer Stelle mit dem Herrscher wegen seines Geizes und seiner Wollust ins Gericht geht. Als Süleyman an die Macht kam, schreibt Kaempfer, habe der König sich so sehr dem »Bacchus und der Venus« überlassen, dass seine Lebensgeister erloschen und er zwei Jahre lang kränkelte. Statt sich nach seiner Genesung zu mäßigen, »hat er den Lockungen der Wollust keineswegs abgeschworen, sondern ist dauernd mit seinem Harem unterwegs«.[17]

Unersättlich scheint dem Christen die sexuelle Gier des orientalischen Herrschers: »Nach überallhin schickt er seine Eunuchen als Späher, die, was sie an besonderer Schönheit auftreiben können, für ihren Herrn erwerben, kaufen, rauben.«[18] Wie eine Ware be-

Empfang beim Schah – aus Amoenitates Exoticae

handelt er die Frauen, verschenkt sie an seine Untertanen, »ebenso wie er es mit alternden Pferden und Mauleseln zu tun pflegt«.[19] Gleichermaßen empört sich Kaempfer über die Erziehung der Thronerben: Dass sie unter Eunuchen und Haremsfrauen aufwüchsen, meint er, würde sie verderben und zu einem hemmungslosen Geschlechtsleben aufstacheln.

Bei aller christlich verbrämten Kritik ist Kaempfer fasziniert vom Leben am persischen Hof. Auch über den »Sklavenzwinger« – so nennt er den Harem – versucht er so viel wie möglich herauszubekommen. Als Arzt hat er zu manchem Zutritt, was anderen verschlossen bleibt. Einige Höfe und Gärten hat er mit eigenen Augen gesehen, die meisten kennt er nur vom Hörensagen. Trotzdem urteilt er, den Insassen fehle es »nicht an reichlich Baumschatten, an duftenden Blumenbeeten, an springenden Wassers, zahlreiche[n]

Zisternen, kühlen Pergolen und allem, was zur Kühlung der Luft und zur Erquickung des Leibes ausdenkbar ist«.[20] Er stellt sich gut mit den Eunuchen, um an Informationen zu kommen, doch sein Versuch, die Männer »nach der Zahl der Beischläferinnen auszuforschen, verwandelte die Menschen geradezu in Hornissen und giftige Vipern«, auch wenn sie zuvor durchaus freundlich zum ihm gewesen waren.[21]

Sehr genau und ausführlich hält Kaempfer die großen und kleinen Reiseerlebnisse in einem Tagebuch fest, das er im Gegensatz zu seinen Veröffentlichungen in lateinischer Sprache auf Deutsch schreibt. Darin skizziert er, was ihm zu Ohren und unter die Augen kommt. Er verzichtet auf ausgefeilte Sätze, die Notizen haben etwas Vorläufiges. Sie sollen ihm als Gedächtnisstütze dienen, wenn er später die Veröffentlichung seiner Beobachtungen und Forschungsergebnisse vorbereitet, denn was die wissenschaftliche Auswertung der Reise angeht, hat er viele Pläne und hochgesteckte Ziele.

Aufbruch zu neuen Ufern

Bald nach dem Empfang beim Schah endet die schwedische Mission in Isfahan – erfolglos, denn Süleyman verbündet sich weder mit dem schwedischen König gegen die Türken, noch kommt ein Handelsvertrag zwischen Schweden und Persien zustande; das hat die Niederländische Ostindien-Kompanie zu verhindern gewusst. Engelbert Kaempfer, der Gesandtschaftssekretär, wird nicht mehr gebraucht. Was tun? Eine Reise nach Ägypten auf eigene Faust? Kaempfer ist unentschlossen. Er hat keine Eile, denn er hat gut verdient. Nicht als Gesandtschaftssekretär, sondern als viel beschäftigter Arzt. Schon auf der Reise in den Orient waren seine Dienste gefragt gewesen, zum Beispiel in Georgien. Dort hat er einen Fürsten so sehr beeindruckt, dass dieser Kaempfer unbedingt als Leibarzt anstellen will. Doch der lehnt dankend ab, trotz der hübschen Georgierin, die ihm der Fürst als Lockmittel angeboten haben soll.

Dann aber elektrisiert ihn der Vorschlag, bei der Niederländischen Ostindien-Kompanie anzuheuern. Indien ist für ihn das

Stichwort. Die Aussicht, den indischen Subkontinent entdecken zu können, der anders als Persien wissenschaftlich noch Neuland ist, entfacht seinen Ehrgeiz. Die 1602 gegründete mächtige niederländische Aktiengesellschaft, die unter anderem an der indischen Küste zahlreiche Niederlassungen unterhält, ist in Asien auf dem Höhepunkt ihrer Macht. Der lukrative Gewürzhandel Südindiens und Südostasiens ist fest in ihrer Hand. Die Dividenden der Aktionäre können sich sehen lassen. Auch den Angestellten geht es gut, denn viele wirtschaften in die eigene Kasse, sodass sie sich kostbare Samtwämse mit Knöpfen aus purem Gold leisten können.[22]

Die »Vereenigde Oostindische Compagnie«, kurz VOC genannt, ist auch politisch überaus einflussreich, denn sie beschränkt sich keineswegs auf den Handel mit Muskat, Zimt, Pfeffer und Nelken. Ihre Beamten machen in den niederländischen Überseegebieten Gesetze, schlagen Aufstände nieder und kontrollieren mit brachialer Gewalt die Produktion, die Löhne der Arbeiter und die Preise für Gewürze.

Nun setzt Kaempfer alle Hebel in Bewegung, um bei der VOC angestellt zu werden. Er will, er muss nach Indien! Er nutzt seine Kontakte, bittet, sich für ihn einzusetzen und Empfehlungsschreiben zu verschicken. Er ist wie getrieben. Eine innere Unruhe hat den 33-Jährigen gepackt, das Gefühl, keine Zeit mehr zu haben, etwas zu versäumen. Er schreibt Bewerbungen, gibt sich darin bewusst bescheiden und bereit, jedweden Job zu machen. Sogar als Soldat würde er dienen. »Ich biete mich an als ein rohes Stück Holz«, schreibt er. »So behaut mich denn zu einem Bildwerk! Wenn ich nur im Dienste Eurer berühmten Sozietät in Indien stehen darf.«[23]

Seine Bemühungen haben schließlich Erfolg, und die Kompanie stellt ihn als »Oberchirurgus« ein. Doch Kaempfers anfängliche Euphorie macht bald bitterer Enttäuschung Platz: Von Indien ist keine Rede mehr. Er soll in Isfahan bleiben. In der dortigen Niederlassung findet er aber keine Medikamente vor, weshalb er seine eigenen benutzen muss, ohne dass man sie ihm bezahlte. Schlimmer noch: Er bekommt seinen Lohn nicht ausbezahlt. Noch acht Jahre später kämpft er um das ihm zustehende Geld.

Ein Jahr sitzt er in Isfahan fest und hat Zeit, sich weiter über die persische Verwaltung und das Hofleben zu informieren, die persische Kultur und die Geschichte des Safawiden-Geschlechts zu studieren. Vor allem aber nutzt er den Aufenthalt, um sich einer geplanten Abhandlung über die persische Pflanzenwelt zu widmen. Endlich kommt auch sein zeichnerisches Talent zum Tragen. Mit Hingabe studiert der Naturforscher die exotisch anmutenden, oft unbekannten Pflanzen, beschreibt ihre Beschaffenheit und fügt der Beschreibung eine exakte botanische Zeichnung mit den charakteristischen Merkmalen des Gewächses hinzu.

Vor allem richtet der wissbegierige Arzt sein Augenmerk auf die Heilpflanzen, und in Gesprächen mit Einheimischen bemüht er sich, möglichst viel über Anwendung und Wirkung der Pflanzen herauszufinden. Dabei scheut er auch nicht vor Experimenten und Selbstversuchen mit Drogen zurück: »Wir alle wurden unaussprechlich selig, wie ich mich nicht erinnere jemals im Leben gewesen zu sein«, schildert er die Folgen eines Drogenexperiments. »Wir fielen uns um den Hals, sprachen nur ganz wenig, lachten den an, der uns ansprach, und reizten uns gegenseitig zum Lachen.« Als die alberne Abendgesellschaft ihre Pferde besteigt, erzeugt das Zaubermittel Phantasien, »denn es kam uns genau so vor, als würden wir im Pegasusfluge durch Wolken und Regenbogen getragen, während ringsumher die herrlichsten Farbenspiele vor unseren Augen auftauchten«. Das Erstaunlichste daran: Am nächsten Tag »beschwerte uns nicht der geringste Katzenjammer, wie es sonst nach einem Rausch zu geschehen pflegt«, und außerdem war die Erinnerung an das Geschehene ausgelöscht.[24]

114 Pflanzen hat der Naturforscher in seinem fast 18-monatigen Aufenthalt in Isfahan gründlich bearbeitet, als ihm im September 1685 endlich ein Marschbefehl erteilt wird. Er soll eine Karawane über Schiras nach Bandar Abbas, einer Hafenstadt am Persischen Golf, begleiten. Unterwegs besichtigt er die Ruinen des legendären Persepolis, in Schiras erweist der Reisende den großen persischen Dichtern Hafis und Saadi an ihren Gräbern seine Referenz. Hafis hat in seinen Gedichten die Rosen von Schiras bekannt gemacht, und Kaempfer schwärmt: »Kein Ort der Welt kann sich

mit Schiras an Pracht und Fülle der Rosen und Trauben messen. Wie von allen Ländern der Erde Persien die meisten und wohlriechendsten Rosen hervorbringt, so übertrifft Schiras und seine Umgebung wieder die anderen Provinzen an Üppigkeit und Duft seiner Rosen.«[25]

Sogleich wendet Kaempfer sich dem Handel mit dem wertvollen Rosenöl zu, das ein ausgesprochenes Luxusprodukt ist. Wie wird das Öl gewonnen, wie benutzt, was kostet es? Ja, selbst die Rezepte für verschiedene Mischungen des Rosenwassers – beispielsweise mit Zimt und weißem Zucker oder einem Zusatz von geraspeltem Sandelholz bei der Destillation – interessieren ihn. Abschließend heißt es dann: »Einen eigenen Namen hat die Rose bei den Persern nicht, sie heißt einfach ›die Blume‹.«[26]

Jeder Tag bringt neue Themen, und das Tagebuch füllt sich: Der Reisende besucht die Basare, interessiert sich für die Wasserversorgung und schaut in die Gärten hinter den Häusern, um ausführlich über die Vegetation – die Nutz- und Zierpflanzen – zu berichten. Mal fasziniert ihn die Geschichte eines Arztes, der ein Kräuterextrakt hergestellt hat, das angeblich Tote wieder zum Leben erweckt, mal ist es ein ganzer Wald der höchsten und besten Dattelpalmen Persiens oder auch die Zubereitung des damals in Europa noch fast unbekannten Kaffees: das Rösten der Bohnen in einer eisernen Pfanne über dem Kohlefeuer, das Zerstoßen der schwarz verfärbten Bohnen in einem großen Mörser, damit das Pulver dann mit Wasser in einem Kupferkännchen »gemächlich in sich für fünf Vaterunser lang aufkoche«. Von der Wirkung des Gebräus ist der Arzt wenig begeistert: Es trocknet aus, zieht den Unterleib zusammen, und bei ständigem Genuss macht es eine »trockene und frostige Verfassung«.[27]

Im Fegefeuer von Bandar Abbas

Noch voller Hoffnung, bald nach Indien in eine der Niederlassungen der holländischen Handelsgesellschaft berufen zu werden, tritt Engelbert Kaempfer seinen Posten als Mediziner in Bandar Abbas an. Offiziell gilt sein Vertrag ab August 1686, sein Salär beträgt 36 Gulden im Monat. In einem Brief schildert Kaempfer einem Freund, der in Erwägung zieht, nach Bandar Abbas zu kommen, die Lebensumstände der VOC-Angestellten: »Jeder hat seine Diener. Wir haben allerlei Unterhaltung. Einer spielt Flöte, ein anderer singt, der dritte tanzt und mimt. Unser Haus ist einigermaßen prächtig gebaut und liegt direkt am Meer… Du wirst hier einen reichlichen Tisch haben, es gibt mancherlei Fische… Nur eines fehlt – gesunde Luft. Die Hitze ist so groß, das[s] ich anderswo lieber das Feld umgraben wollte, als hier wie Midas leben. Du fragst nach Musik. Nun, wir haben einige Bierfiedler…«[28]

Das Klima sei »bösartig«, notiert er schon bald, er fühle sich »wie im Fegefeuer«.[29] Besonders dramatisch ist es im Sommer. Dann wird das Wasser knapp, die Zisternen verkommen zu Brutstätten von Fadenwürmern. Glühend heiße Winde machen die Hitze noch unerträglicher, und wer es sich leisten kann, verlässt die Küstenregion. Diejenigen, die bleiben müssen, plagt rasender Durst, sie leiden an Hitzeausschlägen und Furunkeln; auch nachts finden sie keine Ruhe vor lauter Insekten, Spinnen und Skorpionen. Und über allem liegt der Gestank von trocknendem Seetang und verfaulenden Meerestieren.

Qualvoll langsam vergeht die Zeit. Mehrmals wird der Arzt ernsthaft krank, dann verlässt er seinen Posten und flüchtet zur Erholung ins kühlere Gebirge. Welch ein erfrischender Kontrast zur Hölle von Bandar Abbas! Sein Zufluchtsort Bugun wird von Gärtnern, Hirten und Jägern bewohnt. Er liegt in einem lieblichen Tal, »mit steilen Hängen ringsherum, überall mit Buschwerk besetzt und unten von Palmenhainen umrahmt…, die der Bach bewässert. In feuchten Niederungen wuchsen Feigenbäume und allerlei unbekannte Pflanzen, saftige, milchhaltige, dornige, fruchttragende, allesamt fremdartige Gewächse.«[30]

Kaempfer fühlt sich wie im Schlaraffenland: »Üppig gedeihen Reben, Walnüsse, Granatäpfel, Orangen und Quitten. Spärlicher wachsen Äpfel, Pflaumen, Palmen, Platanen und Zypressen. Die Früchte tauscht man in den Nachbardörfern ein gegen Datteln, Reis, Gerste, Weizen und allerlei Esswaren. Von Tieren werden

Dattelernte, wie Kaempfer sie gezeichnet hat

vornehmlich Ziegen und Schafe gehalten. Es ist ein reizender Anblick, der eher an ein Bild als an Wirklichkeit denken lässt, wenn
Herden den steilen Hang hinaufklettern, einzeln in langer zusam-
menhängender Reihe.«[31]

Sobald Kaempfers Gesundheit wiederhergestellt ist, muss er
sein Arkadien verlassen, weil die Pflicht ruft. Hätte der Arzt gewusst, dass er zweieinhalb Jahre in dem höllischen Klima am Persischen Golf aushalten muss, wäre er vielleicht mit seinen schwedischen Freunden zurück nach Europa gereist. Nie sonst war
Kaempfer in so schlechter gesundheitlicher und seelischer Verfassung. Doch trotz der tausenderlei Plagen und Widrigkeiten bleibt

sein Wissensdrang ungebrochen. Er forscht und schreibt und schreibt.

In Bandar Abbas vollendet er das in Isfahan begonnene Werk über die persische Flora mit einem zweiten Band, in dem er 146 Pflanzen beschreibt und zeichnet. Beide Bände sind nie veröffentlicht worden, obwohl sie das botanische Wissen damals ungeheuer bereichert hätten. Heute lagern sie im Archiv des British Museum in London. Außerdem schreibt er eine Abhandlung über den Zitterrochen, schildert seine Erfahrungen als Tropenarzt oder lässt sich über die Fadenwürmer aus – es scheint nichts zu geben, das ihn nicht interessiert, und er scheut keine Strapazen, wenn es etwas Neues zu entdecken gilt.

So reist er eines Tages in die Berge, um die Ernte der *Asa foetida (Ferula asafoetida)* zu beobachten, ein in Asien häufig verwendetes Gewürz, das hierzulande wegen seines Gestanks »Teufelsdreck« genannt wird. Nur einen Tag und zwei Nächte ist er unterwegs, doch trotz der kurzen Reise hat er »mehr Travallie ausgestanden, als – alle Mühen zusammengerechnet – von Europa bis hier. Gesicht und Hände waren mir in der Sonnenglut verbrannt und geschwollen, die Lippen hatten Risse und Krusten. Mein Gesicht war entstellt und kaum noch menschenähnlich. Meine Körperkräfte aber hatten sich erholt.«[32]

Kaempfer berichtet, wie die Einheimischen die Wurzel der Pflanze anschneiden, aus der dann eine stinkende milchige Flüssigkeit quillt, die zu einer harzigen Substanz trocknet. Der Geruch des frischen Asants ist unerträglich, doch es heißt: »Je stärker der Gestank, das Merkmal seiner Güte, umso besser die Asa«[33] – und die angeblich heilende Wirkung bei Blähungen und Koliken.

Vieles von dem, was Kaempfer in seinen insgesamt fünf Jahren in Persien gesehen, erlebt und erforscht hat, hat er in einem Band mit dem Titel *Amoenitates Exoticae* zusammengefasst: seine Studien über die Verwaltung und das Hofleben in Isfahan, die berühmten Sehenswürdigkeiten, die er besucht hat, sowie die besonders gut gelungene und berühmt gewordene Abhandlung über die Dattelpalme, die er »den schönsten Baum der Welt« nennt. Im Vorwort zu dieser Aufsatzsammlung heißt es selbstbewusst: »Ich habe

Ernte des » Teufelsdrecks « –
aus Amoenitates Exoticae

nichts aus meiner Phantasie Geschöpftes hineingebracht, nichts,
was nach der Schreibstube schmeckt und nach der Studierlampe
riecht. Auch koche ich keinen von anderen gekochten Kohl wieder auf, es sei denn, der Zusammenhang nötige dazu, sondern ich
beschränke mich darauf, allein das zu beschreiben, was entweder
neu oder von anderen nicht gründlich und vollständig überliefert
ist.«[34] Veröffentlicht wird das Werk allerdings erst 1712, 18 Jahre
nachdem der Forschungsreisende nach Lemgo zurückgekehrt ist.
Es wird das einzige Werk bleiben, dessen Publikation dieser eifrige
Forscher und Schreiber erlebt, wenngleich bei seinem Tod noch
zahlreiche unveröffentlichte Manuskripte fertig im Schrank liegen.

Im Eldorado der Naturforscher

Der Wechsel zwischen Euphorie und Depression scheint zu Engelbert Kaempfers Lebenslauf zu gehören. In Bandar Abbas fühlt Kaempfer sich ans Ende der Welt verbannt und von allen vergessen. Er klagt viel und heftig, wird aber nicht müde, sich bei seinen Freunden und Förderern ins Gedächtnis zu rufen. Auch Unbekannten, sofern sie sich für die Naturkunde interessieren, empfiehlt er sich und seine wissenschaftliche Arbeit, dabei immer hoffend, sein Arbeitgeber möge ihn versetzen. So schreibt er beispielsweise an den Pharmakologen der VOC in Batavia, dem heutigen Jakarta: »Meine Reisegier riss mich zu diesem Posten hin, an den gefesselt ich nun den Verlust meiner Gesundheit und meiner wissenschaftlichen Ernte beklagen muss. Schon zwei Jahre muss ich in dieser Hölle zerschwitzen.«[35]

Wieder einmal hat er hochfliegende Pläne, die an der einfachen Tatsache scheitern, dass er ein kleiner Angestellter eines mächtigen Unternehmens ist und kein berühmter Forscher, dem die Welt zu Füßen liegt. Doch dann hat er es eines Tages geschafft – dem »Himmel sei demütig gedankt«, am 30. Juni 1688 um Mitternacht sticht das Schiff in See, das ihn zunächst an die indische Küste bringen wird. Doch enttäuscht vom Traumland Indien, bleibt er nur ein paar Monate, um dann weiter nach Sumatra zu reisen.

Im Oktober 1689 kommt er in Batavia an, einem Ort, der aussieht wie eine holländische Stadt. Hier laufen die Fäden des Handelskonzerns zusammen; von hier aus werden alle niederländischen Besitzungen und Handelsposten in Asien verwaltet und kontrolliert. Die Führungsriege der Handelsgesellschaft und reiche Kaufleute besitzen prächtige Landhäuser außerhalb der Stadt mit wunderschönen Gärten, in denen die raren asiatischen Exoten um die Wette blühen.

Batavia gilt als das Eldorado der Naturforscher, und Kaempfer ist angetan, dort so namhafte Männer wie den ihm schon bekannten Herbert de Jager anzutreffen, den Pharmakologen Dr. Andreas Cleyer aus Kassel mit seinem gärtnerisch bewanderten Assistenten Georg Meister sowie Professor Michael Bernhard Valentini aus Gießen. Sie alle fördern die botanischen Aktivitäten innerhalb der Ostindien-Kompanie. Ein regelrechtes Netzwerk ist unter den an Pflanzen interessierten Mitarbeitern entstanden, wobei ihr Arbeitgeber diese Nebentätigkeiten duldet, liegt doch die Entdeckung neuer Nutzpflanzen im genuinen Geschäftsinteresse der VOC, deren Reichtum auf dem Handel mit Naturprodukten basiert. Zum anderen zeigt die Handelsgesellschaft in der zweiten Hälfte des 17. Jahrhunderts auch deshalb ein wachsendes Interesse an Heilpflanzen, weil es außerordentlich kostspielig ist, alle Auslandsmitarbeiter in Asien mit Medikamenten aus Holland zu versorgen. Mit dem Ziel, diese Kosten zu reduzieren, wird um 1660 sogar ein Programm gestartet, systematisch nach einheimischen Heilpflanzen zu suchen. Cleyer, der Koordinator dieser Aktivitäten, fordert aus allen Einflussbereichen der Ostindien-Kompanie medizinische Pflanzen an, um daraus die notwendigen Medikamente herzustellen.

Vor diesem Hintergrund ist auch die Entstehung des *Hortus Malabaricus* zu sehen – ein berühmtes Florilegium, das zwischen 1678 und 1703 erscheint. In zwölf Folianten stellt Hendrik Adriaan van Rheede tot Draakenstein (1636–1691) die Flora Vorderindiens vor. Auch der VOC-Angestellte Georg Eberhard Rumpf (latinisiert Rumphius, 1627–1702), der auf den Molukken lebt, erforscht die dortige Flora und erarbeitet sein *Herbarium Amboinense*, während Paul Hermann (1646–1695) die ceylonesischen Pflanzen und ihren Gebrauch durch die Eingeborenen studiert und in der *Flora Zeylanica* veröffentlicht.[36]

Im Übrigen werden die naturkundlichen Interessen der Auslandsmitarbeiter auch von Holland aus unterstützt. Es sind die reichen Bürger, die in der Nähe von Amsterdam herrschaftliche Landhäuser besitzen und sich einen Wettstreit liefern, wer den schönsten Garten und die meisten seltenen Pflanzen hat. Sie nutzen ihre Verbindungen und ihren Einfluss in der VOC, um aus ganz persönlichem Interesse das Pflanzensammeln in Asien zu fördern.

Kaempfer nimmt sich in Batavia Zeit zum Botanisieren, wobei ihm der weitläufige Garten des Generaldirektors Willem van Outhoorn zur Verfügung steht sowie die Anlage einer gewissen

Witwe Möller. Er schreibt verschiedene Abhandlungen. Von einer Exkursion auf die botanisch noch unerforschte Insel Eidam bringt er umfangreiche Pflanzenbeschreibungen und Hunderte großer Zeichnungen mit. Aus einem Brief nach Deutschland geht hervor, dass er eine Flora Javas schreiben will: »Im Übrigen sammle und beschreibe ich die javanischen Pflanzen und gedenke, die Aufzeichnungen nach dort zu schicken, wenn das Geschick mir Leben vergönnt und mein amtlicher Dienst mir Zeit lässt.«[37]

Eigentlich möchte Kaempfer in Batavia bleiben, und er macht sich Hoffnungen auf eine der beiden Arztstellen, die im dortigen Krankenhaus neu zu besetzen sind. Warum das nicht klappt, weiß niemand ganz genau. Vielleicht kennt er nicht die richtigen Leute, oder eine Intrige des mächtigen Oberarztes verhindert seine Anstellung. Auf jeden Fall schlägt Kaempfers Stimmung wieder einmal um – aus überschwänglicher Hoffnung wird tiefe Enttäuschung. Sieben Monate war er auf Java, jetzt will er so schnell wie möglich weg und greift sofort zu, als er von einer freien Stelle bei der holländischen Gesandtschaft in Japan hört.

Anfang Mai 1690 verlässt der 38-jährige Kaempfer den Hafen von Batavia, einen Monat später erreicht das Schiff, die »Waelstrohm«, Siam, das heutige Thailand. Auch hier füllt der unermüdliche Beobachter Seite um Seite seines Tagebuchs, bis das Schiff vier Wochen später wieder in See sticht. Auf der Route nach Japan werden die Reisenden von einem gefährlichen Taifun überrascht. Die Ladung geht über Bord, »die Wellen fielen wie Berge über uns, schlugen die Türen auf und drangen in die Kajüte, wo alles unter Wasser stand«. Das Schiff schlägt leck, die Mannschaft betrinkt sich und verweigert den Gehorsam, und als der Sturm sich legt, ist aller Proviant vernichtet. Das fette Schwein und das Federvieh sind ertrunken, und »der Schiffsbuchhalter, der gewohnt war, auf dem Lande selten und auf dem Schiff nie nüchtern zu sein, hatte unsern ganzen Vorrat an Tafelwein bis auf den letzten Tropfen verzehrt«.[38] Das Schlimmste für Kaempfer aber ist, dass viele seiner Aufzeichnungen »zu Papp und Brey« geworden sind.

Leben wie im Gefängnis

Nach dieser lebensgefährlichen Überfahrt macht die »Wael-strohm« am 26. September 1690 im Hafen von Nagasaki fest. Dort angekommen, müssen alle Europäer ihre Waffen den japanischen Soldaten aushändigen, die an Bord gekommen sind, um das Schiff und die Neuankömmlinge zu filzen – als hielte man sie für Spione, beschwert sich Kaempfer. Richtig ist, dass die Japaner den Euro-päern misstrauen und sich nach außen völlig abschotten. Nur die Holländer dürfen an Land, werden aber auf einer künstlichen Insel vor dem Hafen von Nagasaki interniert.

Sein erster Ausflug auf die Insel Dejima, den künftigen Wohn-ort der Holländer, endet unangenehm, denn die am Abend zuvor »genossenen rohen Gartenfrüchte verursachten mir so viel Be-schwerden, dass ich bald wieder auf das Schiff zurückkehren musste«.[39] Den Pass in der Hand, den die Europäer brauchen, um Dejima zu betreten oder zu verlassen, setzt Kaempfer am nächs-ten Tag wieder auf die künstliche Insel über und bezieht sein künf-tiges Haus. Er ist über die Unterbringung der Holländer em-pört, nennt Dejima ein Gefängnis, 236 Schritt lang und 82 Schritt breit, von der Gestalt eines japanischen Fächers, aber ohne Stiel. Außerdem ärgert er sich über die Wuchermieten, die die Besit-zer für ihre Häuser verlangen, »die etwa das Aussehen von Schaf-ställen haben«.[40] Auch die Menge japanischer Diener und Dolmet-scher, die die Holländer engagieren und bezahlen müssen, ist ihm ein Dorn im Auge, zumal diese Bediensteten vor allem die Auf-gabe haben, die Fremden rund um die Uhr zu überwachen. »Wir müssen uns hier viele beschimpfende Einschränkungen von die-sen stolzen Heiden gefallen lassen«, erregt Kaempfer sich, »wir dürfen keine Sonn- und Feiertage feiern, keine geistlichen Ge-sänge und Gebete hören lassen, niemals den Namen Christi nen-nen.« Warum, fragt er dann, lassen wir uns all das gefallen? Es ist »bloß die Liebe des Gewinns und des kostbaren Marks der japa-nischen Gebirge«, antwortet er selbst, um dann Vergil zu zitie-ren: »Verfluchte Gier nach Geld, wozu zwingst du nicht das Menschenherz!«[41]

Engelbert Kaempfer, der sich überhaupt nicht auf seinen Japanaufenthalt vorbereitet hatte, ist begierig, nun möglichst schnell möglichst viel über das Land herauszufinden. Mit der Erforschung dieser Terra incognita, so glaubt er, wird er endlich zu wissenschaftlichem Ruhm gelangen. Doch es ist gar nicht so einfach, an die Informationen heranzukommen, wenngleich er als Arzt der Ostindien-Kompanie mehr Möglichkeiten als andere zu Kontakten mit Japanern hat. Zum einen interessieren diese sich sehr für westliche Medizin und sind ihren Methoden gegenüber aufgeschlossen. Zum anderen kommen täglich Japaner in sein Haus, um sich behandeln zu lassen. Sehr schnell stellt Kaempfer sich auf die neuen Arbeitsbedingungen ein.

Im Vorwort zur *Geschichte und Beschreibung von Japan* heißt es: »Da wir Holländer aber nur Kaufleute sind, welche in Japan den untersten und verächtlichsten Rang haben; da wir außerdem unter ihnen als verdächtige Gäste angesehen werden und beständig in Verhaft leben; so muss man notwendig sein ganzes Betragen so einrichten, dass man den Stolz und Eigennutz der Japaner schmeichelt und befriedigt; sich ihren Wünschen gefällig und zuvorkommend bezeugt, wenn man diese so stolzen Menschenart sich verbindlich machen und etwas von ihr erhalten will. Diese Mittel habe ich angewandt und dadurch die Vertraulichkeit unsrer Vorgesetzten und Dolmetscher erworben. Diese Leute besuchten den Wohnplatz unserer Nation Dejima und besonders mein Haus täglich; und ich bin so glücklich gewesen, mit ihnen in eine so genaue Verbindung zu kommen, als, glaube ich, noch kein Europäer, seit der jetzigen vieljährigen Einrichtung unseres Handels, sich rühmen kann.«[42]

Dabei beruht das »Geschäft« auf Gegenseitigkeit: Der gelehrte Europäer behandelt seine Besucher unentgeltlich, beantwortet all ihre Fragen zu Medizin, Astronomie oder Mathematik und verabreicht »ihnen denn auch ganz kordial bei diesem Unterricht beliebte europäische Liqueurs. Dies machte sie mir so gewogen, dass ich mit allermöglichen Freiheit und ganz genau und umständlich mich nach ihrer natürlichen, geistlichen und weltlichen Geschichte und nach Allem, was ich wollte, erkundigen konnte. Keiner weigerte sich, mir nach seiner besten Wissenschaft Nachricht zu geben; auch selbst von den verbotensten Dingen, wenn ich nur mit einem allein war.«[43]

Darüber hinaus hat er das Glück, dass ihm ein begabter, »gelehrter Jüngling« als Übersetzer zugeteilt wird. Vermutlich soll dieser den Europäer bespitzeln, doch Herr und Diener entwickeln gegenseitiges Vertrauen. Kaempfer bringt dem 19-jährigen Imamura Gen'emon Eisei (1671–1736) Holländisch bei, sodass er bald einen wirklich kompetenten Dolmetscher zur Seite hat. Außerdem assistiert der ungemein wissbegierige und gelehrige junge Mann dem Arzt in seiner Praxis, er beschafft ihm japanische Bücher und die Informationen, um die Kaempfer bittet. Dies alles ist verboten und bringt den Informanten in ernste Gefahr, doch der Deutsche zahlt gut und kann mithilfe der ihm überlassenen Literatur Pflanzen identifizieren und ihre japanischen Namen herausfinden.

Reise nach Edo

Manchmal darf Engelbert Kaempfer Dejima zumindest für kurze Zeit verlassen, um sich, wie er sagt, »außerhalb der Grenzen etwas die Beine zu vertreten und die Tempel zu besehen. Man gibt uns die Erlaubnis unter dem Vorwande, dass wir medizinische Kräuter sammeln.«[44] Die reichste botanische Beute macht Kaempfer allerdings auf den beiden Reisen, die ihn quer durch Japan führen – in das 1200 Kilometer entfernte Edo (damals Jedo), das heutige Tokio. Dorthin müssen die Holländer einmal im Jahr reiten, um dem Shogun, dem Reichsstatthalter des Kaisers, zu huldigen, ihm wertvolle Geschenke zu bringen und im Gegenzug für ein weiteres Jahr die Handelslizenz zu erhalten. Etwa drei bis vier Monate dauert die Reise zu Wasser und zu Land, wobei die Karawane der Holländer mit Dienern, Trägern und Pferdeknechten mehr als 100 Menschen zählt. Zu Pferd, in Sänften oder Tragekörbe gebettet, durchqueren die Holländer das Land, das aufgrund der strikten Selbstisolation noch völlig unberührt von ausländischen Einflüssen ist.

Reise nach Edo – aus Kaempfers Japanwerk

Das eigentliche Ereignis, der Empfang beim Shogun, ist im Vergleich zur farbenprächtigen Audienz beim Schah von Persien eher langweilig. Keine Musik, keine wilden Tiere oder aufgespießte Banditenköpfe, kein Prunk und keine Sinnenfreude. Der Shogun und seine Frauen bleiben hinter Vorhängen verborgen, und »wir mussten es uns gefallen lassen«, schreibt Kaempfer peinlich berührt, »regelrecht Affenpossen vorzuführen, die mir nicht einmal alle mehr in Erinnerung sind. Bald nämlich mussten wir aufstehen und hin und her spazieren, bald uns einander komplimentieren, tanzen, springen, einen Betrunkenen vorstellen, japanisch stammeln, malen, holländisch und deutsch lesen, singen, die Mäntel ab- und wieder anlegen. Ich für meinen Teil stimmte dabei eine deutsche Liebesarie an, die ich vor Zeiten auf meine mir in allen Ehren treu gewesene Florentine gedichtet hat.«[45] Leider erfahren wir nie, wer diese geliebte Florentine war.

Zweimal, 1691 und 1692, macht Kaempfer diese Reise nach Edo, jedes Mal in Begleitung seines Dienerassistenten, der ihm ein eifriger Zuträger von Pflanzenmaterial ist. »Es gibt hier im Vergleich zu anderen Ländern ungewöhnlich vielerlei wilde Pflanzen

Tanz vor dem Shogun – aus Kaempfers Japanwerk

mit wunderschönen Blumen und Blättern, womit sie zu gewissen
Zeiten die wüsten Felder und Bergwälder zieren, und welche sie
auch in die Gärten verpflanzt und durch die Kultur zu mehrerer
Vollkommenheit gebracht haben«,[46] schreibt Kaempfer und lässt
sich so viele Pflanzen wie möglich heranschleppen. Dabei macht
er reiche Beute, zumal der Botaniker es versteht, sich die Gunst der
mitreisenden Japaner zu erwerben, indem er »gleich vom Anfange
der Abreise ganz besonders darauf achtete, mir eines jeden Gefähr-
ten Liebe und Freundschaft zu erwerben. Ich stand ihnen mit Arz-
neien, mit allem guten Rate zu ihrer Gesundheit bei; ich begegnete
ihnen so höflich als ich konnte, und entlohnte den allergeringsten
Dienst mit heimlicher Erkenntlichkeit.«[47]

Größte Geheimhaltung fordert Kaempfers Arbeit an einer
Japankarte, wobei er sich am Fuji orientiert: »Sie anzufertigen war
mir bei der ständigen Überwachung durch die japanische Begleit-
mannschaft nicht leicht«,[48] berichtet Kaempfer, und mit Genugtuung schildert er, wie er seine Überwacher mit einer »schlichten
rindenen Schachtel« überlistet hat, »in welcher ich einen großen
Compas verborgen hielt, womit ich unvermerkt die Wege, Berge

und Täler allemal abmaß. Äußerlich war es wie ein Schreibzeug, und ich nahm jederzeit Kräuter, Blumen und grüne Zweige zur Hand, wenn ich den Compas brauchte, damit die, so es sähen, in der Meinung seyn sollten, als ob ich nur diese abzeichnen und beschreiben wollte. Es musste mir dieses umso eher gelingen, da alle japanischen Reisegefährten, und fürnehmlich der Bugjo selbst [der japanische Karawanenführer], bis auf den letzten Tag unserer Reise sich bemüheten, mir alles, was ihnen von raren Gewächsen und Pflanzen vorkam, zuzubringen, um den wahren Namen und Gebrauch davon zu erfahren, so, dass ich demnach zum Nachteil unserer Landesleute keinen Argwohn erregen konnte. Es halten auch die Japaner als vernünftige Menschen und besondere Kenner und Liebhaber der Pflanzen dafür, dass die Botanik eine nützliche und unschuldige Wissenschaft sey, die man nach dem Völkerrecht keinem vorenthalten und beneiden, vielleicht mehr befördern müsse; wie ich denn wohl sagen kann, dass mir auf meinen beschwerlichen Reisen keine Nation in diesem Stücke hinderlich gewesen ist.«

Die Flora Japans

Dass Kaempfer die wochenlange Reisezeit nach Edo beide Male für seine Forschungen genutzt hat, dafür gibt es zahlreiche Belege. Zum Beispiel geht er der Herstellung des Papiers aus der Rinde des »Papierbaums« *(Morus papyrifera sativa)* in einer Untersuchung nach, und über den Tee glaubt er seinen Vorgängern gegenüber Wichtiges ergänzen und anderes richtigstellen zu müssen. Ausführlich beschreibt er die verschiedenen Teesorten und die Zubereitung, denn als Arzt ist er von den belebenden und heilenden Kräften des in Japan beliebten Getränks überzeugt.

Dann ist da sein – wie er es bescheiden nennt – »Katalog japanischer Pflanzen«. Carl von Linné (1707–1778) bezeichnet ihn später als eine *Flora Japonica*. Kaempfer hat sie als fünften Teil seines 1712 erscheinenden Werks *Amoenitates Exoticae* publiziert. 526 japanische Pflanzenarten und Varietäten listet der Pflanzenjäger darin auf (nach heutiger Systematik sind es 324) und versieht sie mit den

Gefüllte Kamelie im »Katalog japanischer Pflanzen«

entsprechenden chinesischen beziehungsweise japanischen Schriftzeichen, die er aus der Literatur und mithilfe seines Dolmetschers
erarbeitet hat.

Auf 50 Arten geht er näher ein, schildert die Gestalt der Pflanze
bis in die Einzelheiten, ihren Habitus sowie das Verzweigungs-
muster von Sprossen, Blüten und Fruchtständen. Um feinere
Strukturen zu erkennen, arbeitet er mit einem Vergrößerungsglas.
Dann legt er das »botanische Messer an die einzelnen Teile«,[49] um
die Pflanze von der Wurzel aufwärts zu beschreiben: Welche Farbe

hat das Holz, ist der Stängel hohl, oder enthält er Mark? Zweige und Äste, Blätter und Blüten, Früchte und Samen – alles am Aufbau des Pflanzenorganismus interessiert ihn. Seinen Beschreibungen fügte Kaempfer vergrößerte Ansichten der Einzelteile, manchmal auch Abbildungen im Querschnitt hinzu. Insgesamt gab er dem Werk 28 Kupferstiche bei.

Bis auf ganz wenige Ausnahmen, auf die Kaempfer ausdrücklich hinweist, hat der fleißige Gelehrte all diese *Plantae japonicae* mit eigenen Augen gesehen: Gemüse, Getreide, Beerensträucher, Obst- und Nussbäume sowie Blütenpflanzen – alles hat er erfasst. Auch auf die Pflanzenstandorte geht Kaempfer ein, wobei er sich aufgrund seiner eingeschränkten Bewegungsfreiheit auf die Angaben seiner Informanten stützt.

Einige der von Kaempfer beschriebenen Gewächse sind in Europa schon bekannt – zum Beispiel der Kampferbaum, die Chinawurzel oder der Lackbaum –, von anderen aber hat man noch nie etwas gehört. Mit seinen zahlreichen Erstbeschreibungen vermittelt Kaempfer in Europa erstmals ein ungefähres Bild der japanischen Pflanzenvielfalt. Beispielsweise hat vor ihm noch keiner die Yulan-Magnolie (*Magnolia denudata*; siehe farbige Abbildungen) beschrieben. Als einer der ersten Europäer erwähnt er die Wollmispel *(Eriobotrya japonica)*, eine leicht säuerliche Frucht mit pelziger Schale, oder die auffällig orangerote Kakipflaume *(Diospyros kaki)*, die damals zum beliebtesten Obst Japans gehört. Viele Pflanzen, die heute aus unseren Gärten nicht mehr wegzudenken sind, haben Kaempfers Interesse geweckt, sodass er sie in sein Japanwerk aufgenommen hat. Unter dem japanischen Namen »Tsubaki« beschreibt er 23 einfach und gefüllt blühende Kamelien *(Camellia japonica)*, und er beschäftigt sich mit der Glyzinie, mit verschiedenen Hostas und Hortensien *(Hydrangea macrophylla)*, die er allerdings als Holunder identifiziert.

Für Kaempfer sind seine *Plantae japonicae* erst der Anfang. Er sieht in diesem »Katalog« nur eine Kostprobe für eine geplante viel umfassendere asiatische Pflanzenkunde, wie sie vor ihm noch keiner geschrieben hat. Systematisch arbeitet er an diesem Werk mit dem Arbeitstitel *Herbarium Transgangeticum*, das er, allen wissenschaftlichen Ansprüchen genügend, fertigstellen will, sobald er nach Europa zurückgekehrt ist. Für dieses Mammutwerk über die Flora »jenseits des Ganges« sammelt er Pflanzen, um sie zu beschreiben und, wenn möglich, zu konservieren. Von den ursprünglich 400 Pflanzenbelegen seines Herbariums sind allerdings nur Überreste erhalten. Spätere Nachlassverwalter haben die noch vorhandenen Blätter zu einem Buch zusammengefasst, ein übergroßer Folioband, der heute im Natural History Museum in London aufbewahrt wird.

Gleichzeitig legt Kaempfer auf Dejima einen Versuchsgarten an, um die Kultur der Pflanzen und ihr Wachstum während verschiedener Lebensphasen aus der Nähe zu beobachten. Außerdem dienen die lebenden Objekte ihm als Vorlagen für seine Zeichnungen. »Die Botanik hat mich völlig in Anspruch genommen, und ich muss leider immerfort zeichnen«, heißt es in einem Brief.[50] Und tatsächlich entstehen in vielen Hundert Arbeitsstunden etwa 500 Bleistift- und Federzeichnungen, so exakt, dass man viele Pflanzenarten anhand dieser Zeichnungen eindeutig identifizieren kann[51] – darunter auch die Blätter und Früchte des Baumes, der Engelbert Kaempfer bekannter gemacht hat als alle seine anderen Forschungsarbeiten: der Ginkgo.

Die Entdeckung des Ginkgos

»Dieses Baumes Blatt, der von Osten / Meinem Garten anvertraut, / Gibt geheimen Sinn zu kosten, / Wie's den Wissenden erbaut...« Mit diesen Versen beginnt Johann Wolfgang Goethe sein berühmtes Gedicht *Gingo biloba*, das diesen botanisch, entwicklungs- und kulturgeschichtlich bemerkenswerten Baum poetisch verewigt hat. Der Ginkgo schmückte die Erde schon, als noch die Dinosaurier zwischen ihnen nach Futter suchten.[52] Manche Wissenschaftler geben ihm sogar ein Alter von unvorstellbaren 300 Millionen Jahren. Die Eiszeit überlebt der Baum in Asien, wo Kaempfer ihn auf seiner ersten Reise nach Edo entdeckt. Häufig findet er ihn an religiösen Pilgerstätten oder in Tempelnähe, wo er

Frauen beobachtet, die in seinem Schatten um Fruchtbarkeit und genügend Muttermilch beten. Wie so häufig interessiert Kaempfer sich für den »usus«, den Nutzen beziehungsweise die Verwendung einer Pflanze, und der Baum mit dem einzigartigen Blattwerk fällt ihm auf, weil er sieht, dass die Japaner die Samenkerne rösten, um sie danach als eine Nussspezialität zu verzehren, die ihnen Gesundheit und ein langes Leben bescheren soll.

Elefantenohr-, Entenfuß- oder Mädchenhaar-Baum − der ausladende Riese mit dem ungewöhnlichen zweigeteilten Fächerblatt und den unterschiedlich tiefen Blatteinschnitten hat viele Namen. »Ginkyo« − diesen Namen hat Kaempfer in einem alten japanischen Kräuterbuch gefunden, und es sieht so aus, als habe er bei der Transkription in die lateinische Schrift aus dem »y« ein »g« gemacht. Mit dem Zusatz »biloba« benennt er die Zweilappigkeit des Blattes.

Kaempfer hat nicht nur das Blatt und die Früchte des Ginkgos gezeichnet. Wichtiger ist, dass er die Erstbeschreibung des Baums in seinen »Katalog japanischer Pflanzen« aufgenommen hat. Seither gilt Kaempfer in Europa als Entdecker des Ginkgos, zumal Carl von Linné Kaempfers Beschreibung des Baums und auch den (offenbar unausrottbaren) Fehler in der Schreibweise des Namens von ihm übernommen hat.

Die ersten Ginkgosamen sollen holländische Kaufleute aus Japan mitgebracht haben, und um 1730 werden in Utrecht und Leiden die ersten Versuche unternommen, den Ginkgobaum in Europa zu kultivieren. Das Experiment gelingt, und die damals gepflanzten Exemplare sind angeblich noch heute in den botanischen Gärten der beiden Städte zu bewundern.

Lange Zeit haben die Botaniker über die Vermehrung des zweihäusigen Baums gerätselt, der weibliche und männliche Geschlechtszellen auf verschiedenen Pflanzen bildet. Es dauert zwischen 30 und 40 Jahre, bis ein Ginkgo geschlechtsreif ist. Dann fällt im Herbst das noch unbefruchtete »Ei« eines weiblichen Exemplars herunter, eine Frucht in der Größe einer Mirabelle, die auf dem Boden vom ebenfalls herabfallenden (männlichen) Pollen befruchtet wird.

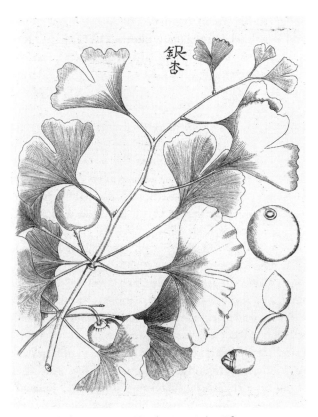

Ginkgozweig im »Katalog japanischer Pflanzen«

Weltweit berühmt wird der Ginkgo, weil ein Exemplar in Hiroshima, nur 800 Meter vom Zentrum der Atombombenexplosion entfernt, die verheerende Katastrophe überlebt. Seither gilt der *Ginkgo biloba* als ein Symbol der Hoffnung und als einer der widerstandsfähigsten Vertreter seiner Art. Er besitzt eine außergewöhnliche natürliche Immunität gegen Schädlinge, Bakterien und Viren. Außerdem erweist er sich als resistent gegen Umweltverschmutzung, und weil ihm sogar Autoabgase nichts anhaben, wird der Ginkgo in Großstädten häufig als Straßenbaum gepflanzt. Darüber hinaus haben Pharmakologen mittlerweile wertvolle Inhaltsstoffe in der Ginkgofrucht und in den Blättern entdeckt, die in Medizin und Kosmetik Verwendung finden. Das alles ahnt Kaempfer noch nicht, als er vor mehr als 300 Jahren auf seiner Reise nach Edo auf den viel gepriesenen Ginkgo stößt.

Heimkehr nach Lemgo

Trotz aller botanischen Reize, trotz der vielen spannenden Sujets, die ihm in Japan begegnen, ist Engelbert Kaempfer nach der zweiten Reise zum Shogun entschlossen, das »Gefängnis« von Dejima zu verlassen. Er ist des Reisens müde und will nach Europa zurückkehren. Am 31. Oktober 1692 verlässt er Japan an Bord der »Pampus«. Während des Zwischenstopps in Batavia versucht er, an den für seine Tätigkeit in Persien ausstehenden Lohn zu kommen. Eine »Gage« für 20 Monate und elf Tage stellt er der VOC in Rechnung, das sind 720 Gulden plus 300 Reichstaler für Medikamente, die er aus den eigenen Beständen genommen beziehungsweise auf eigene Rechung besorgt hatte.

Der nächste Zwischenstopp ist im Mai 1693 am Kap der Guten Hoffnung. Hier unterhält die VOC eine Faktorei und einen Versuchsgarten für afrikanische Pflanzen. Eineinhalb Monate bleiben ihm Zeit, hier die südafrikanische Flora zu studieren. Anfang Juli setzt sich dann eine Flotte von elf Schiffen in Bewegung, Kaempfer trifft im Oktober in Amsterdam ein. Volle zehn Jahre ist er unterwegs gewesen, nun gilt es, in Europa wieder Fuß zu fassen.

Wenige Wochen nach seiner Ankunft schreibt er sich an der Universität Leiden bei den Medizinern ein. Nur Tage später legt der 43-Jährige eine mündliche Prüfung ab, wobei er die niederländischen Gelehrten mit seiner Erfahrung und den vielseitigen Kenntnissen beeindruckt. Auch seine botanischen Mitbringsel machen ihn bei den Akademikern bekannt. So erhält Paul Hermann, Professor in Leiden, der selbst einmal bei der VOC angestellt war und die Floren Südafrikas und Ceylons untersucht hat, von ihm Pflanzen beziehungsweise Samen für den Botanischen Garten in Leiden, so zum Beispiel die als Heilpflanze bekannte Zuckerwurzel

(Sium sisarum), die – wie Kaempfer berichtet – dort bestens gedeiht. Seine Hoffnung, mithilfe der Professoren eine Anstellung in den Niederlanden zu finden, wird allerdings enttäuscht. Doch sie lassen den weit Gereisten bald zur Promotion zu. Die schließt er im Frühjahr 1694 bei Hermann mit einem öffentlichen Rigorosum ab. Kurz danach kehrt er ins heimatliche Westfalen zurück.

Mit Kisten und Kästen voller Tagebücher und handschriftlicher Manuskripte lässt der Forschungsreisende sich in ländlicher Abgeschiedenheit nieder. Er nimmt den väterlichen Hof in Lieme bei Lemgo in Besitz. Seit dem Tod des Vaters leben dort seine Stiefmutter und die Stiefschwester, die ihm in Zukunft den Haushalt führen wird. Hier würde er nun die Muße finden, die Texte zu ordnen, die einzelnen Teile miteinander zu verknüpfen und seine Zeichnungen in Kupfer stechen zu lassen. Binnen weniger Monate, so hofft er, könnte er die ersten Forschungsergebnisse veröffentlichen. »Aber tausend Obliegenheiten und Hemmnisse empfingen mich und zogen mich von meinem glühenden Vorsatz ab«, schreibt Kaempfer an einen Freund und nennt als konkrete Gründe »Haushaltungssorgen« und »eine überaus anstrengende ärztliche Praxis, die ich doch gar nicht anzunehmen gedachte«.[53]

Da die Landwirtschaft nicht genug abwirft, muss Kaempfer wieder als Arzt arbeiten. Hinzu kommt, dass »der Graf und Edle Herr zu Lippe, mein gnädiger Herr, meine Wenigkeit zum Leibarzt seines Hohen Hauses huldvoll bestimmte«. Die Stellung nimmt viel Zeit in Anspruch, residiert der Graf doch im mehrere Reitstunden entfernten Detmold und erwartet, dass ihn sein Leibarzt auf allen Reisen begleitet. Andererseits verspricht die Anstellung am Hof ein festes Einkommen und gesellschaftliches Prestige, deshalb ist sicherlich auch Eitelkeit mit im Spiel, als Kaempfer die Position annimmt. Danach allerdings klagt er nur noch über seine Unfreiheit. Durch alles und jeden fühlt er sich an seiner eigentlichen Lebensaufgabe als Forscher gehindert. Sarkastisch meint er, seine westfälische Heimat bringe eben nichts anderes als Schinken und Würste hervor.[54]

Unzufrieden mit seinem Dasein, lässt er sich im Jahr 1700 zu einem folgenreichen Fehler verleiten: Während eines Besuchs bei

Verwandten, so berichtet er einem Freund, »lasse ich mich, geködert durch die Kuppelei guter Freunde beim Mahle und durch
gegenwärtige Gelegenheit, dazu überreden zu heiraten und dulde
es, dass eines reichen Kaufmanns einzige mit sehr anständiger Mitgift ausgestattete Tochter mir verlobt wird«. Die Begründung
dafür, dass er als fast 50-Jähriger noch heiratet, lautet lapidar: »Einmal im Leben muss man eine Tollheit begehen.«[55] Er wird sie bitter bereuen!

Der wahre Grund für die Eheschließung liegt, wie Kaempfer
mit schöner Offenheit zugibt, in einem finanziellen Kalkül: Die
zu erwartende Mitgift der erst 16-jährigen Maria Sophia Wilstach
(1684–1761) soll ihn aus der »Sklaverei« seines Amtes befreien.[56]
Eine fatale Fehleinschätzung: Erstens gelingt das nicht, weil die
versprochene Mitgift ausbleibt, und zweitens wird die lieblose Ehe
ein Desaster, das den Beteiligten nur Verletzungen, Unfrieden und
tiefen Hass beschert. Untröstlich ist Kaempfer über den frühen Tod
seiner drei Kinder. Eine Scheidung ist nicht zu vermeiden, und in
dem damit verbundenen Prozess wird in aller Öffentlichkeit jede
Menge »schmutzige Wäsche« gewaschen. Das Ende dieses dorni-
gen Rosenkriegs ist noch nicht erreicht, als Engelbert Kaempfer
am 2. November 1716 um neun Uhr abends stirbt.

Es ist unglaublich, aber wahr: Bei Kaempfers Tod ist erst eines
seiner Werke veröffentlicht – die 1712 erschienenen *Amoenitates
Exoticae* mit etwa 900 Seiten. In 22 Jahren nur dieses eine Buch, das
ist bitter! Andere liegen zur Veröffentlichung bereit. So bietet er
im Vorwort zu den »Exotischen Belustigungen« schon drei weitere
Werke zur Veröffentlichung an: sein großes Japanwerk, sein *Herbarium Transgangeticum* sowie seine dreiteiligen Reisebeschreibungen.

Etwa zehn Jahre später lässt die Lektüre dieser Ankündigung
einen leidenschaftlichen britischen Sammler aufhorchen: Sir Hans
Sloane (1660–1753), Arzt, Wissenschaftler und Mitglied der Royal
Society (später ihr Präsident), hat einen guten Riecher. Sofort wit-
tert er unerkannte Schätze für seine Sammlung und beauftragt
einen Arztkollegen, einen gewissen Dr. Johann Georg Steiger-
thal, nach den unveröffentlichten Manuskripten zu fahnden. Bei
Kaempfers Neffen Johann Hermann Kaempfer wird er fündig,

und der ist bereit, den gesamten wissenschaftlichen Nachlass seines Onkels zu verkaufen. Für 102,5 Pfund Sterling wechselt das Lebenswerk dieses weit gereisten universellen Naturforschers den Besitzer.

Sloane ist ein besessener Sammler, trägt in London ägyptische Antiquitäten zusammen wie auch Gemälde, Steine und Fossilien. Sein Lieblingsgebiet aber ist die Botanik, und er erwirbt jede botanische Sammlung, die er bekommen kann. Durch ihn gelangen später Kaempfers Manuskripte, ungeordnete Handschriften, seine präzisen Bleistift- und Federzeichnungen sowie die noch erhaltenen Blätter seines Herbariums in den Besitz des British Museum.

Seine botanischen Arbeiten über Persien und Indien, die Reisebeschreibungen und Briefe bleiben auch bei Sloane im Archiv, unzugänglich für die Öffentlichkeit. Für das Japanwerk Kaempfers engagiert der Sammler einen Mann namens Johann Caspar Scheuchzer (1702–1729), der *Das Japan unserer Zeit* übersetzen soll. Unter dem Titel *The History of Japan* und mit guten Kupferstichen ausgestattet, erscheint das Buch 1727 in London, elf Jahre nach Kaempfers Tod. Es folgen eine holländische und eine französische Ausgabe, und es dauert fast noch einmal 20 Jahre, bevor die deutsche Übersetzung aus dem Französischen in Rostock erscheint. Wiederum 25 Jahre später tauchen bei einer anderen Kaempfer-Erbin zwei Handschriften seines Japanwerks auf, die schließlich 1777–79 von Christian Wilhelm von Dohm (1751–1820) herausgeben werden.

Bis ins 19. Jahrhundert haben Japanforscher immer wieder auf diese *Geschichte und Beschreibung von Japan* zurückgegriffen. Doch welche universelle Forschungsleistung der Mann aus Lemgo im Lauf seines Lebens tatsächlich vollbracht hat, das wurde eigentlich erst in den letzten Jahrzehnten entdeckt, als Wissenschaftler sich in Kaempfers umfangreichen, noch unveröffentlichten Nachlass vertieften, der nach wie vor in den Archiven des Natural History Museum schlummert. Eine erste sechsbändige Gesamtausgabe seiner Schriften ist inzwischen erschienen.[57] Sie belegt, dass Engelbert Kaempfer zu Recht der »Humboldt des 17. Jahrhunderts« genannt worden ist – eine späte Würdigung.

Farmer, Gärtner und Pflanzenhändler

John Bartram und sein Sohn William

Ein Gänseblümchen soll es gewesen sein, »a daisy«, so ein unschuldiges kleines Ding, mit einem weißen Strahlenkranz um die gelbe Mitte. Ganz allein steht es mitten auf einem Feld, unscheinbar und bescheiden, und fällt trotzdem dem Farmer auf, der gerade alles unterpflügt, was nicht auf seinen Acker gehört. Der etwa 30-jährige Mann heißt John Bartram (1699–1777), und sein Acker liegt in der englischen Quäkerkolonie Pennsylvania. Jetzt stutzt er und reißt das Gänseblümchen aus, betrachtet es »mit mehr Neugier, als es ein gewöhnlicher Farmer tut«, und sieht zum ersten Mal, dass die Blüte aus mehreren ganz unterschiedlich geformten Teilen besteht. »Es ist eine Schande«, murmelt dieser John Bartram, »nun hast du schon so viele Jahre die Erde umgepflügt und dabei so viele Blumen zerstört, doch ihre Struktur und ihren Nutzen hast du nie kennengelernt.«[1] Diese rührende Geschichte erzählt der Schriftsteller J. Hector St. John de Crèvecœur (1735–1813) in seinem berühmten Buch *Letters from an American Farmer*, und er macht letztendlich das Gänseblümchen verantwortlich dafür, dass aus dem Farmer Bartram der erste in Amerika geborene Botaniker wird.[2]

Bartram selbst sagt, er habe sich seit seinem zehnten Lebensjahr sehr für Pflanzen interessiert: »Ich kannte alle Gewächse, die

Ansicht von Philadelphia am Delaware, 1731

ich einmal mit eigenen Augen gesehen hatte, wenn auch nicht mit ihren richtigen Namen, denn ich hatte ja weder Bücher noch Menschen, die mich hätten unterweisen können.«[3] Fasziniert ist der Knabe von Kräutern und ihrer medizinischen Wirkung, und wenn sich die Nachbarn keine ärztliche Hilfe leisten können, ist John mit einem Heilmittel zur Stelle. Selbst vor kleineren Operationen schreckt er als junger Mann nicht zurück, sodass die Nachbarn ihn schließlich »Dr. Bartram« nennen.

Von klein auf hilft John seinem Vater in der Landwirtschaft. Seine Mutter stirbt, als er nur zwei Jahre alt ist. Der Vater heiratet ein zweites Mal und zieht mit der Familie auf eine Farm nach North Carolina. Als John zwölf Jahre alt ist, wird sein Vater von Indianern getötet – eine Erfahrung, die sich für immer tief in sein Gedächtnis eingräbt.

Johns Schulbildung ist wahrscheinlich die beste, die man damals in den Kolonien bekommen kann, doch was Rechtschreibung, Stil oder Grammatik angeht, hat er die Defizite nie aufgeholt. Trotzdem ist er ein auf vielen Feldern erfolgreicher Mann geworden: Farmer, Gärtner, Naturkundler, Pflanzenjäger und Entdecker – nicht nur in den amerikanischen Kolonien, auch in

John Bartrams Haus steht heute noch

Europa genießt er unter Naturkundlern und Gartenenthusiasten einen hervorragenden Ruf.

Mit 24 Jahren heiratet Bartram, zwei Kinder werden geboren. Doch dann, 1727, der plötzliche Tod seiner Frau und kurz darauf der seines jüngeren Sohns. Trotz seiner Verzweiflung blickt Bartram nach vorn und kauft schon ein Jahr später in Kingsessing etwa 40 Hektar Land mit einem kleinen Farmhaus darauf – ein anmutiger Ort, oberhalb des Schuylkill River, etwa fünf Kilometer südlich von Philadelphia.

Es ist ein Neuanfang: Der Witwer geht auf Brautschau, findet Ann Mendenhall (1703–1789) und heiratet sie 1729. Bald darauf baut er das Holzhaus zu einem ansehnlichen Familiendomizil um – das Haus aus Naturstein steht heute noch. Er haut die Steine aus den Felsen und legt einen zwei Hektar großen Garten an, in dem er für die schnell wachsende Familie zunächst Gemüse, Obst und Kräuter anbaut. Der große Garten erstreckt sich am Hang zwischen Haus und Fluss, der sich gemächlich durch saftige Wiesen windet. Ein späterer Gartenplan zeigt einen idyllischen Ort: Der Gärtner betrachtet sein Werk, ein Kahn schaukelt auf dem Wasser, und ein Fischer sitzt am Ufer.

William Penn (1644–1718), der Gründer der Quäkerkolonie Pennsylvania, staunt bei seiner Ankunft über die Üppigkeit der Vegetation in seiner 480 mal 260 Kilometer großen Besitzung und formuliert für Philadelphia die Vision einer grünen Stadt. Überhaupt will er seine Kolonie in einen blühenden Landstrich verwandeln. Als erste amerikanische Gemeinde erhält die Hauptstadt das Raster aus geraden, sich kreuzenden Straßen, durch die auch in den heißen Sommern ein frisches Lüftchen wehen soll. Eine Allee, einen großen, offenen Platz im Zentrum und öffentliche Parks in den vier Himmelsrichtungen sieht der Stadtplan vor. 1700 ergeht die Anweisung, »jeder Hausbesitzer soll einen oder mehrere Bäume vor seiner Haustür pflanzen, damit die Stadt vor der Gewalt der Sonne geschützt und dadurch gesünder wird«. Außerdem soll jedes neue Haus mitten auf dem Grundstück errichtet werden, »sodass zu beiden Seiten Platz für Gärten, Obstgärten und Felder ist, damit es eine grüne Stadt wird«.[4]

Damals lag das Bartram'sche Anwesen vor der Stadt auf dem Land; heute hat Philadelphia den Garten längst erreicht und die ländliche Idylle zerstört: Der Verkehr rauscht auf einem mehrspurigen Boulevard vorbei, der Schuylkill River ist durch Industrieabwässer verschmutzt und die Luft durch die nahen Ölraffinerien verpestet. Insofern wirkt der Garten heute wie eine Oase inmitten der städtisch-industrialisierten Welt, und sitzt man unter den hohen Bäumen, kann man sich mit viel Phantasie die versunkene Welt des Farmergärtners vor etwa 240 Jahren vorstellen.

Der amerikanische Farmer

John Bartram ist groß und schlank – »ziemlich viel größer als der Durchschnitt, mit aufrechter Haltung«, schreibt sein Sohn William. »Sein Gesicht war schmal, und seine Haltung drückte Würde aus, mit einer glücklichen Mischung aus Lebendigkeit und Feinfühligkeit.«[5] Mehr wissen wir über sein Aussehen nicht. Der Sohn lobt seinen Vater als bescheidenen, ruhigen Menschen, offen, fröhlich und gutmütig. Ein Mann, der die Wahrheit liebt, gerecht und wohltätig ist. Vorbildlich sorgt er für seine große Familie, er kennt keine Feinde und ehrt seine Nachbarn. Sein Lebtag hat er keinen Alkohol getrunken, auch hat er sich vehement gegen die Sklaverei ausgesprochen und – um den Worten Taten folgen zu lassen – den wertvollen Sklaven, der in seinem Elternhaus aufgewachsen ist, in die Freiheit entlassen.

Auch der Schriftsteller Crèvecœur zeichnet ein außerordentlich sympathisches Bild von dem vielseitigen Farmer. Er begegnet ihm inmitten seiner Arbeiter, mit denen er die Ufer des Schuylkill befestigt. Der 66 Jahre alte Mann trägt weite Hosen unter einer großen Lederschürze, er empfängt den Besucher äußerst freundlich und lädt ihn in sein Haus ein.[6] Erstaunt stellt Crèvecœur fest, dass bei den Bartrams die Schwarzen mit am Tisch essen, und er fragt den Hausherrn, wie er es anstelle, dass sie genauso eifrig arbeiteten wie die Weißen.

Bewusst geht Bartram mit gutem Beispiel voran – er ist fleißig, diszipliniert und hat eine »Bärennatur«: Als ihn ein Pferd tritt und er meint, »seine Rippen schlüpften bei jedem Atemzug aus ihrer Halterung an der Wirbelsäule«,[7] hält er es nicht lange im Bett aus. Ann massiert seinen Rücken, reibt den riesigen blauen Fleck mit Rum und Salz ein und verabreicht ihm alle paar Stunden ein paar Tropfen Terpentinöl. Nach zwei Tagen steht er auf, am dritten Tag geht er im Zimmer auf und ab, und es dauert nicht lange, bis er all seine Tätigkeiten wieder aufnimmt.

Ohne Zweifel ist Bartram vielseitig begabt. »Ein brillanter Kerl!«, schreibt der schwedische Naturkundler Peter Kalm (1716–1779) an seinen berühmten Landsmann, den Botaniker Carl von Linné, Bartram sei »einfach alles – Farmer, Tischler, Instrumentenstimmer, Schuhmacher, Maurer, Gärtner, Priester, Schreiner und ich weiß nicht, was noch alles!«[8] Tatsächlich kennt Bartrams Wissensdurst keine Grenzen. Er studiert Bücher über neue landwirtschaftliche Methoden; er experimentiert gerne und tauscht Erfahrungen mit Kollegen aus. Darüber hinaus hat seine Farm fruchtbare Böden, und das geschäftige, stetig wachsende Philadelphia mit seinem Hafen ist ein günstiger Absatzmarkt für seine Erzeugnisse, die er aus der Natur gewinnt.

Farm in der Quäkerkolonie Pennsylvania

In ihrer Ordnung und Schönheit offenbart sich für den gläubigen Quäker der Geist Gottes. »Mein Denken beschäftigt sich immer mit den Werken Gottes in der Natur«, schreibt er in einem seiner unzähligen Briefe. »Durch dieses Fernrohr erkenne ich die Größe Gottes.«[9] Die amerikanische Wildnis, die ja fast vor seiner Haustür beginnt, betrachtet er als einen »grandiosen und weiträumigen Tempel«, in dem das Majestätische der Natur die Menschen wie Zwerge erscheinen lässt.

Da Bartram aber gleichzeitig ein Mann der Aufklärung ist, sind für ihn Gottes Schöpfung, Wissenschaft und Nützlichkeit keine Gegensätze. Vielmehr offenbart sich ihm auch in der Verwertbarkeit der Natur die Weisheit Gottes. Das gilt insbesondere für die Nutzpflanzen, die in der Medizin, im Bau, als Textilien, beim Färben und vor allem bei der Ernährung von Mensch und Tier verwendet werden und insofern eine soziale und ökonomische Rolle spielen. Da sich für den aufgeklärten Quäker kommerzielles Interesse und wirtschaftlicher Erfolg bestens mit dem Glauben vertragen, wird Bartram zwar nicht reich, aber wohlhabend, denn er besitzt schließlich 56 Hektar kultiviertes Land, drei Pferde, zehn Schafe und eine Herde von zwölf Rindern.

Neun Kinder werden im Hause Bartram geboren und von der Mutter umsorgt. Kochen, putzen, waschen – und zu Anns täglichen Pflichten im Haushalt kommen die auf dem Hof: Der Hausherrin gehört eine Kuh, und sie sorgt für die Hühner; sie ist verantwortlich für Milch und Eier und das Gemüse in Hausnähe. Damit nicht genug: Ann Bartram ist eine liebenswürdige Gastgeberin für die vielen, vielen Besucher, die einfallen, um mit ihrem Mann zu diskutieren oder seinen Garten mit allerlei unbekannten Gewächsen zu begutachten. Und wenn ihr John in die Wildnis zieht, um Pflanzen zu sammeln oder Samen zu ernten, erledigt sie seine Korrespondenz, verschickt Saatgut an ungeduldige Kunden und übernimmt die Verantwortung für die Landwirtschaft. Ann Bartram ist gesund und zupackend – die ideale Farmersfrau, ohne die John seinen botanischen Interessen kaum hätte nachgehen können. Dafür ist er dankbar. Vieles spricht dafür, dass die Eheleute liebevoll miteinander umgehen und sich mit Vertrauen und Respekt begegnen.

Der Quäker John Bartram ist ein frommer und angesehener Bürger, fasziniert von der Natur und beseelt von dem Gedanken, die amerikanische Wildnis zu erforschen, um sie den Menschen dienstbar zu machen. Er unternimmt strapaziöse Reisen in noch unerschlossene Gebiete, um unbekannte oder rare Pflanzen zu sammeln. Sein naturkundliches, insbesondere sein botanisches Wissen lockt viele wissbegierige, geniale Menschen an. Er verkehrt und korrespondiert mit den Gebildeten und Wohlhabenden in den Kolonien und im »Mutterland«. Sie alle nennen sich stolz »curious men«, das heißt sie sind neugierige Menschen, die den Dingen auf den Grund gehen, Naturphänomene verstehen und erklären und Techniken entwickeln, die Natur zu beherrschen, damit sie den Menschen nützt. Befreundet ist Bartram mit einem der populärsten »curious men«: Benjamin Franklin (1706– 1790), der Politiker und Schriftsteller ist, Naturwissenschaftler und Erfinder. »Curious« genannt zu werden ist eine Auszeichnung. Es ist eine Eigenschaft, die sogar gesellschaftliche Unterschiede überwindet, so auch zwischen dem Farmer in den Kolonien und dem gelehrten Botaniker – oder dem wohlhabenden Kaufmann in der Metropole.

Transatlantischer Pflanzentausch

Solch ein reicher englischer Tuchhändler aus London nimmt 1732 Verbindung mit John Bartram auf. Er heißt Peter Collinson (1694–1768), ist Quäker und Gartenliebhaber wie Bartram und hat in England eine ganze Reihe von Naturenthusiasten im Freundeskreis. Zwei angesehene Männer aus Philadelphia haben ihm Bartram als »a very proper person« empfohlen, der ihm Saaten, Pflanzen und andere naturkundliche Besonderheiten aus der Neuen Welt besorgen könne. So beginnt Bartrams Karriere als Pflanzenjäger und Samenhändler.

Bartram hat seinen Mittelsmann in London zwar nie getroffen, aber sie schreiben sich oft und ausführlich, sodass sich in den 35 Jahren ihrer Beziehung eine dauerhafte Freundschaft entwickelt. In seinen Briefen berichtet Bartram über seine Reisen in den Kolonien, seine Beobachtungen in der Natur, aber auch über seine familiären Sorgen. Collinson, der Mitglied in der naturkundlichen Royal Society ist, trägt dort mehrfach die Erkenntnisse seines amerikanischen Freundes vor, der auf diese Weise in der wissenschaftlichen Gemeinde Englands bekannt wird.

Hauptsächlich aber interessiert sich Collinson für amerikanische Pflanzen – egal ob Samen, Stecklinge oder Blumenzwiebeln, alles soll Bartram ihm für seinen großen Garten in Essex senden. So entsteht ein reger transatlantischer Pflanzentausch, denn in umgekehrter Richtung versorgt Collinson seinen Schützling in den Kolonien mit europäischen Saaten und exotischen Pflanzen aus anderen Teilen des britischen Weltreichs: »Ich habe Kastanien und Spanische Nüsse in Sand verpackt sowie ein paar Kerne unseres Katherinenpfirsichs«, kündigt Collinson ein Paket an. »Das ist ein großer Pfirsich, der bei uns als Letzter im Jahr, im Oktober, reif wird. In Amerika wird er früher reifen. Es ist ein harter, wohlschmeckender Pfirsich, der sich schwer vom Stein löst.«[10] Den Kernen portugiesischer Mandeln legt Collinson für Ann das Rezept eines Mandelkuchens bei; ein anderes Mal schickt er Stecklinge von Weinstöcken, dazu die große neapolitanische Mispel (Mehlbeerbaum, *Mespilus germanica*), deren Früchte an Wildäpfel er-

Peter Collinson

innern, und »in der kleinen Schachtel, in der die Insekten gekommen sind, befinden sich Aprikosenkerne«.[11]

Anfangs ist Bartram für Collinson nicht mehr als ein Pflanzenjäger in den Kolonien, der seine Aufträge erfüllt. Doch Collinson erkennt Bartrams wissenschaftliches Interesse und schlägt ihm vor, seinen Samensendungen immer zwei Herbarbelege der Pflanze beizulegen, damit diese in London von den besten Botanikern bestimmt werden können. Danach erhielte Bartram einen Beleg zurück und würde auf diese Weise die richtigen Namen der Pflanzen lernen und sein botanisches Wissen erweitern.

Bartram aber will sich nicht auf Pflanzen beschränken. So berichtet er unter anderem nach London, wie er eine Klapperschlange gefangen, sie seziert und ihre Giftzähne untersucht hat. Collinson, der ebenfalls von wissenschaftlichem Interesse getrieben wird, schätzt Bartrams Qualitäten: seine Neugier, seine Beobachtungsgabe und seine Lust zu experimentieren. Bald beschränken sich Collinsons Wünsche nicht mehr nur auf Pflanzliches: Außergewöhnliche Käfer, Insekten und Schmetterlinge soll Bartram auf Nadeln spießen und in kleinen Kästen befestigen; auch ein oder zwei Sumpfschildkröten seien willkommen: »Stecken Sie sie in einen Kasten mit Sand, und sie werden sicher hier ankommen, denn sie können eine ganze Weile ohne Futter überleben.«[12]

Hauptanliegen aber bleibt der Pflanzentausch, der anfangs ohne feste Regeln funktioniert. Als Mitglied derselben Glaubensgemeinschaft vertraut man sich. Es kommt vor, dass Collinson sich für eine Pflanzensendung mit einem Kattunkleid für Ann oder einem Anzug für John bedankt. Manchmal sind es Kleidungsstücke, die er in London nicht mehr tragen will, von denen er aber glaubt, sie seien für einen einfachen Landmann in Amerika noch geeignet. Bartram spürt die Herablassung, die dahintersteckt, wenngleich er sich selbst immer als »armen Mann« bezeichnet. Die Grenzen zwischen freundschaftlicher Zugewandtheit und paternalistischer Fürsorge oder gar arrogantem Dünkel des Londoners gegenüber dem Hinterwäldler in den Kolonien sind fließend. So entspinnt sich ein Streit über eine alte Samtkappe, die Bartram so abgetragen erscheint, dass er das »Geschenk« als Beleidigung empfindet und wegwirft. Das wiederum erbost Collinson: Der »liebe Freund John« hätte die Kopfbedeckung zurückschicken sollen, dann hätte er sie selbst noch ein paar Jahre tragen können. Ein Jahr lang zieht sich diese persönliche Auseinandersetzung hin, in der sich auch das empfindliche Verhältnis von »Mutterland« und Kolonie widerspiegelt.

Häufig wünscht Bartram sich Bücher im Tausch gegen die Pflanzen: »Wenn Salomon die Bücher mehr als die Frauen geliebt hätte«, räsoniert er, »dann wäre er klüger und glücklicher geworden, als er es tatsächlich war.«[13] Für den wissbegierigen Bartram nehmen Bücher als Fundament seiner Zukunftspläne einen ganz besonderen Platz ein. So will er mit ihrer Hilfe so viel Latein lernen, dass er Carl von Linnés 1753 erschienenes Werk *Species Plantarum* mit allen lateinischen Bezeichnungen der Gewächse verstehen kann. Für seine Bücher lässt er sogar einen kleinen Anbau am Haus errichten, »meine kleine Bibliothek oder Kapelle, wie ich sie nenne«.[14] Hier will er die Wahrheit über die Natur und ihre

Erscheinungsformen suchen – auch um sie kommerziell auszuwerten.

Dieser Wunsch wird umso stärker, als der Pflanzentausch nicht lange auf das Freundespaar beschränkt bleibt. Mit Staunen, vielleicht sogar mit Neid betrachten Collinsons reiche und adelige Freunde die Pflanzenschätze in dessen Garten. Diese importierten Raritäten wollen sie auch haben! Immer mehr Bestellungen erreichen die Farm in Kingsessing, und Bartram beeilt sich, alle Wünsche zu erfüllen. Ist der englische Blumenfreund großzügig, schickt er im Gegenzug ein Mikroskop als Geschenk, eine Lupe oder einen Kompass. Willkommen ist alles, was in den Kolonien schwer zu beschaffen ist – auch Nagel, Spiegel, Glas und Medizin. Doch irgendwann ist Bartram es leid, der Großzügigkeit beziehungsweise dem Geiz seiner »Käufer« ausgeliefert zu sein, er strebt reguläre Geschäftsbeziehungen an mit festen Preisen für seine Pflanzensendungen nach Übersee, zumal die Bestellungen von dort immer umfangreicher und anspruchsvoller werden. Das hat einen Grund: In England entwickelt sich Mitte des 18. Jahrhunderts ein neuer Gartenstil, und mit ihm kommt die amerikanische Flora in Mode.

Stilwechsel: Neue Bäume für neue Gärten

Die Zeit der französischen Gärten mit geraden Wegen, gestutzten Hecken und Formschnittgehölzen geht zu Ende. Die Manie, alles Grüne zu beschneiden, ist harscher Kritik ausgesetzt; wie Alexander Pope schon 1713 postulierte, haben »Adam und Eva in Eibe« oder »Sankt Georg in Buchs« ausgedient. Stattdessen liegt der »irregular style« im Trend; jetzt wird Unregelmäßigkeit Kult: Innerhalb eines formalen Rahmens, einer Hecke beispielsweise, schlängeln sich nun die Wege; hier wuchert ein Gebüsch, in dem auch Blumen wachsen, dort ein Hain, der sich zu einer Lichtung öffnet, die – wie in der Natur – mit Wiese bewachsen ist. Alles soll »natürlich« aussehen, deshalb müssen gerade Linien verschwinden; dreidimensionale Ansichten werden gepflanzt – mit Gehölzgruppen, blühenden

Unterpflanzungen, mit Licht- und Schattenkontrasten. Nicht mehr die einzelne Pflanze zählt, sondern die Wirkung ganzer Gruppen. Englands Park- und Gartenbesitzer entdecken den Landschaftsstil.

Dafür werden viele Tausend Bäume und Sträucher gebraucht. Das bislang bevorzugte Sortiment an Heckenpflanzen und die möglichst schon in Form geschnittenen Immergrünen sollen durch natürlich gewachsene Gehölze und noch wenig bekannte Arten ersetzt werden. Immer mehr Gartenbaubetriebe kaufen Saatgut, um zwei, drei Jahre später die daraus gezogenen Pflanzen zu vermarkten. Sie versprechen sich ein gutes Geschäft, weil die Gentlemen im Wettstreit um die artenreichsten Gärten sich gegenseitig zu übertreffen versuchen. Sie scheuen keine Ausgabe und besorgen sich für ihre riesigen Besitzungen exklusive exotische Neuheiten aus Indien oder China, aus Mexiko oder Südafrika und – da kommt der Mann aus Philadelphia ins Spiel – aus den englischen Kolonien in Nordamerika.

Auf Bartrams Kundenliste stehen 124 Adelige und Kaufleute, angesehene, einflussreiche und begüterte Männer in England, Irland und Schottland, die in der Lage sind, riesige Gartenanlagen zu unterhalten. Darunter sind so illustre Namen wie der Herzog von Richmond, Lord Bedford und Charles Hamilton mit seinem berühmten Landschaftsgarten Painshill in Surrey. Außerdem liefert Bartram an Philip Miller (1691–1771), den damals wohl angesehensten Pflanzenspezialisten Englands: Miller ist Vorsitzender des Gärtner- und Gärtnereiverbands, er gibt das *Gardener's Dictionary* heraus und ist Chef des artenreichsten englischen Gartens, des Chelsea Physic Garden.

Dazu kommen noch mindestens 33 Freunde, mit denen Bartram regelmäßig Samen und lebende Pflanzen tauscht. Drei dieser Gartenenthusiasten sind sogar bereit, »ihrem« Pflanzenjäger eine Art Grundgehalt pro Jahr zu zahlen, damit er seine Farm verlassen, ausgiebig reisen und Pflanzen sammeln kann. 20 Guineen kommen auf diese Weise zusammen.

Der junge Lord Petre (1713–1742) ist Bartrams bester und ambitioniertester Kunde, ein Gartenbesessener, der – wie Collinson – Mitglied der Royal Society ist. Als Petre 1732 heiratet, bezieht

Der Landschaftspark von Thorndon Hall

er seinen Landsitz Thorndon Hall in Essex und beginnt, das Anwesen umzugestalten. In mehreren Etappen treffen riesige Samenbestellungen auf der Farm in Kingsessing ein, denn nicht nur der eigentliche Park wird neu bepflanzt, auch das umliegende Land wird aufgeforstet: In großen Mengen bestellt Lord Petre Samen von Eichen, Ahorn, Walnuss, Hartriegel und Wacholder, von Sassafras, Scheinzypresse und Amberbaum.

Die Vielfalt der Bäume und blühenden Büsche ist umwerfend. Auf Thorndon wird alles zum Wachsen gebracht, was Bartram liefern kann. Doch er ist keineswegs der einzige Lieferant. Auf dem Besitz geht es zu wie in einer Baumschule. Zu Tausenden lassen die Gärtner die Samen aus Nordamerika in den weitläufigen Gewächshäusern keimen und wurzeln; dann werden sie in Töpfen großgezogen, bis sie ausgepflanzt werden können. Eine langwierige Prozedur, und bis Busch oder Baum dann blühen, können noch einmal Jahre vergehen.

Sage und schreibe 60000 Bäume und Bäumchen pflanzt Lord Petre Anfang der Dreißigerjahre auf seinem Besitz, darunter so viele nordamerikanische, dass Collinson sich in die Kolonien versetzt glaubt, als er die Gartenanlage besichtigt. Überwältigt von der schieren Menge fremdländischer Gehölze schreibt er an Bartram: »Im vergangenen Jahr hat Lord Petre etwa 10000 Amerikaner ausgepflanzt, die, gemischt mit 20000 Europäern und einigen Asiaten, ganz hervorragend aussehen.«[15]

Begeistert schildert er seinem Freund die neuartige Art zu pflanzen: »Mit viel Können und Geschick hat man die speziellen Wuchsformen der Gehölze berücksichtigt und die Mischung der verschiedenen Grüntöne. Dunkelgrün ergibt einen guten Hintergrund für hellere Töne, und ein gelbliches Grün wirkt gut vor einem bläulichen; und Bäume mit weißer oder silbriger Rinde, mit weißen oder silbrigen Blattunterseiten, bilden einen wunderschönen Kontrast. Das Ganze ist in Dickichten und Gruppen gepflanzt, und die Mischung an Farbtönen ist sehr pittoresk und hat eine erfreuliche Wirkung.«[16]

Pflanzenjagd in der Wildnis

Pflanzenbestellungen dieser Größenordnung zeigen deutlich, dass aus dem privaten Pflanzentausch einer eingeschworenen Enthusiastenclique längst ein professioneller Pflanzen- und Samenhandel geworden ist, der Organisation, Logistik und Investitionen fordert. Dieses Geschäft lässt sich nicht nebenbei abwickeln: John Bartram muss viel reisen, um attraktive Pflanzen zu entdecken und um Saatgut zu ernten; er muss sich um seinen Garten kümmern, in dem er all seine interessanten Entdeckungen kultiviert, und schließlich muss er die bestellte Ware verpacken und verschiffen – und das alles, ohne seine Farm zu vernachlässigen.

So gerne der Naturkundler in seiner Bibliothek sitzt und studiert, so gerne verlegt er sein Studium auch in die freie Natur. Der weiten, unerforschten Wildnis Nordamerikas gilt seine ganze Leidenschaft. Noch ist nur die Ostküste besiedelt. Noch bilden die Appalachen die Siedlungsgrenze im Westen. Dahinter liegt französisches Einflussgebiet und von Weißen unberührtes Indianerland: die amerikanische Wildnis – ein riesiger Wald mit Einsprengseln von Prärie- und Marschland.

Am Fuß der Gebirge wuchern dichte Lorbeer- und Rhododendronwälder. Dort, wo sich nordöstlich der Gebirgszüge weiße Siedler niederlassen, wachsen mächtige Fichten und Hemlocktannen, während in den mittleren Kolonien Eichen und Kastanienbäume gedeihen. Es ist düster in den Wäldern, und nur wenige Vögel beleben die Stille. Oft ist das Unterholz ein undurchdringliches Dickicht, und die Trampelpfade von Bisons führen ins Ungewisse.

Das sind Bartrams »Jagdgründe«. Mehrmals im Jahr ist er für mehrere Wochen unterwegs. Im Frühjahr, um lebende Pflanzen, und im Spätsommer oder frühen Herbst, um Saatgut zu sammeln – dann ist auf der Farm die Ernte eingebracht, und in der Wildnis sind die Pflanzensamen reif geworden. Doch nicht immer kann er ungehindert reisen: Wenn sich Siedler, Franzosen und Indianer bekriegen, dann ist es besser, zu Hause zu bleiben.

Zu Fuß, zu Pferd und in Booten durchstreift der Pflanzenjäger die Wildnis. Gewitter, Kälte, Regen, brennende Sonne – kein Wetter kann ihn bremsen. Liegt keine Siedlung am Weg, übernachtet er im Freien, in Mäntel und Decken gehüllt. Meist ist er ganz allein unterwegs. »Unsere Amerikaner haben wenig Lust auf diese Art Vergnügen, und ich finde keinen, der die Mühe auf sich nehmen würde, mich auf meinen Wanderungen zu begleiten.«[17] Deshalb, so klagt Bartram in einem Brief an Collinson, seien seine Reisen sehr einsam.

Auf die anfänglich nur ein paar Tage dauernden Sammelausflüge nimmt er manchmal seine Kinder oder einen Landarbeiter mit, denn John unterhält sich gerne; er liebt den Gedankenaustausch und die Anregung durch andere. Wie gerne hätte er auf seinen oft wochenlangen Touren einen Begleiter gehabt! Zwar ist er glücklich in der Wildnis, doch ihm fehlt ein Freund, mit dem er seine Gefühle angesichts der Wunder der Natur teilen könnte.

Gefährlich sei das Alleinreisen obendrein, schreibt er: Ganz auf sich gestellt Flüsse überqueren, Berge erklimmen, Schluchten überwinden und durch düsteres Gestrüpp den Pfaden wilder Tiere folgen, ja, manchmal ist es ihm unheimlich! Ausnahmsweise ist ein Retter in der Nähe, als er im nicht mehr ganz jugendlichen Alter von 62 Jahren von einem hohen Baum stürzt. Nicht ohne Humor bemerkt er: »Damit ist für mich das Erklettern von Bäumen in diesem Leben wohl vorbei; im nächsten werde ich dann lieber wie ein Engel fliegen und in Gefilden nach Grünzeug suchen, die den Sterblichen unbekannt sind.«[18]

Ignoriert er die Gefahren der Wildnis? Kennt er keine Furcht vor Bison oder Bär, Wolf oder Wildkatze? Hört er einen Panther oder Berglöwen brüllen, dann träumt er zwar von Raubtieren, die dem Reiter geduldig folgen, bis sie ihn schließlich angreifen können, doch morgens reitet der Pflanzenjäger unverdrossen weiter. Auch die mögliche Begegnung mit feindlich gesinnten Indianern schreckt ihn nicht, dabei wäre er als unbewaffneter Reiter mit einem guten Pferd für jeden eine leichte Beute. Nur die Angst vor den grellen Blitzen eines Gewitters, die ihn schon als Kind in Panik versetzten, hat ihn immer noch nicht ganz verlassen.

Oft ist die Verpflegung knapp und schlecht; Durchfall und Malaria zehren an den Kräften; er fällt und stolpert, Schürfwunden, blaue Flecken, verstauchte Glieder und Prellungen – doch nichts kann ihn von seiner Mission abbringen: Er besteigt die höchsten Berge, befährt alle wichtigen Flüsse, dringt bis an die Siedlungsgrenze der Weißen vor, und sein gottesfürchtiges Staunen über die gewaltige Vielfalt der Natur, ihre Größe und ihre Schönheit reißt nicht ab.

Er ist auf der Hut vor den giftigen Klapperschlangen, doch er beobachtet gerne ihr Verhalten und tötet nur wenige, um sie zu sezieren und wissenschaftlich zu untersuchen. Als ein früher Naturschützer wettert er gegen das willkürliche Abschlachten der Schlangen durch die Siedler, und angesichts ihres enormen Holzverbrauchs plädiert er für Wiederaufforstungsprogramme.

Der Transport von Pflanzensaat ist auf den Reisen kein Problem; bei lebenden Pflanzen dagegen sind Phantasie und Erfindungsreichtum gefragt. »Ich lasse Erde an den Wurzeln«, schildert er Collinson, »umwickele sie mit Moos und Papier, dann verstaue ich sie tagsüber in den Satteltaschen und lege sie nachts in Wasser. So halten sie sich mehrere Wochen lang frisch.«[19] Eine zweite wirkungsvolle Methode erinnert an unsere Frischhaltebeutel:

»Nehmen Sie 3 oder 4 große Ochsenblasen«, lautet der Ratschlag, »schneiden Sie den Hals ab & wenn Sie eine Pflanze finden, stecken Sie sie mit etwas Erde an den Wurzeln in die Blase, bedecken die Wurzeln mit Wasser, binden den Blasenhals fest um den Stängel und lassen die Blätter, Blüten usw. draußen.«[20]

Von den Blauen Bergen bis nach Virginia

Seine ersten Sammelreisen unternimmt John Bartram in den 1730er-Jahren. Zunächst sind es nur kurze Trips in die Umgebung von Philadelphia, dann bricht er im Herbst 1736 zur ersten längeren Expedition auf. Ziel sind die Quellen des Schuylkillflusses in den »Blauen Bergen«, wo er die Riesenrhododendren *(Rhododendrum maximum)* bewundert, die an den Berghängen fast zwei Meter hoch werden. Nichts entgeht seinem Auge, alles hält er in seinem Notizbuch fest, und jeden Tag füllt er seine Satteltaschen und die Pflanzenpresse. 450 Kilometer hat er zurückgelegt, als er schwer beladen nach Hause zurückkehrt – im Gepäck hat er Staudenableger, Samen und Zwiebeln von Aster, Goldrute, Kardinalslobelie und unterschiedlichen Türkenbundlilien, von Birken und Magnolien.

Vieles behält er für den eigenen Garten, sein Reisejournal und eine Auswahl der Beute schickt er sofort nach England. Eineinhalb Jahre später berichtet Collinson glücklich, seine Türkenbundlilie *(Lilium superbum)* sei etwa 1,50 Meter hoch, habe 15 Knospen und stehe kurz vor der Blüte.

Auf der nächsten Reise nimmt Bartram sich die Sümpfe von New Jersey vor, um die Scheinzypresse *(Chamaecyparis thyoides)* besser kennenzulernen, über deren Vermehrung sich Englands Botaniker gerade den Kopf zerbrechen. Zwei Jahre später reist er erstmals nach Virginia, mit zahlreichen Empfehlungsschreiben seines Freundes Collinson ausgestattet und einer ernsthaften Ermahnung im Ohr: »Eine Sache muss ich von Ihnen verlangen: Ich bestehe darauf, dass Sie sich verpflichten, Ihre grobe Wollkleidung zu ersetzen«, drängt der Londoner Mentor. »Die Virginier sind sanfte,

gut gekleidete Leute und achten viel mehr auf das Äußere eines
Menschen als auf sein Inneres. Gehen Sie deshalb bitte sauber,
ordentlich und gut gekleidet nach Virginia. Machen Sie sich keine
Sorge wegen der Kleider, nächstes Jahr schicke ich Ihnen wieder
welche.«[21]

Wie anders als die nahezu feudale Gesellschaft in Virginia ist
das bäuerliche, streng religiöse Neuengland! Und wie fremdartig
das Leben der Indianer, das Bartram 1743 im Westen des Staates
New York kennenlernt. Sechs Wochen reitet er durch unberührte
Wälder und Indianerland bis nach Oswego, einem kleinen, weit
vorgeschobenen Handelsposten am Ontariosee. In seinem Reisejournal berichtet er über Indianerdörfer, in denen er herzlich aufgenommen wird, über den indianischen Alltag, über ihre Sitten,
Gebräuche und Zeremonien. Nachts wird er durch das »musika-
lische Heulen eines Wolfes« geweckt, am Tag begegnet er einer der
gefürchteten Klapperschlangen, ständig umschwärmen ihn lästige
Wolken von Fliegen, Moskitos und anderen fliegenden Peinigern.
Als unendlich schön empfindet er die ursprüngliche Landschaft,
mit Flüssen, »die in glitzernden Kaskaden die Berge hinabstürzen«,
mit Bächen »so klar, dass man eine Nadel auf dem Grund hätte
sehen können«, oder mit Salzkristallen, die glitzern »wie Eis- und
Schneeflächen an einem Sonnentag«.[22]

Wenn Bartram die Wildnis schildert, klingt es manchmal wie
Poesie; ein anderes Mal notiert der Botaniker nüchtern die Bäume,
die er sieht: Eichen, Hickory, Kastanien, Linden, Eschen, Birken,
Ahorn und die großen Magnolien in den Bergen. In der Ebene
faulen umgestürzte Bäume in feuchtem Gelände, doch hin und
wieder öffnen sich lichte Täler mit Ginsengpflanzen *(Panax quin-
quefolius)* und Christophskraut *(Actaea)*. Eine ganz besondere Entdeckung auf dieser Reise ist die scharlachrote Indianernessel *(Mo-
narda didyma;* siehe farbige Abbildungen), an der seine europäischen
Kunden großes Interesse haben: Die heute noch beliebte Staude
war schon einmal nach England eingeführt worden, doch danach
wieder verschwunden. Nun zieht Collinson aus den Samen, die
Bartram ihm schickt, neue Pflanzen – und 1745 hat er zum ersten
Mal die knallroten Blüten im Garten.

Türkenbundlilie,
von William Bartram gezeichnet

Nicht immer ist die Pflanzenjagd so erfolgreich: Ein vermeintlich neues Gewächs ist in England schon lange bekannt, eine viele
Kilometer weite Reise erweist sich als Flop, weil das Objekt der
Begierde keine Samen ausgebildet hat, oder der Pflanzenjäger muss
unverrichteter Dinge umkehren, weil die Indianer auf dem Kriegs-
pfad sind.

Mitte der 1750er-Jahre findet Bartram endlich einen Reise-
begleiter: Sein jüngster Sohn William (1739–1823), Billy genannt,

schlägt ganz nach ihm und entwickelt schon sehr früh ein ausgeprägtes Interesse an der Natur. Der Junge ist 14 Jahre alt, als der stolze Vater »seinen kleinen Botaniker« erstmals auf eine längere Sammeltour mitnimmt. Ziel sind die Catskillberge im Staat New York. Für beide ist es eine wunderbare Erfahrung, denn Billy ist ein wacher Bursche, der dem Vater gern zuhört und schnell lernt, wenn dieser ihm die Geheimnisse der Wildnis offenbart. Er ist begeistert bei der Sache und eine wirkliche Hilfe bei der Pflanzenjagd. Dabei zeigt sich die auffallende Begabung des Jungen, die Pflanzen- und Tierwelt exakt, anschaulich und lebendig zu zeichnen. Bartrams englische Kunden, die Kostproben des jungen Talents erhalten, sind sehr angetan und ermuntern den Jungen, diese Fährte weiterzuverfolgen: Es sieht so aus, als habe William Bartram eine Karriere als Naturforscher und Künstler vor sich.

Die »five-guinea box«

Für John Bartram, den Farmer, Pflanzensammler und Pflanzenhändler, sind es anstrengende Jahre, denn ab Mitte der 1740er-Jahre blüht das transatlantische Geschäft. Längst sind es nicht nur englische Gentlemen, die bei ihm ordern; knapp 20 angesehene Gartenbaubetriebe und Samenhandlungen in England und auf dem Kontinent sind als gute Kunden hinzugekommen.

Bartrams Mittelsmann in London ist und bleibt Peter Collinson. Auf ihn ist der Samenhändler voll und ganz angewiesen, und glücklicherweise kann er sich auf ihn voll und ganz verlassen. Als eifriger Agent wirbt er Kunden und hält Kontakt zu den oft unwissenden, aber anspruchsvollen Gartenbesitzern. Er nimmt Bestellungen an und leitet sie an Bartram weiter; im Hafen achtet er darauf, dass die ankommende verderbliche Ware umgehend an den Besteller weitergeleitet wird.

Trotzdem bringt der Überseehandel mit Samen und Pflanzen nicht so viel ein, dass Bartram die Farmarbeit bezahlten Kräften überlassen und selbst nur noch auf Pflanzenjagd gehen könnte. Um alle Pflichten unter einen Hut zu bringen, denkt er über Arbeitserleichterungen nach und erfindet die »five-guinea box«, eine hervorragende Idee, die seine Warenlieferungen standardisiert. Zwar bedient er weiterhin individuelle Kundenwünsche, doch Gartenbesitzer ohne spezielle Kenntnisse ordern einfach die stabile handgezimmerte Holzkiste, die 100 Samenpäckchen enthält. Den Kisteninhalt bestimmt Bartram höchstpersönlich; auch, wie viele Samen er von einer Pflanze einpackt. Doch immer erhält der Kunde für fünf Guineen eine wahre Büchse der Pandora – Saatgut für die unterschiedlichsten amerikanischen Gehölze.

Nur im Notfall variiert der Inhalt, immer ist es eine bunte Mischung dessen, was Bartram von seinen Sammelreisen mitgebracht oder in seinem Garten geerntet hat. Dort hat er nämlich zum Zweck der Samenproduktion Pflanzungen angelegt, deren Saat er im Herbst einsammelt, wenn er den Versand von 30, später sogar von etwa 60 »five-guinea boxes« vorbereitet. Auf jeden Fall ist das Sortiment repräsentativ für die amerikanischen Gehölze.[23] So findet der Gärtner, der erwartungsvoll seine Kiste öffnet, Samen von vielerlei Laubbäumen, von Weymouthkiefern und Hemlocktannen, von Scheinzypressen und Wacholder, Magnolien, Judas- und Tulpenbaum. Dazu zahlreiche blühende Sträucher in verschiedenen Varianten – unter anderem Hartriegel, Schneeball, Rhododendron, Spireen, Erika, Pfaffenhütchen und vieles, vieles mehr.

Die Samenkiste kommt auch bei den Gartenbaubetrieben gut an: So bestellt die Gärtnerei John Williamson & Company aus Kensington 16 Jahre lang bis zu acht »five-guinea boxes« im Jahr. Sogar das *Gentleman's Magazine* berichtet Anfang 1754 über die Überraschungskiste und veröffentlicht eine Liste von Samen, »die in Pennsylvania, den Jerseys und New York von John und William Bartram gesammelt und im vergangenen Jahr an ihren Agenten geschickt wurden. Es war die größte Sammlung dieser Art, die je ins Königreich importiert wurde.«[24]

Nicht jede Sendung übersteht die lange Reise unbeschädigt. So beschwert sich Collinson nicht selten über den Zustand, in dem die Ware London erreicht. Um die Samen vor Feuchtigkeit zu schützen, empfiehlt er, sie in Sand oder Bienenwachs zu betten, und er schickt Papier, damit sie sorgfältiger eingewickelt werden. Als Collinson wieder einmal moniert, dass einzelne Samenpäckchen fehlerhaft etikettiert waren, versichert Bartram: »Ich helfe beim Packen jeder Box & traue keiner lebenden Kreatur außer meinen beiden Söhnen, die sehr sorgfältig sind.«[25]

Doch es bleiben unkalkulierbare Risiken. Dazu gehört, dass ein Schiff mit Pflanzensendungen in Englands kriegerische Auseinandersetzungen gerät: Die Spanier, so heißt es, werfen die Kisten über Bord, während die Franzosen die Beute nach Paris schicken. Meist ist dann die Fracht für immer verloren. Auch wenn Seewasser die Kiste durchnässt, Ratten, Mäuse oder Insekten Körner und Kerne gefressen oder langfingrige Seeleute die Kisten gefilzt haben, heißt es, finanzielle Verluste zu verschmerzen.

Auch um die Finanzen kümmert sich Collinson. Er treibt für Bartram Gelder ein, verwaltet Guthaben oder gibt Kredit. Da Gold- und Silbermünzen nicht aus England in die Kolonien abgeführt werden dürfen, lässt Bartram sich häufig Waren im Wert seiner Guthaben schicken, um sie dann in Philadelphia zu verkaufen. Doch hin und wieder bleibt er auf seinen Bestellungen sitzen und schlägt Collinson deshalb vor, ihm sein Geld in Halfpence-Münzen zu wechseln und in Fässern verpackt nach Philadelphia zu schicken. Tatsächlich kommt 1739 ein Fass mit Kleingeld für zehn englische Pfund auf der Farm in Kingsessing an, rechtzeitig, um die fälligen Hypothekenzinsen zu zahlen. Einen netten Gewinn hat Bartram mit dieser Transaktion auch noch gemacht, denn die Halfpence-Kupfermünzen sind in den Kolonien doppelt so viel wert wie im »Mutterland«.

Da Collinson keine Provision für seine Vermittlertätigkeit berechnet, reserviert Bartram immer die neuesten Raritäten für seinen treuen Freund. Einmal sind es 24 bislang unbekannte Farnvarianten, ein anderes Mal Salomonssiegel oder Jelängerjelieber (Geißblatt), Diptam, die schöne Goldrute oder ein neuartiger Feuerkolben. Die Liste ließe sich endlos fortsetzen, sodass der Garten des englischen Tuchhändlers berühmt für seine amerikanischen Gewächse wird. Trotzdem ist ihm der Pflanzenhandel manchmal lästig. Es sei kein leichtes Geschäft, klagt der Agent, denn »es ist sehr schwer, von den großen Leuten Geld zu bekommen, obwohl ich doch für sie Arbeit und Mühe in diesen Handel stecke. Sie freuen sich über die Lieferung, dann aber neigen sie dazu, den ganzen Rest zu vergessen. Sie geben mir schöne Worte, doch das reicht nicht.«[26] Er fühlt sich ausgenutzt und reagiert genervt, wenn ein Kunde eine Samenkiste öffnet und fragt: »Bitte, mein Herr, wie und in welcher Art soll ich die Samen aussäen? Bitte seien Sie so gut und geben mir ein paar Instruktionen, denn mein Gärtner ist ein ziemlich dummer Bursche.«[27]

Außerdem kann sich Collinson, der aus seinem Sessel in Essex über eine jahrhundertealte Kulturlandschaft schaut, manchmal nicht vorstellen, wie beschwerlich es ist, die begehrten Raritäten in der Wildnis zu beschaffen, und so vermisst Bartram häufig die gebührende Anerkennung. Dann fühlt er sich von den »armchair travellers« in England nicht adäquat entlohnt für seine Mühen: »Ich wünschte, alle diese Knaben, die Massen von diesen seltenen Büschen haben wollen, würden selber nach Carolina reisen, um sie sich zu holen«, schimpft er einmal, »dann wüssten sie endlich ihren wahren Wert zu schätzen.«[28] Collinson hält dagegen, das Entgelt sei üppig, zumal das Pfund in den Kolonien doppelt so viel wert sei wie in England.

Bartram, in seinem Stolz gekränkt: »In Ihrem Brief nehmen Sie an, ich hätte 5 oder 6 Wochen gebraucht, um Ihre Sammlungen zusammenzukriegen, und dass 10 Pfund alle meine jährlichen Ausgaben abdecken würden, aber ich versichere Ihnen, dass ich im Jahr mehr als doppelt so viel ausgebe und dass 10 Pfund auf keinen Fall meine Kosten decken, selbst wenn ich sie ganz niedrig ansetze – außerdem vernachlässige ich zu Hause meine Pflichten beim Pflügen, Ernten und Säen …«[29]

Collinson ärgerlich: »Um Gottes willen, verschonen Sie mich damit; wenn Sie es sich nicht leisten können, mit dem Geschäft fortzufahren, dann sagen Sie es, und wir beenden es!«[30] Doch ernsthaft denkt keiner der beiden streitenden Freunde daran, den transatlantischen Handel einzustellen.

Die Entdeckung des Südens

Es ist noch winterlich kalt, als John Bartram Anfang März 1760 in Philadelphia ein Schiff besteigt, das ihn ins frühlingswarme Charleston bringen soll, denn nachdem er Neuengland, die mittleren Kolonien und Virginia botanisch erkundet hat, möchte er endlich South und North Carolina kennenlernen. Wie anders ist das Leben in dieser Plantagengesellschaft! Welch ein Kontrast zum bescheidenen Dasein in seinem kleinbäuerlich geprägten Pennsylvania! Tabak, Reis und Indigo haben die Pflanzer des Südens reich gemacht. Ihre Ländereien sind riesig, und auf den Feldern arbeiten Hunderte schwarzer Sklaven; die strahlend weißen Herrenhäuser sind von herrlichen Parks umgeben, in denen immergrüne Magnolien (*Magnolia grandiflora*; siehe farbige Abbildungen) und riesige Schirmmagnolien *(Magnolia tripetala)* gedeihen.

Als Quäker lehnt Bartram die Sklaverei ab, auch der demonstrative Reichtum, die prätentiöse Eleganz und der luxuriöse, fast feudale Lebensstil des Südens sind ihm suspekt, doch er ist fasziniert von der Flora und den Gärten, die er hier zu sehen bekommt. Zum Beispiel den von seinem Gartenfreund Alexander Garden (1730–1791), einem schottischen Arzt, der sich in Charleston niedergelassen hat und bei dem Bartram drei Wochen wohnen kann. Vermutlich findet er in diesem Garten die Herkuleskeule *(Aralia spinosa)*, die später in Kingsessing so gut gedeiht, dass er seine englischen Kunden mit dieser Kuriosität erfreuen kann.

Wie immer steht er morgens sehr zeitig auf und reitet in die freie Natur, um Pflanzen zu sammeln: Ginsengwurzel, Lichtnelke (*Silene*; früher *Lychnis*; siehe farbige Abbildungen) und Götterblume *(Dodecatheon meadia)*, Riesenrhododendron *(Rhododendron maximum)*, Abendländischer Lebensbaum *(Thuja occidentalis)* und Sumpflederholz *(Dirca palustris)* – wenn Bartram abends beladen zurückkommt, ist er glücklich und zufrieden.

Den Heimweg von South Carolina nach Philadelphia legt der Pflanzenjäger gemächlich mit dem Pferd zurück. Dabei hält er sich vorsichtshalber in Küstennähe, denn im Hinterland gibt es Probleme mit den Indianern. Unmöglich kann er alles mit dem Pferd transportieren: Fünf Kisten, »vollgestopft mit seltenen Pflanzen und Sträuchern«, lässt er sich per Schiff nachschicken, und als die Beute ankommt, sind alle Pflanzen so gut erhalten, »als seien sie gerade gestern ausgegraben worden«.[31]

Danach reißt der Strom der Pflanzen- und Saatgutsendungen aus South Carolina nicht ab. Da schickt sein Gastgeber Garden ein Päckchen, auch Bartrams Halbbruder, der einen Handelsposten betreibt und in seinem Garten eine schöne Pflanzenkollektion beherbergt, sendet das eine oder andere. Und schließlich kommt ein kleiner seidener Beutel voller Samen von der Gärtnerin Martha Logan (1704–1779), einer »ältlichen, verwitweten Lady«, wie Bartram sagt, die ihre ganze Familie mit einer florierenden Gärtnerei ernährt und den ersten Gartenalmanach Nordamerikas veröffentlicht.[32] Kurz darauf ist das prall gefüllte Täschchen wieder unterwegs, dieses Mal in umgekehrter Richtung, und in den kommenden Jahren pendelt der seidene Beutel noch oft zwischen Charleston und Philadelphia hin und her. Die vielen Neuzugänge in seiner Pflanzensammlung sind für Bartram eine große Freude, zumal alles gut anwächst, sodass er im September 1760 berichten kann, dass sein Garten »nun großartig aussieht mit all den Blumen aus Virginia & Carolina«.[33]

Obwohl Bartram seinen Kunden immer sofort, oft auch schon von unterwegs, seine Neuentdeckungen schickt, meldet Collinson ihm 1761 die Beschwerden einiger Gartenfreunde, die seine Sendungen allmählich langweilig fänden und nach Neuem verlangten. »Denken die, ich könnte neue Pflanzen kreieren?«, schreibt er wütend zurück. »Ich habe Ihnen Samen von fast jedem Baum und jedem Strauch zwischen Nova Scotia und Carolina gesandt; von der Küste über den Kontinent bis an die Großen Seen fehlen nur wenige. Wahrscheinlich erfinden irgendwelche unwissenden Leute aufregende Namen, um Ihre Ohren zu kitzeln. Ich aber bin herumgereist und weiß genau, was hierzulande wächst.«[34]

Etwa ein Jahr später kann Bartram von einer Pflanze berichten, deren Name ganz bestimmt die »Ohren kitzelt«: »Tipitiwitchet« nennt er das wundersame Gewächs, das er 1762 von seiner zweiten Reise nach South Carolina mitgebracht hat. »Tipitiwitchet« frisst

Fliegen, Ameisen und andere Insekten: Die Venusfliegenfalle (*Dionaea muscipula*; siehe farbige Abbildungen) ist eine Sensation! »Ich platze vor Verlangen, eine Wurzel, ein Samenkorn oder ein Herbar dieser komischen *Tipitiwitchet* zu bekommen«,[35] drängt Collinson. Seit er eine Beschreibung dieser fleischfressenden Pflanze in Händen hält, kann er es gar nicht abwarten, diese Rarität zu besitzen. Doch das dauert noch lange, denn immer wieder geht beim Transport etwas schief. Als das kleine, zarte Ding dann schließlich in London ankommt, ist Collinson entzückt. »Stellen Sie sich vor, lieber John, mit welchem Staunen und welcher Freude ich zusammen mit Dr. Solander[36] die Sendung betrachtet habe. Er vermutet, dass die Hälfte ganz neue Gattungen sind. Der Doktor ist eifrig dabei, sie alle zu bestimmen. Ich hoffe, ich kann Ihnen bald eine Liste zusenden … Was uns am meisten überrascht, ist *Tipitiwitchet*!«[37]

Bartram gelingt es schließlich, die Venusfliegenfalle in seinem Garten zu kultivieren und zu vermehren, sodass er seinen vielen neugierigen Gartenbesuchern vorführen kann, wie rasch die Pflanze ihre Fangblätter zuklappt, damit auch nicht die schnellste Fliege entkommen kann. Welcher Mechanismus dafür verantwortlich ist, haben die Botaniker erst vor ein paar Jahren herausgefunden.

John Bartrams »wilder« Garten

Nicht nur die Venusfliegenfalle, auch andere von Bartrams Importen aus dem Süden sind frostempfindlich. Sie überleben die strengen Winter in Philadelphia nicht, und da er 1760 sowieso gerade sein Haus renoviert und die Fassade zum Garten hin mit repräsentativen Säulen schmückt, entschließt der Gärtner sich, das längst überfällige Gewächshaus zu bauen. Lange hat er damit gezögert, denn »zarte Pflänzchen, die unsere harten Winter nicht ertragen, mag ich eigentlich nicht so gerne. Lieber habe ich Einjährige, die ohne Frühbeet ihre Samen zur Reife bringen und das Frühjahr im offenen Boden überstehen.«[38] Doch nun kapituliert er vor der Notwendigkeit, seine südlichen Gartenschätze überwintern zu lassen. Er möchte »ein paar schön blühende Wintersträucher und Pflanzen zur Winterabwechslung« unterbringen, keine Orangenbäume oder Pflanzen aus heißen Zonen, sondern »solche, die auch hier wachsen, wenn man sie nur ein bisschen vor dem Frost schützt«.[39]

Konsequent ist er darin aber nicht, denn die exotischen Geschenke seiner englischen Gartenfreunde will er keinesfalls missen: Da kommen Persische Alpenveilchen *(Cyclamen persicum)* oder *Geranium* aus Südafrika, und er kann nach England berichten: »Ihre italienische Erdbeere blüht und fruchtet gut. Auch die Ananas wächst hervorragend, und ich bin stolz darauf, dass ich der Einzige in diesem Land bin, der diese Rarität besitzt.«[40] So der ehrgeizige Pflanzensammler. »Egal ob groß oder klein, hübsch oder hässlich, duftend oder stinkend … alles im Universum erscheint mir auf seine Art schön«,[41] gesteht Bartram, doch »ein oder zwei Exemplare von jeder Art sind genug. Ich will nicht viele von einer Sorte, es ist die Vielfalt, die mir gefällt.«[42] Selbstbewusst behauptet der Gärtner: »Ich kann jeden Garten in Amerika an Vielfalt übertreffen.«[43]

Als 1729 der frisch verheiratete John Bartram die Farm kaufte und den zwei Hektar großen Garten anlegte, stand die Versorgung seiner jungen Familie im Vordergrund. Doch das hat sich im Lauf der Jahre geändert, wie die hübsche Skizze von 1758 zeigt, die vermutlich William Bartram für Collinson gezeichnet hat und die dem entspricht, was Gartenarchäologen inzwischen rekonstruiert haben. Am höchsten Punkt des Grundstücks steht das Wohnhaus, mit dem »Allerheiligsten« des Hausherrn, dem angebauten Studierzimmer, von dessen Tür ein Weg quer durch den Garten führt. Der erstreckt sich, in zwei Terrassen gegliedert, den Hang bis zum Ufer des Schuylkill River hinab.

Auf dem oberen Plateau hat der Hausherr die aus England eintreffenden ausländischen Gewächse in den sogenannten »new flower garden« gepflanzt (links). »Wir alle finden die Skizze von Ihrem Haus & Garten sehr unterhaltsam«, bedankt sich Collinson, »die Lage ist erfreulich; und auch der Platz für unsere Pflanzen ist gut gewählt. Ich werde mich bemühen, ihn zu füllen.«[44] Das hat er wirklich eifrig getan. Er schickt Proben aus Philip Millers Chelsea Physic Garden oder Samen, die er selbst gesammelt beziehungsweise als Geschenk erhalten hat, wie zum Beispiel die Chinesische Aster, von der er behauptet, sie sei »die nobelste und schönste Pflanze, die ich aus dieser Gattung je gesehen habe. Jesuiten haben sie von China nach Frankreich geschickt, und von dort ist sie zu uns gekommen.« Dann die praktischen Tipps für den Gärtner: »Sie ist einjährig. Säen Sie sie sofort in fetter Erde aus, und wenn sie etwa ein Dutzend Blätter hat, dann setzen Sie sie in die Beete. Es wird eine wunderschöne Herbstpflanze. Es sind Pflanzen mit weißen und lila Blüten in den Samen.«[45]

Neben dem »new flower garden« liegen der amerikanische Blumengarten und der obere Küchengarten. Über ein paar Stufen erreicht der Gärtner den tiefer gelegenen zweiten, sehr viel größeren Nutzgarten, der von einer Hecke und auf der anderen Seite von Sträuchern (oder Spalierobst?) begrenzt ist. In der Mitte befindet sich ein Teich, der durch eine unter dem Brunnenhaus verborgene Quelle gespeist wird.[46]

In drei Reihen hat Bartram Bäume gepflanzt. Sie säumen den Weg zum Fluss, in dem die Familie angeln kann. Ob unter den Bäumen womöglich blühende Sträucher oder Blumen wachsen, verrät die Skizze nicht. Doch auf den breiten Gartenweg hat der Zeichner einen kleinen Menschen gestellt, der, gestützt auf einen Stock, das Anwesen betrachtet. Vermutlich ist es der Gärtner, dem hier ein Denkmal gesetzt wurde.

»Bartrams Garten ist ein perfekter Spiegel seiner Person«, schreibt Alexander Garden 1754 nach einem Besuch in Kingsessing an einen Bekannten. »Hier treffen Sie auf eine gerade Reihe rarer Pflanzen, die fast von Unkraut überwachsen ist, dort auf einen wunderschönen Strauch, der sogar zwischen Dornengestrüpp üppig wirkt, und in einer anderen Ecke steht, verloren in einem gewöhnlichen Dickicht, ein eleganter und luftiger Baum.«[47]

Was soll das heißen? Bartrams Garten – verwildert und von Unkraut überwuchert? Das wäre ein Missverständnis. Bartram gärtnert »naturnah«, indem er versucht, den Pflanzen Bedingungen zu bieten, die ihren natürlichen Standorten möglichst nahekommen.

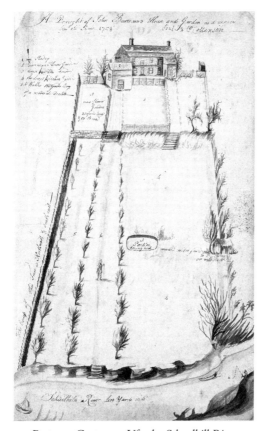

Bartrams Garten am Ufer des Schuylkill River

Sie sollen wachsen können wie in der freien Natur. Solch passende Orte spürt der Gärtner auch außerhalb der eigentlichen Gartengrenzen auf, irgendwo auf dem weitläufigen Farmgelände, das er insgesamt als »mein Garten« bezeichnet.

Begeistert berichtet Garden von den interessanten Fachsimpeleien mit Bartram, lobt seine Gastfreundschaft und fährt fort: »Auf unserem Weg zu seinem Haus schleppte er mich auf Felsen und in Höhlen, wo er mir Pflanzen zeigte, die er aus den Bergen und sonst woher mitgebracht hatte. Mit anderen Worten, er will nicht weniger als einen Garten so groß wie Pennsylvania haben. Und in jeder Höhle wuchs ein Baum, jeder Wasserlauf diente als Kanal, und jedes kleine ebenerdige Fleckchen Erde war ein Parterre, wo er ein paar seiner angebeteten Blumen aufzieht und seine geliebten Pflanzen kultiviert.«[48]

Die Liebe zu Pflanzen hindert Bartram keineswegs, mit ihnen Geschäfte zu machen, und so nutzt der Pflanzenhändler seinen Garten auch als Gärtnerei. Wie auf einer Plantage wachsen hier Bäume und Sträucher, um vor der Haustür Samen zu produzieren, die in großen Mengen für die »five-guinea boxes« gebraucht werden. Hier wird getestet und experimentiert; hier zieht der Händler seinen Pflanzennachwuchs, und hier bereitet er lebende Gewächse auf die Seereise vor. So werden Lorbeer- und Rhododendronstecklinge in dafür vorbereiteten Kisten in den Garten gestellt und regelmäßig gegossen, bis sie Wurzeln schlagen und kräftige Triebe bilden. Das kann zwei oder drei Jahre dauern. Erst dann treten sie die Reise nach England an.

The King's Botanist

Unser »neugieriger« Gärtner ist Mitte 60, als er noch einmal eine große Sammelreise unternehmen möchte. Florida lockt, denn erst zwei Jahre zuvor musste Spanien das Gebiet an England abtreten. Kaum jemand habe bisher dort Pflanzen gesammelt; ob Collinson ihm nicht ein paar Financiers vermitteln könne? Wie immer ist auf den Londoner Freund Verlass, der lässt seine Verbindungen spielen, dieses Mal sogar zum König. »Meine wiederholten Gesuche hatten Erfolg«, meldet er am 9. April 1765 nach Kingsessing, der »König hat Sie zu seinem Botaniker ernannt und zahlt Ihnen ein Jahresgehalt von 50 Pfund.«[49] Dafür soll er das östliche Florida, speziell die Flora und Fauna am St. Johns River, erkunden. Bartrams Gefühle schwanken zwischen Stolz und Empörung: Die Ernennung zum »King's Botanist« ist eine Ehre, doch ein Gehalt von nur 50 Pfund ist eine Schande. Bitter beschwert er sich, dass ein junger Bursche namens William Young von der Königin einen

Scheck über 300 Pfund im Jahr erhalte, obwohl er für die Wissenschaft noch gar nichts geleistet habe. Das ärgert ihn jedes Mal, wenn er dem jungen Stutzer begegnet, trotzdem aber kann und will Bartram das Angebot des Königs nicht ausschlagen.

Am Morgen des 1. Juli 1765 verstaut er sein Gepäck, sagt seiner Familie Adieu, und drei Tage später berichtet die *Pennsylvania Gazette*: »Am Montag hat sich Mr. John Bartram, der Botaniker Seiner Hoheit für Nordamerika, nach South Carolina eingeschifft, von wo aus er nach Ost- und Westflorida aufbrechen wird, um dort seltene und sehr wertvolle Gewächse zu entdecken sowie mineralogische Erkenntnisse zu sammeln.«[50]

Am 4. Juli um vier Uhr nachmittags lichtet das Schiff den Anker. Bei einer steifen Brise wird der Reisende umgehend seekrank. Wieder einmal ist Billy mit von der Partie, obwohl das Verhältnis zwischen Vater und Sohn nicht frei von Spannungen ist, denn der hochbegabte William hat sich zum Sorgenkind der Familie entwickelt. Ganz unschuldig ist der Vater daran nicht: Er hat nicht zugelassen, dass William seine Wunschkarriere als Naturkundler und botanischer Maler einschlägt, sondern darauf bestanden, dass sein Sohn einen wirtschaftlich aussichtsreicheren Weg gehen soll. Vermutlich aus eigener Erfahrung ist John Bartram überzeugt, dass nur ein finanziell unabhängiger Mann von der Botanik leben kann. Jedenfalls gibt er den Knaben mit 14 Jahren in eine kaufmännische Lehre und zwingt ihn so in eine Richtung, die ihm überhaupt nicht liegt. William macht die Lehre zwar zu Ende und eröffnet mithilfe seines Vaters in North Carolina ein eigenes Geschäft. Doch bald schon hat er einen ansehnlichen Schuldenberg angehäuft und ist pleite. Ohne konkrete berufliche Perspektive bietet ihm die Floridaexkursion des Vaters einen zumindest vorläufigen Ausweg und birgt vielleicht sogar neue Chancen.

Vater und Sohn reiten in Florida durch weite Ebenen, sie treffen auf sprudelnde Bäche, in denen die Fische springen, und kommen durch Wälder, in denen bittersüße Orangen wachsen. Auf einem verlassenen Reisfeld entdecken sie eine hübsch gesprenkelte Lilie, dann wieder ist die Vegetation eintönig und hat den Pflanzenjägern nichts Neues zu bieten – nur Zwergeichen und Palmettos, da sind sie schon froh, wenn ein ungewöhnlicher Trompetenbaum *(Catalpa bignoniodes)* auftaucht.

Am St. Johns River schwitzen Vater und Sohn in dichtem Dschungel, wo im Schatten des grünen Blätterdachs alles verrottet und modrig riecht. Hier treffen sie auf die ausladende Sumpfmagnolie und bestaunen »monströse 20 Zentimeter dicke Weinreben, die an riesigen Eichen hochranken«.[51] Sie entdecken den Fieberbaum *(Pinckneya pubens)* und freuen sich über die aromatischen Düfte der unterschiedlichsten Gewürzpflanzen – Lorbeer, Fenchel, Sternanis. Ein Wermutstropfen: Inzwischen ist es Dezember – eigentlich zu spät fürs Samensammeln.

Da, wo Florida von trägen Gewässern und Sümpfen durchzogen ist, lauern Gefahren zuhauf. Hier haben die Malaria übertragenden Anophelesmücken ideale Lebensbedingungen. Hier liegen Krokodile wie leblos an der Wasseroberfläche, und man muss das Boot vorsichtig an den Tieren vorbeimanövrieren; noch gefährlicher ist es, einen Fluss mit den Pferden schwimmend zu durchqueren, ohne zu wissen, ob hungrige Feinde nur darauf warten. Ein Alligator wird erlegt, damit Bartram das riesige Gebiss untersuchen kann. Aufregend auch die Jagd auf einen beinahe 200 Kilo schweren Bären – das Tier wird an Ort und Stelle zerlegt, gebraten und dann als Proviant verpackt. Keiner der Bartrams hatte je Bärenfleisch gegessen, doch sie finden es erfreulich »mild und süß«.[52] Gut schmecken auch die Knospen der Palmettopalme – gekocht und mit etwas Bärenöl abgeschmeckt, schätzt Bartram sie als bekömmliches und sättigendes Gemüse.

Fast ein Jahr sind Vater und Sohn unterwegs, als John mit »einer feinen Kollektion seltsamer Pflanzen aus Florida«[53] die Rückreise antritt. 259 Muster seltener Pflanzen hat er schon von unterwegs an Collinson und an seinen Geldgeber, den König, geschickt. Eine herbe Enttäuschung ist, dass die Frachtkosten von Bartrams schmalem Honorar abgezogen werden.

Sorgenkind Billy

Noch nie hat das Familienoberhaupt seine Farm so lange allein gelassen. Er weiß aus Briefen, dass die Familie wohlauf ist, aber in welchem Zustand wird er die Felder, die Ställe, Pflanzen und Tiere vorfinden? Doch es gibt keinen Grund zur Beunruhigung – alles ist wohlbestellt! Seine Frau und sein Sohn Johnny (1743–1812) haben sich als hervorragende Stellvertreter erwiesen. Auch seinen geliebten Garten und die Gärtnerei haben sie bestens gepflegt, darüber hinaus die geschäftliche Routine des Pflanzen- und Samenhandels zur Zufriedenheit der Kunden abgewickelt. Vielleicht war das Johnnys Meisterstück, mit dem er sich in den Augen des Vaters als ein würdiger Nachfolger qualifiziert hat. Denn 1771, als John Bartram 72 Jahre alt wird, übergibt er die renommierte Gärtnerei an John Bartram jr. Er selbst behält einen kleinen Teil des Gartens und gärtnert dort nur noch als Freizeitvergnügen. Gesundheitlich geht es ihm gut, einzig seine Augen machen ihm zu schaffen. Sein Sehvermögen wird immer schlechter, da helfen auch die diversen Brillen nicht, die Benjamin Franklin aus Europa schickt.

Eine Überraschung erwartet ihn noch im Jahr seiner Rückkehr aus Florida: Er wird zum Mitglied der Königlichen Akademie der Wissenschaften in Stockholm ernannt – eine große Ehre, wie sie ihm von englischer Seite nie zuteilwird. Er freut sich maßlos über diese Anerkennung seiner Arbeit; das ist mehr, als er je zu hoffen gewagt hat. Bartram könnte also rundum zufrieden sein, wenn da nicht das Sorgenkind Billy wäre, der in der Hoffnung auf einen Neuanfang in Florida geblieben ist: Als Reisfarmer will er sein Glück machen, um dann als reicher Plantagen- und Sklavenbesitzer, wie er sie aus South Carolina kennt, seinen eigentlichen Leidenschaften nachzugehen.

Obwohl der Vater diesen Plänen skeptisch gegenübersteht, hat er tief in die Tasche gegriffen, um seinen Lieblingssohn beim Aufbau der Farm zu unterstützen. Hauptkostenpunkt: das Farmland und die Sklaven; aber auch die Gerätschaften, das Saatgut, das Blei für die Kugeln, Mühl- und Mahlsteine, Haushaltswaren, Sackleinen für die Matratzen der Sklaven – alles geht auf Vaters Rech-

William Bartram

nung! Eins kommt zum anderen, zwei Kühe fehlen noch, ein Pferd, ein Colt, ein Sack Reis zum Kochen, ein Fass Salz und eins mit Pökelfleisch – um das alles zu finanzieren, muss John Bartram sich sogar Geld bei Collinson leihen. Doch nie lässt der Sohn etwas von sich hören, und der Vater beklagt sich bitter über seine Undankbarkeit: »Du hast mich so viel gekostet, und ich bin deinetwegen immer noch verschuldet.«[54]

Auch nach Williams erster Missernte schießt der Vater wieder großzügig Geld zu. Trotzdem erreichen ihn schon nach einem Jahr Hiobsbotschaften über Billys desolaten Zustand in den Sümpfen von Florida: Abgemagert, von Malariaanfällen geschüttelt, hause er in einer Holzhütte, habe Angst vor den Sklaven und bringe seine Aussaat nicht zum Wachsen, meldet ein gewisser Henry Laurens aus Charlestown. Fazit des schonungslosen Berichts an den besorgten Vater: Sein Sohn habe nicht die robuste Konstitution – weder körperlich noch mental –, um ein Stück Wildnis in fruchtbares Farmland zu verwandeln. Die Familie solle ihn zum Aufgeben bewegen.[55] Wieder ein Misserfolg! Wieder eine Pleite und eine Schar aufgebrachter Gläubiger! Und schließlich – wieder eine schmachvolle Heimkehr unter das Dach des so vielseitig erfolgreichen Vaters.

Drei Jahre hält William es auf der Farm aus. Er erhält ein paar Aufträge aus England, Muscheln zu malen; er macht wieder irgendwelche Geschäfte, die misslingen, und flieht schließlich vor einem wütenden Gläubiger gen Süden. Doch dieses Mal weigert sich der Vater, ihm Geld für einen geschäftlichen Neuanfang zu leihen, und William Bartram verschwindet von der Bildfläche. Kreuz und quer reist er durch den Süden – Georgia, Florida, entlang der Golfküste nach Alabama und Mississippi. Am St. Johns River, den er ja schon mit seinem Vater erkundet hat, trifft er auf aggressive Alligatoren, die er später so lebhaft und grauenerregend beschreibt, dass ihm viele nicht glauben, dass der Bericht authentisch ist. Niemand weiß genau, wo er gerade unterwegs ist, was er macht, wovon er lebt. Dass er lebt, erfahren die Eltern aus zweiter Hand, denn William hat schließlich Kontakt zu dem englischen Mäzen Dr. John Fothergill (1712–1780) aufgenommen, der eine Reihe Zeichnungen bei ihm in Auftrag gegeben hat und schon lange darauf wartet.

Als William 1777 plötzlich wieder in Philadelphia vor der elterlichen Tür steht, ist er 38 Jahre alt. Vieles hat er angefangen und nichts beendet – trotz hochfliegender Pläne. Immer wieder hat er sich jeder Verantwortung entzogen, so als wolle er nicht erwachsen werden. Nahezu 20 Jahre lang hat er in einer permanenten Krise gelebt, ohne seinen Weg in der Welt zu finden.

Was hat den Jungen so aus der Bahn geworfen? Die Scham über sein Scheitern? Die Wut über den Verrat des Vaters, der seinen Berufswunsch nicht respektiert hat? Trauer und Verzweiflung über verpasste Chancen? Es ist viel über William Bartrams psychische Verfassung spekuliert worden: Hat er eine unglückliche Liebe nicht überwunden? War er depressiv? Vielleicht Alkoholiker? Keiner weiß es genau. Doch es sieht so aus, als habe er schließlich während seines vier Jahre dauernden einsamen Aufenthalts in der Wildnis zwischen Floridas Küste und dem Mississippi zu sich selbst gefunden.

Für seinen Vater hat William die reifen Samen einer Pflanze mitgebracht, die sie 1765 auf ihrer gemeinsamen Floridareise entdeckt hatten. Sie hatten den Busch zu Ehren von Benjamin Franklin, dem alten Freund von John Bartram, *Franklinia alatamaha* getauft, wobei der zweite Teil des Namens den Fluss in der Nähe des Fundorts bezeichnet. Damals trug der Strauch »schöne gute Früchte«, aber noch keine Samen.

William hat den Franklinbaum nirgendwo anders gefunden und ist deshalb an den Fundort zurückgekehrt. Dieses Mal kommt er zur richtigen Zeit, sammelt reichlich Samen, sät sie in Bartrams Garten aus, und dort »zieht er aus den Samen einige Pflanzen, die nach vier Jahren blühen und es noch ein Jahr später zu reifen Früchten bringen«.[56] Die ersten Zöglinge tauchen 1783 als Neuheit im Verkaufskatalog auf: Der im Spätsommer über und über mit weißen Blüten bedeckte Busch, dessen Laub sich im Herbst kräftig verfärbt, ist eine kostbare Rarität. Bis heute – denn nach 1803 ist die »Franklinie« nie wieder wild wachsend gefunden worden. Auch die kultivierte Form wurde selten, und Experten gehen davon aus, dass alle heute noch existierenden Exemplare der *Franklinia alatamaha* auf die Zöglinge aus Bartrams Garten zurückzuführen sind.

Das Erbe des John Bartram

John Bartram erlebt nicht mehr, wie herrlich der Franklinbaum in seinem Garten blüht. Doch nachdem sein »Billy« zurückgekehrt ist, kann er zufrieden auf ein erfülltes Leben zurückschauen. Bartram ist ein Mann der Aufklärung. Immer ist er Farmer geblieben, ein Landmann mit einem Hang zum Experimentieren und einer ausgeprägten Beobachtungsgabe; er hat den botanischen Reich-

Blüte des Franklinbaums, von William Bartram gezeichnet

tum Nordamerikas gesammelt und verteilt. 40 Jahre lang versorgte er die Gärten Europas mit Samen, Pflanzen und Bäumen und die Herbarien der Wissenschaftler und Sammler mit den entsprechenden Belegexemplaren. Er füllte die Kuriositätenkabinette der »curious men« mit Insekten, ausgestopften Vögeln, anderen kleinen Tieren oder geologischen Besonderheiten. Außerdem lieferte er der Wissenschaft neben den vielen empirischen Daten zu Nordamerikas Flora und Fauna auch Informationen über die Geografie, das Wetter und die ökonomischen Möglichkeiten in Landwirtschaft und Industrie.

Mindestens 200 ganz neue Pflanzenarten hat er in England eingeführt, doch die wissenschaftliche Beschreibung und Einordnung haben die berühmtesten Taxonomen seiner Zeit übernommen – Carl von Linné zum Beispiel, John Jacob Dillenius in Oxford oder Jan Frederik Gronovius in Leiden. Meist sind sie es, die den von Bartram gesammelten Pflanzen ihre Namen gegeben haben. Da aber kaum ein Gewächs nach ihm benannt wurde, ist er in der botanischen Literatur eine Randfigur geblieben. Sein Ziel war es, die Vielfalt der Pflanzen für die Menschen nutzbar zu machen – zum einen ganz praktisch als Heil- oder Lebensmittel, zum anderen aber sollten sich möglichst viele Menschen am Reichtum und an der Schönheit der Flora erfreuen können, die für ihn die Vollkommenheit der göttlichen Schöpfung ausdrücken.

Für alle Kinder ist gesorgt. Die Söhne Moses und Isaac sind Apotheker in Philadelphia geworden, James und Benjamin Farmer, John jr. und William treten in Vaters Fußstapfen und führen den Garten beziehungsweise die Gärtnerei fort. Gemeinsam erhalten sie das Erbe des Vaters, das noch weitere zwei Generationen in der Familie bleiben wird. Zusammen mit seiner Frau Ann, den Kindern und Enkelkindern genießt John Bartram seinen Lebensabend, und als der Samen- und Pflanzenhandel mit Europa ab 1775 wegen des Unabhängigkeitskriegs einbricht, ist das nicht mehr seine Sorge.

Auch seine Sorge um Billy, den Jüngsten, ist er los. Der hat sich 1777 auf der Farm niedergelassen, lebt dort sehr zurückgezogen, arbeitet in der Gärtnerei, zeichnet und schreibt an seinem großen Reisebericht, den *Travels*, die unter einem ungelenk langen Titel[57] 1791, also erst 14 Jahre nach der Reise, erscheinen. In der Zwischenzeit haben längst andere Naturforscher ihre botanischen oder zoologischen Entdeckungen aus den südlichen Staaten veröffentlicht und die wissenschaftliche Anerkennung dafür eingeheimst. Eine schmerzhafte Erfahrung für den nicht eben mit Erfolgserlebnissen gesegneten William.

Liebevoll hat John Bartram Vorsorge für seine Frau Ann getroffen: Bis zu ihrem Lebensende darf sie im Farmhaus wohnen bleiben, und Sohn Johnny wird verpflichtet, ihr zehn englische Pfund im Jahr zu zahlen, »ihr genügend Feuerholz zu hacken und vor der Küchentür zu stapeln, eine Kuh und ein Pferd Sommer wie Win-

ter für sie mit gutem Gras oder Heu zu füttern und ihr ein genügend großes Stück Gartenland zu überlassen, wo sie säen und
pflanzen kann«.[58] So gut, wie das Familienoberhaupt Haus, Hof
und Garten bestellt hat, kann John Bartram in Frieden sterben: am
22. September 1777.

Nach der Gründung der Vereinigten Staaten von Amerika entwickelt sich »Bartram's Garden« zu einem Mekka der Gartenfreunde, auch die Präsidenten George Washington und Thomas
Jefferson gehören zu den Besuchern, die hier die Fülle der nord-
amerikanischen Vegetation bestaunen. Um 1800 sollen rund 2000
verschiedene Pflanzen dort zu Hause gewesen sein, welche Arten,
wissen die Historiker ziemlich genau. Ab 1840 wird »Bartram's
Garden« als erster nationaler botanischer Garten gefeiert. Ende
des Jahrhunderts wird daraus ein Arboretum, in dem die noch von
Bartram gepflanzten Bäume in Ehren gehalten werden. Doch mittlerweile ist der alte Baumbestand ersetzt worden. Eine Stiftung erhält den Garten am südöstlichen Stadtrand von Philadelphia – ein
nationales Denkmal und eine grüne Reminiszenz inmitten einer
wenig einladenden städtischen Umwelt.[59]

Sitzt der Gartenbesucher heute auf einer Bank und schaut Richtung Stadt, dann zeichnet sich gestochen scharf die Skyline Phi-
ladelphias vor dem blauen Himmel ab, und auf der weitläufigen
Wiese, die sich sanft zum Schuylkill River hinabschwingt, blühen im Mai und Juni Tausende Gänseblümchen, die bescheidenen »daisies«, die – wie anfangs berichtet – für diesen Ort so große
symbolische Bedeutung haben, weil es ihnen wohl zu verdanken
ist, dass aus dem einfachen Farmer und Gärtner John Bartram der
erste Botaniker Nordamerikas, ein umtriebiger Pflanzenjäger und
ein internationaler Samenhändler geworden ist.

Bis ans südliche Ende der Welt

Die Weltumsegelung von Reinhold und Georg Forster

Er hat Glück. Großes Glück! Er ist der richtige Mann zum richtigen Zeitpunkt am richtigen Ort. Nur zwei Wochen bevor 1772 die zweite Weltumsegelung des gefeierten Kapitäns James Cook (1728–1779) starten soll, wird noch ein Naturforscher gesucht, der die weite und gefährliche Reise wissenschaftlich begleitet. Der Zufall will, dass der Deutsche Johann Reinhold Forster (1729–1798) in London zur Stelle ist, ein Mann, der schon lange auf eine solche Gelegenheit gewartet hat: »Donnerstag vor einer Woche [am 11. Juni] geruhte Seine Majestät, mich zum Naturforscher bei der Südsee-Expedition zu ernennen«, berichtet Forster einem Kollegen. »Ich bin seither mit meiner Ausstattung und der meines Sohnes in ununterbrochener Eile gewesen und bin Gott sei Dank! damit nun fertig und muss morgen oder übermorgen nach Plymouth an Bord auf die Resolution.«[1]

Ursprünglich war die Wahl auf den expeditionserfahrenen Joseph Banks (1743–1820) gefallen. Der hatte das Schiff schon auf seine Kosten und nach seinen Wünschen umbauen lassen, denn der botanikbegeisterte, reiche junge Mann wollte auf keinen Komfort verzichten. Hatte er sich bei der ersten Weltumsegelung mit Kapitän Cook auf der »Endeavour« (1768–71) noch mit acht Mitarbeitern begnügt, verlangte er nun, 16 Hilfskräfte unterzubringen, darunter zwei Waldhornbläser. Das war eindeutig zu viel, und als das umgebaute Schiff bei seiner Jungfernfahrt mehrmals zu kentern drohte, wurde Banks von der britischen Admiralität kurzerhand ausgebootet.

Das ist Reinhold Forsters Chance. Er begnügt sich, wenn auch zähneknirschend, mit einer knapp zwei mal zwei Meter winzigen Kajüte und will einzig seinen nicht einmal 18-jährigen Sohn Georg (1754–1794) als Zeichner und Ernest Schlient als Diener mit an Bord nehmen.

Reinhold Forsters Karriere hatte als Dorfpfarrer in Nassenhuben, einem Dorf in Polnisch-Preußen, begonnen, doch vor der armen und ungebildeten Dorfbevölkerung zu predigen, empfand er immer als unter seiner Würde. Sein Theologiestudium war ein Kompromiss gewesen, weil sein Vater eine naturwissenschaftliche Ausbildung nicht finanziert hätte. Sein Pfarrersgehalt reicht kaum, seine Frau Elisabeth und die sieben Kinder zu ernähren. Trotzdem gibt Forster eine kleine Erbschaft lieber für teure Bücher aus. 2500 Bände soll er später besessen haben, darunter zahlreiche mit Stichen bebilderte naturkundliche Werke, die ein Vermögen gekostet haben.

Seine Kinder unterrichtet er selbst – ein strenger, jähzorniger Lehrer, dem die Hand locker sitzt. Doch vor allem sein ältester Sohn Georg lernt spielend. Der Vater hat ihn englisch »George« genannt, um an seinen schottischen Großvater zu erinnern. Früh nimmt Reinhold Forster den kleinen Georg auf Wanderungen mit, sie sammeln Pflanzen und Insekten, angeln und beobachten Vögel, sodass der Junge früh lernt, die Natur geduldig zu beobachten.

Zur gleichen Zeit macht in Schweden ein anderer Pfarrerssohn von sich reden: Professor Carl von Linné (1707–1778), der als Erster in Europa eine Bananenstaude zum Blühen bringt und ein System zur einheitlichen Klassifikation der Tiere und Pflanzen entwickelt. Aufsehen erregt sein Werk *Species Plantarum* (1753), in dem er die Pflanzen anhand ihrer Fortpflanzungsorgane einteilt und die bis heute gültige binäre Nomenklatur einführt. Der schwedische König schlägt ihn zum Ritter, Hunderte Schüler beglei-

Reinhold und Georg Forster auf Tahiti

ten ihn auf seinen Exkursionen, während andere ausschwärmen, um in aller Welt Pflanzen zu sammeln. Ihnen möchte es Reinhold Forster gleichtun, denn er verehrt Linné und ist ein Anhänger des Linné'schen Systems.

Erstmals gelingt Reinhold Forster 1765 der Ausbruch aus der dörflichen und häuslichen Enge, als er den Auftrag erhält, im Namen von Zarin Katharina der Großen (1729–1796) an die untere Wolga zu reisen, um dort die Lebensverhältnisse der Siedler zu untersuchen, die in Deutschland mit blumigen Versprechen angeworben wurden, über die aber wenig später die übelsten Gerüchte kursieren: Die Auswanderer, so hieß es, lebten in Erdhöhlen, litten Hunger und müssten sich auf Jahre verschulden, um eine Kuh, einen Pflug oder Saatgut zu kaufen.

Zusammen mit seinem zehn Jahre alten Sohn Georg reist Forster ein halbes Jahr durch Russland – 4000 Kilometer legen sie zurück. Und stolz berichtet der Vater, wie eifrig sein Sprössling sich »in der Kenntnis der Natur« übt: »An einem sehr heißen Tage, an welchem ich mich niedergelegt hatte, weil mir nicht wohl war, benutzte mein Sohn die Zeit, da ich schlief, für sich die Gegend nach neuen Pflanzen zu durchstreichen. Er hatte eine Menge gesammelt, und mit Hülfe des Linnéischen Systems, entdeckte er ohne meine Hülfe die Nahmen und Charactere einiger seltenen Pflanzen, insbesondere war die Impatiens oder wilde Balsamine darunter.«[2]

Der Ausflug in russische Dienste nimmt für Reinhold Forster kein gutes Ende: Er liefert zwar eine ausführliche Untersuchung ab, aber seine Hoffnungen auf eine Berufung in die Akademie der Wissenschaft von Sankt Petersburg oder auf eine Festanstellung zerschlagen sich. Erst hält man ihn hin, dann wird er nicht mehr empfangen, und schließlich demütigt man ihn mit dem Angebot, ihm statt der geforderten 2000 nur 1000 Rubel zu zahlen. So sehr fühlt Forster sich gekränkt, dass er dankend ablehnt. Nun darf er Russland endlich verlassen, doch ohne die geringste Entlohnung zu erhalten! Ein schwerer Schlag, denn auch seine Pfarrstelle hat Forster inzwischen verloren, und in ihrer Not hat seine Frau begonnen, seine geliebten Bücher zu verkaufen, um sich und die Kinder über Wasser zu halten. Forster kehrt nicht nach Nassenhuben zurück. Mit Sohn Georg begibt er sich direkt nach London, dem Machtzentrum des britischen Imperiums, um dort sein Glück zu versuchen.

Im Mekka der Weltreisenden

Seit England durch den Sieg gegen Frankreich im Siebenjährigen Krieg seine Vormachtstellung auf dem Meer besiegelt hat, die Ostindien-Kompanie den asiatischen Handel beherrscht und Indien ungeheure Reichtümer liefert, gilt die Weltstadt London als Mekka für ambitionierte Naturforscher und Entdecker. Denn England ist begierig, noch weiße Flecken auf der Erde zu erkunden, und verfügt über die notwendigen finanziellen Mittel. So wird zum Beispiel immer noch eine Nordwestpassage gesucht, um den Weg nach Indien abzukürzen. Außerdem beflügelt der Pazifik bunte Phantasien von der »Terra australis«, einem noch unentdeckten, bewohnten Südkontinent im Stillen Ozean, mit Häfen und Flüssen, mit Bodenschätzen, nutzbaren Pflanzen und Tieren.

Der Wettlauf um diese Regionen hat längst begonnen. So waren 1766 gleich zwei Expeditionen in die Südsee aufgebrochen, um neue Kolonialgebiete zu entdecken: eine französische unter dem Kommando von Kapitän Louis-Antoine de Bougainville (1729–1811) und eine englische unter dem Kapitän Samuel Wallis (1728–1795). Keiner, weder diese beiden noch Captain Cook auf seiner zwei Jahre später begonnenen ersten Weltumsegelung mit der »Endeavour«, hatte die Frage nach dem Südkontinent endgültig beantworten können.

Die eigene Zukunft fest im Blick knüpft Reinhold Forster in London Kontakte zu einflussreichen Gelehrten und macht sich mit wissenschaftlichen Publikationen einen Namen. So veröffentlicht er beispielsweise in der Royal Society die naturkundlichen Entdeckungen seiner Wolgareise und erntet Anerkennung. Trotzdem leben Vater und Sohn auf Pump. Unentwegt sitzt der Junge über fremdsprachigen Texten, Wörterbüchern und Enzyklopädien, denn er übersetzt die viele Hundert Seiten starken Berichte weltreisender Forscher und Entdecker, die dann unter dem Namen des Vaters erscheinen, der übrigens von sich behauptet, 17 Sprachen zu beherrschen.

Fasziniert ist der blasse Knabe von Bougainvilles schwärmerischem Reisebericht über die Inselwelt des Pazifiks.[3] Darin schildert er speziell Tahiti als einen Garten Eden, der die freundlichen und glücklichen »Wilden« mit allem Notwendigen versorgt, ohne dass sich jemand für seinen Lebensunterhalt krummlegen muss. Wie wird das in den Ohren des Jungen geklungen haben, der ein Buch nach dem anderen übersetzen muss, um den Unterhalt für sich und seinen tyrannischen Vater zu verdienen?

Reinhold Forster findet schließlich eine Dozentenstelle an einer religiös orientierten Akademie in der Provinz, und in der Hoffnung, eine dauerhafte Stelle gefunden zu haben, lässt er seine Familie nachkommen. Vor dreieinhalb Jahren hatten sie sich zuletzt gesehen, doch die Wiedersehensfreude bleibt nicht lange ungetrübt, denn Forster muss sich schon bald nach einem neuen Job umsehen. Es scheint, als hätten Besserwisserei und aufbrausendes Temperament sein pädagogisches Talent überwogen.

Das Abenteuer einer Weltumsegelung ist damals in aller Munde, und so zögert der 42-jährige Forster keine Sekunde, als ein Abgesandter der Admiralität anklopft, um zu fragen, ob er James Cook auf dessen zweiter Expedition in noch unbekannte Regionen als Naturkundler begleiten wolle. Der Mann stellt eine Abschlagszahlung von 4000 englischen Pfund in Aussicht und die lukrative Veröffentlichung der Reisebeschreibung im Anschluss an die Weltumsegelung. Ein unwiderstehliches Angebot – einen Monat später brechen Vater und Sohn auf ins Ungewisse.

In einem Würfel von zwei mal zwei Metern

Am Montag, den 13. Juli 1772, legt die »Resolution« in Plymouth ab. James Cook hat das Kommando, auch über das Begleitschiff, die »Adventure«, mit Kapitän Tobias Furneaux (1735–1781) am Steuer. Georg Forster fällt der Abschied schwer: »Ich kehrte einen Abschiedsblick gegen Englands fruchtbare Hügel zurück, und ließ dem natürlichen Gefühl der Verbindungen, woran mich diese Aussicht erinnerte, freyen Lauf.« Der junge Forster weint. Wieder muss er die Familie in ärmlichsten Verhältnissen zurücklassen, in einer fremden Stadt, ohne ausreichende Versorgung. Wieder fährt er ins Ungewisse, weiß nicht, wann und ob er überhaupt je zurückkehren wird. Doch dann gewinnen »endlich die Heiterkeit des schönen Morgens, und die Neuheit unsrer Fahrt durch die noch glatte See, die Oberhand und zerstreuen die trüben Gedanken«.[4]

Auf der »Resolution« haben 120 Mann Platz, wenig Platz, denn der gedrungene Allzwecksegler ist nur knapp 34 Meter lang und kaum zehn Meter breit. Außer den Menschen müssen Rettungsboote, schwere Anker, Kohle als Ballast und Brennstoff in der Küche untergebracht werden. Außerdem – wie Cook berichtet – »Kabeltaue, jedes hundert und mehr Klafter lang, und manches von der Dicke eines Schenkels«. Dazu viele Hundert Fässer, »wovon allein zuweilen sechzig bis siebzig mit Wasser, eben so viel mit Sauerkraut, und ungleich mehr noch mit gepökeltem Rind- und Schweinefleisch, mit Mehl, Weizen, Erbsen und Zwieback, auch viele mit Wein und Branntwein angefüllt sind«.[5]

Die Unterbringung der Besatzung lässt zu wünschen übrig. Einzig der Kapitän wohnt komfortabel, verfügt über einen Salon, ein Schlafgemach und eine Vorratskammer. Davor eine Art größerer Treppenabsatz: »Zu beyden Seiten sind bretterne Verschläge für den ersten Lieutnant, den Astronomen, den Equipagenmeister, und die Naturforscher angebracht, die auch in dieser Ordnung an Bequemlichkeit abnehmen, so, dass die letzten einen Würfel von sechs Fuß vorstellen, wo ein Bett, ein Kasten und ein Schreibtisch nur eben noch Platz für einen Feldstuhl übrig lassen.«[6] Erfolglos hat Reinhold Forster gegen diese Unterbringung protestiert und zahlreiche Verbesserungen verlangt. Auf diese Weise hat er sich schon vor Reisebeginn unbeliebt gemacht und seinen Ruf als arroganter Querulant begründet.

Schon bald nach dem Auslaufen der beiden Dreimaster wird die See rau. Vater und Sohn ist es speiübel; heftiger Sturm plagt sie in der Biskaya. Auf Madeira werden Lebensmittel und frisches Wasser geladen. Die Verpflegung ist zwar monoton, doch Cook legt Wert auf eine gesunde Ernährung seiner Leute.

Sauerkraut in ausreichenden Mengen gilt ihm als sicherstes Mittel, um dem gefürchteten »Scharbock«, dem Skorbut, vorzubeugen. Auf seiner ersten Reise hatte sich der eingelegte Kohl als überaus hilfreich im Kampf gegen die durch Vitaminmangel verursachte Krankheit erwiesen. An zweiter Stelle bei der Gesundheitsvorsorge steht frisches Wasser. Die Matrosen sollen es uneingeschränkt trinken können und für Hygiene sorgen,

Kapitän James Cook

indem sie sich selbst, ihre Kleider und ihre engen Kajüten sauber halten.

Cook weiß, dass diese Reise Jahre dauern und durch unwirtliche, bitterkalte Gefilde führen wird, in denen Eisberge, aber monatelang kein Land zu sehen sein wird. Denn der Geheimauftrag seiner zweiten Expedition lautet, er solle endgültig klären, ob es die gesuchte »Terra australis«, diesen vermeintlich fruchtbaren Kontinent südlich von Australien, tatsächlich gibt oder nicht.

Von Madeira geht es über die Kapverden ans südafrikanische Kap der Guten Hoffnung. Eine ereignislose Zeit, deren kleine Sensationen Georg Forster für die Nachwelt festgehalten hat. Da begleitet eines Tages eine Schwalbe das Schiff, wird immer zutraulicher und ernährt sich von den Fliegen in den Kajüten. Doch dann ist sie plötzlich verschwunden, und der junge Forster ver-

mutet, sie sei »einem Fühllosen in die Fäuste gefallen und so gefangen worden, um ein Tractament für eine geliebte Katze zu
werden«.[7] Ähnlich entsetzt ist er über die Matrosen, die von den
Kapverden 20 muntere »grüne Affen« an Bord gebrachten haben,
um sie grausam verhungern zu lassen, nachdem sie das Interesse an
den Sprüngen und Kletterpartien der possierlichen Tiere verloren
hatten.

Die Forsters beobachten Seevögel, Haie, Delfine und Fliegende
Fische. Sie angeln und sezieren den Fang. Fische und Vögel werden beschrieben und gezeichnet. Das sind nur Fingerübungen, und
die Naturkundler warten ungeduldig, Neues zu entdecken, doch
erst am Kap werden sie fündig. Hier sind die »botanischen Creutz-
züge« so erfolgreich, dass sie fürchten müssen, nicht alle interessanten Pflanzen beschreiben, zeichnen und konservieren zu können, bevor die Reise weitergeht. Deshalb stellt Reinhold Forster
einen Gehilfen ein: 24 Jahre ist der Schwede Dr. Anders Sparrman
(1748–1820); als Linné-Schüler hat er schon in China botanisiert,
war danach ans Kap gekommen, um seine Pflanzenkenntnisse zu
erweitern, und – so schreibt der junge Forster – »der Gedanke, in
völlig unbekannten Ländern neue Schätze der Natur einzusam-
meln, nahm ihn so ganz ein, dass er sich alsbald anheischig machte,
mit uns um die Welt zu gehen«.[8] Ein Glücksfall für den 18-Jähri-
gen, denn der sechs Jahre ältere Sparrman wird ihm ein Freund
und geschätzter Kollege. Cook ist mit dem neuen Passagier einver-
standen (übrigens auch mit dem Pudel, den Reinhold Forster mit
an Bord bringt), sodass sich nun fünf Chronisten auf der »Resolution« befinden – das sind neben Sparrman und den beiden Forsters
der Astronom William Wales (1734–1798) sowie der Landschafts-
maler William Hodges (1744–1797).

Am südlichen Ende der Welt

Am 22. November 1772 verlassen die »Resolution« und die »Adventure« gemeinsam die Südspitze Afrikas und segeln Richtung
Süden. Dummerweise hat sich die Abreise verzögert, weil der be-

stellte Zwieback ungeröstet geliefert wurde. Nun aber sind frisches Wasser, reichlich Obst, Wein und Fleisch gebunkert, und Cook treibt zur Eile, denn er will den antarktischen Sommer für Vorstöße in die eisigen Regionen nutzen. Doch bald verschlechtert sich das Wetter. Es ist stürmisch, und die Temperaturen sinken, sodass Cook wollene Jacken und Hosen an die Seeleute verteilen lässt. Der Wind peitscht Regen, Schnee und Hagel durch die Luft. Sturmvögel, Albatrosse und Wale begleiten das Schiff.

Die Wissenschaftler bearbeiten ihre Funde vom Kap. Doch ihre Kabinen sind kalt und völlig durchnässt. Koliken schütteln den jungen Forster, und Durchfall macht ihm zu schaffen; Brechmittel und schweißtreibende Medizin sollen ihn wieder auf die Beine bringen. Und draußen immer wieder dichter Nebel, der Reinhold Forster und dem Astronomen Wales beinahe zum Verhängnis wird: Wie so häufig haben die beiden sich in ein kleines Ruderboot gesetzt, um die Wassertemperatur zu messen. Das Thermometer zerbricht, und in dem plötzlich aufkommenden Nebel verlieren sie die Orientierung. Eine dramatische Erfahrung, »allein auf dem unermesslichen Ozean, fern von irgendeiner bewohnten Küste, überall mit Eis umgeben und ohne Lebensmittel! Mithin in einer Lage, die an sich erschrecklich war, und durch den Gedanken an die Zukunft noch fürchterlicher gemacht wurde.« Dann die Erlösung: Sie hören das Läuten einer Schiffsglocke: »Das war in ihren Ohren himmlische Musik«, und »sie kehrten in dem Boote wieder nach ihren feuchten Betten und baufälligen Cajütten zurück, die ihnen nun noch einmal so viel werth waren, als zuvor.«[9]

Am 9. Dezember tauchen die ersten Eisberge auf – und die ersten Pinguine. Ein paar der ungewöhnlichen Tiere werden erlegt und wissenschaftlich untersucht. Am 17. Januar 1773 überqueren die »Resolution« und die »Adventure« den südlichen Polarkreis. Das hat vor ihnen noch keiner gewagt. Die Schiffe halten so lange auf den Südpol zu, bis das Eis sie Ende Februar zwingt abzubiegen. Jetzt folgen sie der Packeisgrenze in östliche Richtung. Jeder hält nach Festland Ausschau, jeder will als Erster »Land in Sicht« rufen können. Einmal keimt Hoffnung auf, denn Büschel von Seegras treiben vorbei. Doch wieder nichts! Zwölf Monate später werden sie noch einmal in die Eiswüste vordringen, bis auf 70° 10' südlicher Breite, weiter als irgendjemand vor ihnen. Doch auch dann werden sie vergebens nach Land Ausschau halten!

Eisiger Wind, gefrorene, blutig gerissene Hände, tosender Orkan und lähmende Flaute – für die Crew ist das Manövrieren am Rand der Eismassen eine Herausforderung. Permanent laufen die Schiffe Gefahr, am Eis zu zerschellen. An der Takelage hängen Eiszapfen; die Segel sind gefroren; Eis wird zu Trinkwasser geschmolzen, und alle fragen sich: Warum bestehen Eisberge aus Süßwasser?

Die Naturforscher sind verzweifelt – nichts als Wind, Eis, Schnee und Nebel, da lassen sich keine Entdeckungen machen. Lähmende Langeweile breitet sich aus. Die einzige Abwechslung bieten die unterschiedlichen Formen der Eisberge: »Einige waren wie Kirchthürme gestaltet«, notiert Georg Forster, »andere gaben unserer Einbildungskraft freies Spiel, daraus zu machen, was sie wollte, und dienten uns die Langeweile zu vertreiben, die nunmehro sehr überhand zu nehmen anfieng, weil der tägliche Anblick von See-Vögeln, Meerschweinen, See-Hunden und Wallfischen den Reitz der Neuheit längst verlohren hatte.«[10]

Anfang Februar werden die beiden Schiffe im Nebel getrennt. Die »Resolution« setzt auf der Suche nach der »Terra australis« ihren Weg allein fort. Die Tage werden immer kürzer, und das Segeln am Rande des Eises wird immer gefährlicher. Das Trinkwasser friert in den Fässern, und um die Tiere an Bord vor der Kälte zu schützen, werden sie in Verschlägen rechts und links von Reinhold Forsters Kabine untergebracht. Die Schweine, so schimpft der Gelehrte, »scheißen und pissen an der einen Seite, während 5 Ziegen das gleiche an der anderen machen«.[11]

Die frischen Lebensmittel sind längst verbraucht. Täglich gibt es Schiffszwieback und schwer verdauliche Erbsensuppe, in der zwei Täfelchen von eingekochter Fleischbrühe aufgelöst sind. An den vier Fleischtagen der Woche wird dazu gepökeltes Rind- oder Schweinefleisch gereicht, an den übrigen Tagen ein harter Mehlkloß. Und natürlich Sauerkraut!

Während auf den holländischen Ostindienfahrern hundert Skorbuttote keine Seltenheit sind, hat Cook den Ehrgeiz, dass ihm kein einziger Seemann daran stirbt. Trotzdem fault das Zahnfleisch der Männer, die Zähne wackeln, die Beine schwellen an und zeigen schwarze Flecken, und im Urin schwimmen fettige grüne Fäden. Zur Behandlung gibt es Karottenmarmelade, gekochtes Malz und – ganz rar – ein Kompott aus Orangen und Zitronen.

Nach mehr als drei Monaten ohne Landberührung ist die Mannschaft völlig erschöpft. Es wird Zeit für eine Erholungspause. Deshalb nimmt Cook Kurs auf Neuseeland. Nach vier Monaten und zwei Tagen auf hoher See landet die »Resolution« in der Dusky Bay im Süden der Insel.

Gefährdete Paradiese

Das Ufer ist von dichtem Urwald bedeckt. Das Schiff ankert im Schatten der Bäume. Die Matrosen schlagen eine Schneise, errichten eine Sternwarte für den Astronomen und eine Schmiede, weil das Schiff repariert werden muss. Alles erscheint von Menschen noch unberührt, und tatsächlich wird es zwei Wochen dauern, bis die ersten Inselbewohner auftauchen: Maori, die Forster – wie damals üblich – »Indianer« nennt. Der Himmel ist verhangen, es regnet oder ist neblig. Die Jahreszeit ist nicht günstig, um zu botanisieren, denn es ist Herbst auf dieser Seite der Erde. Welche Enttäuschung! Wochenlang hatten sie gefiebert, endlich an Land zu kommen, und nun sind die meisten Pflanzen schon verblüht. Viele haben sogar schon ihre Blätter abgeworfen.

Doch so schnell gibt der störrische Reinhold Forster nicht auf. Er dringt in den wuchernden und feucht dampfenden Dschungel vor, versinkt im Morast, klettert über umgestürzte, morsche Stämme, versackt in vermodertem Holz und schleppt aufs Schiff, so viel er tragen kann. Die winzige Kajüte ist voll von verschimmelnden Pflanzen, stinkenden Bälgen, Fischen und Muscheln. Abends bei Kerzenschein zeichnet sein Sohn die wichtigsten Funde – 19 Vögel, drei Fische und sechs Pflanzen.

Endlich kommt wieder Frisches auf den Tisch. Die Töpfe füllen sich mit Fisch und wohlschmeckendem Federvieh. Auf ihren botanischen Exkursionen stoßen die Forsters auf die weiß blühende Südseemyrte *(Leptospermum scoparium)*, deren Blätter schon den Teilnehmern der ersten Cook-Expedition einen erfrischenden Tee beschert hatten. Ein anderer Fund: die neuseeländische Fichte, aus deren Nadeln sich eine Art harziges Bier brauen lässt, das gegen den Skorbut hilft. Unter den wenigen späten Blüten fällt den Forsters auf einem vom Meerwasser überspülten Felsen ein kleiner weißer Enzian *(Gentiana)* auf.

Doch da es kaum frisches Gemüse gibt, bläst Cook zum Aufbruch, sobald die »Resolution« repariert ist: Ziel ist der Queen Charlotte Sound (Charlottensund) im Norden Neuseelands, ein Ort, den Cook ebenfalls schon von seiner ersten Reise kennt. Dort werden sie auch die »Adventure« wiedertreffen. Das Klima ist hier milder, einige Pflanzen blühen sogar noch. Vor allem aber wachsen hier »antiskorbutische«, das heißt vitaminreiche Kräuter wie wilder Sellerie *(Apium graveolens)* und Löffelkraut *(Lepidium)*, außerdem die als Salat genießbare Gänsedistel *(Sonchus)* sowie der schmackhafte Neuseelandspinat *(Tetragonia tetragonioides)*.

Die Bewohner am Charlottensund sind viel weniger scheu als im Süden, und es entsteht sofort ein reger Handel, in dem die Maori frischen Fisch, Werkzeuge und Waffen zum Tausch anbieten. Eine bei den Europäern besonders begehrte »Ware«: junge Maorifrauen, die den Matrosen von ihren Familienoberhäuptern angeboten werden.

Da die Mannschaft seit der Monate zurückliegenden Abreise aus Südafrika »mit keinen Frauenspersonen Umgang gehabt« hatte, waren sie »also sehr eifrig hinter diesen her«. Dass es bei den Maori »mit der Keuschheit nicht so ernst genommen« wird, ruft bei dem jungen Forster keine moralische Empörung hervor, doch es erzürnt ihn, dass die Männer »als unumschränkte Herrscher« für einen Nagel oder ein Hemd dem Treiben nicht nur zustimmen, sondern ihre Töchter und Schwestern regelrecht feilbieten. »Ich muß indessen gestehen«, schreibt Forster, »dass einige derselben sich nicht anders als mit dem äußersten Wiederwillen zu einem so schändlichen Gewerbe gebrauchen ließen, und die Männer mussten oft ihre ganze Autorität ja sogar Drohungen anwenden, ehe sie zu bewegen waren, sich den Begierden von Kerlen preiszugeben, die ohne Empfindung ihre Thränen sehen und ihre Wehklagen hören konnten.«[12]

Wer, so fragt der junge Forster, verdient den größeren Abscheu, »unsere Leute, die zu einem gesitteten Volk gehören wollten, und doch so viehisch seyn konnten, oder jene Barbaren, die ihre eigenen Weibsleute zu solcher Schande zwangen«?[13] Eine endgültige Antwort darauf weiß er nicht: »Allein wir haben alle Ursach zu vermuthen, dass sich die Neu-Seeländer zu einem dergleichen schändlichen Mädchen-Handel nur seitdem erst erniedrigt hatten, seitdem vermittels des Eisengeräthes neue Bedürfnisse unter ihnen waren veranlasst worden.« Zur Befriedigung dieser neuen Wünsche, so seine Vermutung, werfen die »Indianer« nun alle sittlichen Bedenken über den Haufen und verfallen »auf Handlungen, an die sie zuvor nie gedacht haben mochten«.[14]

Vielleicht bietet sich der Charlottensund gerade deshalb als geeigneter Ankerplatz auch für zukünftige Expeditionen an. Cook selbst wird den Ort im Verlauf dieser Reise noch zweimal anlaufen. Um auch für die Zukunft die Versorgung mit vitaminreichem Gemüse sicherzustellen, streut er, bevor die beiden Schiffe Neuseeland verlassen, an geeigneten Stellen europäische Sämereien aus. Außerdem lässt Cook eine gerodete Fläche umgraben, um Beete mit europäischem Gemüse anzulegen, und er bittet den Häuptling, über diesen Garten zu wachen und ihn als eine Art Basislager für spätere Versorgungsstopps zu pflegen. Als zukünftiges Fleischangebot setzt Cook Gänse, Ziegen und Schafe aus, wobei Letztere, wie wir heute wissen, irgendwann in Neuseeland heimisch geworden sind und es mittlerweile auf 40 Millionen Exemplare bringen.

Zwei Monate dauert die Reise von Neuseeland zu den Südseeinseln. »Ein Morgen war's, schöner hat ihn schwerlich je ein Dichter beschrieben, an welchem wir die Insel O-Tahiti, 2 Meilen vor uns sahen. Der Ostwind, unser bisheriger Begleiter hatte sich gelegt; ein vom Land wehendes Lüftchen führte uns die erfrischendsten und herrlichsten Wohlgerüche entgegen und kräuselte die Fläche der See.«

In der Ferne winken »waldgekrönte Berge«, »sanft abhän-
gende« Hügel und »anmuthiges« Grün. Ein friedliches, sanftes
Bild, mit dem Georg Forster die Leser seines später geschriebenen
Reiseberichts auf Tahiti einstimmt: »Noch erschien alles im tiefs-
ten Schlaf. Kaum tagte der Morgen und stille Schatten schwebten
noch auf der Landschaft dahin.« Als die »Resolution« auftaucht, ist
es allerdings mit der Ruhe vorbei. »Die Einwohner erwachten und
die Aussicht begann zu leben.«[15] Vom ersten Moment an wird tag-
ein, tagaus rund um den Ankerplatz gehandelt.

Die Tahitianer bringen hervorragend gearbeitete Äxte aus grünem Nephrit, Gewebtes und vor allem Nahrungsmittel und tauschen dagegen Nägel, Messer, Beile und Glaskorallen ein. Die
Europäer werden nicht müde, die unterschiedlichen Früchte zu
kosten, die sie aus den wohlbestellten Plantagen der gastfreund-
lichen Bewohner erhalten: Bananen, säuerliche Äpfel und immer
wieder Kokosnüsse mit der erfrischenden Milch. Vor allem aber ist
es die nahrhafte Brotfrucht, die ganze Mahlzeiten ersetzt. Schwierig ist nur, den Handel mit Schweinen in Schwung zu bringen,
denn er bedarf der Zustimmung eines Gemeindeoberhaupts. Die
Tahitianer haben keine Scheu, und bald wimmelt es an Bord der
beiden Schiffe von »Eingeborenen«, die in einer Art kollektiver
Kleptomanie klauen, was nicht niet- und nagelfest ist.

Mit unersättlicher Neugier und ganz ohne Furcht durchstreift
der junge Forster die Insel, oft zusammen mit Anders Sparrman,
dem Maler William Hodges oder seinem Vater, der gerne prahlt,
dass er bei den Ausflügen so schnell und ausdauernd ausschreite, dass
er seine jungen Begleiter weit hinter sich lasse. Erstaunt betrachten
die Weißen die sorgfältig gepflegten Plantagen und die Vielfalt der
angebauten Früchte. Exotisch bunte Vögel werden geschossen, und
Georg Forster hält sie in wunderschönen Aquarellen oder Zeichnungen fest. Roter Hibiskus, Orchideen und Bougainvilleen –
welch ein Überfluss an farbigen Blüten! Der Duft weißer Garde-
nien im Haar der Frauen verschlägt den Wanderern den Atem, und
der Duft des Frangipani weht noch nachts auf die Schiffe hinüber.

Immer haben die Forsters die Botanisiertrommel über der
Schulter. Sie sammeln zahlreiche ihnen unbekannte Arten, doch

mit der reichen Beute, die Joseph Banks und sein Assistent Daniel Carl Solander (1733–1782) bei Captain Cooks erstem Besuch auf Tahiti machten, können sie nicht konkurrieren. »Von wilden Kräutern, die der Naturforscher in Menge zu finden wünschte, gab es nemlich nur wenige, dagegen desto mehr essbare Gewächse und Früchte.«[16] Trotzdem finden sich auch in den Plantagen allerhand wilde Arten, vor allem unterschiedliche Gräser, »die untereinander in jener schönen Unordnung der Natur aufsproßten«.[17]

Außerdem ist den Forsters »das Glück hold«, und sie machen eine botanische Entdeckung: »Wir fanden nämlich einen neuen Baum, der das prächtigste Ansehen von der Welt hatte. Er prangte mit einer Menge schöner Blüte, die so weiß wie Lilien, aber größer und mit einer Menge Staubfäden versehen waren, die an den Spitzen eine glänzende, karmesinrote Farbe hatten. Es waren ihrer bereits so viele abgefallen, daß der ganze Boden voll davon lag. Diesen schönen Baum nannten wir Barringtonia, und die Einwohner versicherten, daß, wenn die nußartige Frucht desselben zerstoßen und mit dem Fleisch der Muscheln vermischt ins Meer geworfen wird, die Fische auf einige Zeit so betäubt davon würden, daß sie oben aufs Wasser kämen und sich mit den Händen fangen ließen.«[18]

Auf Tahiti ist Georg Forster glücklich. Bei allem, was er tut, empfindet er eine ungeheure Freude: »Dies war eine der schönsten Gegenden, die ich in meinem Leben gesehen. Kein Dichter kann sie so schön mahlen«, jubelt der junge Mann angesichts »eines senkrecht stehenden und mit mancherley wohlriechendem Gebüsch behangenen Felsen, von welchem sich eine Crystallhelle Wasser-Säule in einen glatten klaren Teich herabstürzte, dessen anmuthiges Gestade überall mit bunten Blumen prangte.«[19] Wie so viele nach ihm erliegt auch der junge Forster der Magie dieser Südseeinsel. Er liebt ihre Menschen, bewundert deren Schönheit und Sanftheit. Er genießt ihre Gastfreundschaft und spürt wohl zum ersten Mal den Reiz der Erotik, wenn ein junges Mädchen sanft seinen Rücken massiert.

Die sexuelle Freizügigkeit der Insulaner, speziell der Frauen, die sich ohne Scham den Seeleuten hingeben, um Geschenke zu er-

Barringtonie oder Fischgiftbaum – Zeichnung
von Georg Forster

gattern, verteidigt er gegen europäische Moralvorstellungen. Belustigt erzählt er die Geschichte des Offiziers, der das Verlangen einer Tahitianerin nach seinem Bettzeug für die Gegenleistung eines Liebesdienstes befriedigen will. Doch gerade als es zum Beischlaf kommen soll, rammt das Schiff einen Felsen, und der Offizier muss sich losreißen, um seinen seemännischen Dienst zu verrichten. Überflüssig zu berichten, dass bei seiner Rückkehr sowohl die Frau als auch sein Bettzeug verschwunden sind.

Immer und überall sind die Forsters auf dem Quivive. Sie durchstreifen die Landschaften, versuchen sich mit den Bewohnern zu verständigen, folgen den Einladungen in jede noch so bescheidene

Hütte. Sie sind phantastische Beobachter: Egal ob Bestattungsriten oder Landwirtschaft, die Kunst des Tätowierens, die Verwendung von Pflanzen oder die Zubereitung von Speisen – es gibt nichts, was sie nicht interessiert. Auch kleinste Unterschiede im Äußeren der Menschen, in ihren Sitten und Gebräuchen entgehen ihnen nicht. Ihrem aufklärerischen Impuls folgend, wollen sie am Ende der Reise wahrheitsgetreu darüber berichten – anders als der Maler William Hodges, der in seinen Gemälden die »Wilden« wie Menschen im antiken Griechenland kleidet und, wie der junge Forster kritisiert, von ihnen »gar keinen richtigen Begriff giebt«.[20]

Er selbst betrachtet die »Wilden« nicht als unschuldige Naturkinder, sondern als gesellschaftliche Wesen, und er analysiert die polynesische Gesellschaft mit dem Wissen um die europäische Feudalherrschaft. Dabei sieht er durchaus, dass die anscheinend arkadische Idylle nicht durchweg friedlich ist, sondern sehr wohl kriegerische Auseinandersetzungen kennt. Er übersieht auch nicht, dass es in dieser offenbar zufriedenen Gesellschaft Klassenunterschiede gibt, dass auch hier »faule Schmarotzer« auf Kosten anderer leben. Klar erkennt er die Hierarchie und dass ein kompliziertes Regelwerk mit zahlreichen Tabus den Umgang zwischen den gesellschaftlichen Gruppen bestimmt. Dabei stört es ihn außerordentlich, dass Frauen wie Menschen zweiter Klasse behandelt werden, und manchmal sieht es so aus, als interessiere ihn das Zusammenleben der fremden Menschen mehr als sein naturkundlicher Auftrag.

Handicaps der Entdecker

Tahiti ist nur der Auftakt der Forster'schen Reise durch die Südsee: Es folgen Besuche auf den Gesellschafts- und Freundschaftsinseln, auf den Marquesas sowie ein Abstecher auf die Osterinseln. Auf den Gesellschaftsinseln nimmt Cook den jungen Polynesier Maheine an Bord – ein umgänglicher, wissbegieriger junger Mann, der von jedem Stopp als Andenken ein kleines Stöckchen mitbringt und sie einem wachsenden Bündel hinzufügt, in dem er – wie er sagt – seine Erinnerungen sammelt.

*Landung auf den Freundschaftsinseln; die Forsters links mit dem Rücken
zum Maler William Hodges*

Überall wird erkundet, ob die Inselbevölkerung eine Schiffs-
mannschaft mit Lebensmitteln versorgen kann, ist doch die man-
gelhafte Ernährung der Besatzung bei den beschränkten Kon-
servierungsmöglichkeiten an Bord das größte Handicap langer
Schiffsreisen. Hat eine Insel keine Schweine, vitaminreiche Früchte,
Kräuter oder Gemüse zu bieten, ist der Aufenthalt nur kurz – zu
kurz, meinen die Naturforscher häufig und klagen: »Allein das Studium der Natur ward auf der Reise immer nur als Nebensache betrachtet. Ein Glück war's, dass, wenigstens dann und wann, die
Bedürfnisse der Mannschaft mit dem Vorteil der Wissenschaften
einerley Gegenstand hatte, sonst würde die letzteren vielleicht ganz
leer ausgegangen seyn.«[21]
Am Ende der Weltumsegelung sind sie nach 1111 Reisetagen
tatsächlich nicht mehr als 290 Tage an Land gewesen, denn Cook
steuert nur dann einen Landeplatz an, wenn es gilt, die Verpflegung
der Mannschaft sicherzustellen oder Kranken eine Erholungspause
zu gönnen. Das ist er den Seeleuten schuldig, die neben dem all-

seits gefürchteten Skorbut von den unterschiedlichsten Malaisen bedroht sind. Geschlechtskrankheiten, Gallenkoliken, Durchfall, Rheuma, Furunkel und Fieber reisen mit. Auch die Privilegierten am Tisch des Kapitäns haben heftige Attacken auf ihre Gesundheit zu überstehen, zum Beispiel als sie einen unbekannten giftigen Fisch verzehren, der ihnen Schwindelanfälle und Lähmungen beibringt.

Tatsächlich gibt es einen nicht zu übersehenden, in der Sache begründeten Interessenkonflikt: Der Kapitän muss seinem Auftraggeber, der Admiralität, gegenüber loyal sein. Für sie soll er die Antarktis und die Südsee erkunden, und um die geografische Lage der Inseln zu bestimmen und ihre Küstenlinie zu kartografieren, genügt es häufig, die Inseln zu umfahren. Reinhold Forster aber neigt dazu, Kapitän Cook persönliche Feindschaft oder Missachtung der Wissenschaft zu unterstellen.

Die Forscher sind hin und her gerissen: Da sie eine noch völlig unbekannte Welt erkunden, haben sie viele Tausend Fragen, und um Antworten zu finden, müssten sie so viel Zeit wie möglich an Land verbringen. Zum anderen aber brauchen sie Zeit an Bord, um ihre Beute zu ordnen und zu konservieren: Da die Pflanzen im Vergehen Farbe und Form verändern, müssen sie möglichst schnell nach dem Pflücken beschrieben, gemalt und gepresst werden; auch die farbenprächtigen Fische verblassen außerhalb des Wassers sofort. Immer drängt die Zeit, denn Pflanzen, Tiere, Landschaften und die Begegnungen mit »Eingeborenen« – alles soll in Worten und Bildern festgehalten werden. Georg Forster sitzt oft noch bis in die Nacht und zeichnet bei Kerzenschein, häufig reicht die Zeit nur für vorläufige Skizzen.

Müssen Vater und Sohn an Bord bleiben, betrachten sie oft mit sehnsüchtigem Blick die Gehölze am Ufer, »welche ein vortreffliches, für Botaniker äußerst interessantes Aussehen hatten«.[22] Sie wollen und dürfen nichts verpassen, denn der Konkurrenzdruck ist groß. So hat Reinhold Forster vor seiner Abreise vergeblich versucht, in London einen Blick in die Herbarsammlung seines gefeierten Vorgängers Sir Joseph Banks zu werfen, der während der ersten Cook-Expedition ungeheuer reiche botanische Beute gemacht hatte. Seit der Gentleman ihm das abgeschlagen hat, betrachtet Forster ihn als Rivalen, der ihm bei vielen Funden zuvorgekommen sein und seine Entdeckungen noch während Forsters Abwesenheit veröffentlichen könnte.

Wer beruflichen Ehrgeiz hat und so unter Druck steht, scheut kein Risiko, dabei ist die Erkundung der Terra incognita voller Gefahren. Aber »auch die unwegsamsten Gegenden ließen sie aus Begierde, neue Pflanzen zu entdecken, nicht undurchsucht«.[23] Bei ihren beschwerlichen Gängen bahnen sich Vater und Sohn mal zusammen, mal getrennt schmale Pfade durch dichte Mangrovensümpfe und anscheinend undurchdringlichen Regenwald; sie steigen auf Berge und Vulkane, ohne zu wissen, was sich hinter der nächsten Biegung verbirgt. Da tun sich im Gebirge plötzlich Abgründe auf, Schwefel steigt aus vulkanischer Erde, und ein Wolkenbruch verwandelt den Abstieg in eine gefährlich glitschige Rutschpartie.

»Um etliche neue Pflanzen zu erjagen«, meint der Sohn, »lief man Gefahr, den Hals zu brechen«,[24] und tatsächlich gleitet der alte Forster auf einer dieser abenteuerlichen Touren auf einem Felsen aus und verletzt sich so schmerzhaft, »dass er darüber fast in Ohnmacht gesunken wäre«. Später stellt sich heraus, »dass er bei diesem Fall einen Schaden erlitten hatte, um dessenwillen er bis auf den heutigen Tag eine Bandage tragen muß«.[25]

Ganz anderer Art sind die Gefahren, wenn die Europäer auf einer Südseeinsel nicht willkommen sind. Dann treten die Bewohner ihnen mit Keulen und Speeren entgegen oder schleudern Steine gegen die ungebetenen Gäste. Zum Beispiel auf einer Insel der Neuen Hebriden, die noch kein Weißer vor ihnen betreten hatte. Erst »nach und nach fingen wir an, uns in die Wälder zu wagen, um Pflanzen zu suchen«, berichtet Georg Forster. »Wir waren aber kaum zwanzig Schritte gegangen, als wir hinter dem Gesträuch überall Indianer gewahr wurden. Es dünkte uns also nicht rathsam weiter vorzudringen. Wir ließen uns vielmehr an zwo bis drey neuen Arten von Kräutern genügen, und kehrten mit dieser kleinen Ausbeute nach dem offenen Strand zurück.«[26]

Immer wieder kommt es zu Gewalttätigkeiten. Mal überfallen die Eingeborenen die Europäer, um ihnen ihre Feuerwaffen zu entwenden, mal versuchen sie Handelswaren oder Teile der Schiffsausrüstung zu stehlen – sofort schießen die Europäer mit Schrot, manchmal auch martialisch mit Kanonen, »um den Insulanern einen Begriff von unserer Übermacht beyzubringen und allen Feindseligkeiten vorzubeugen«.[27]

Sind die Südseebewohner dreiste Diebe, böswillig, verschlagen und hinterlistig? Oder sind es Missverständnisse, Provokationen, kulturelle Unterschiede und die Unterentwicklung der primitiven Gesellschaften, die zu diesen Auseinandersetzungen führen? Fragen, die an Bord diskutiert werden, und Georg Forster kommt zu dem Schluss: »Es ist ein Unglück, dass alle unsre Entdeckungen so viel unschuldige Menschen haben das Leben kosten müssen.« Doch das sei »warlich nur eine Kleinigkeit im Vergleich mit dem unersetzlichen Schaden, den ihnen diese [die Europäer] durch den Umsturz ihrer sittlichen Grundsätze zugefügt haben«.[28] Dabei ist er durchaus selbstkritisch: »Wahrlich! Wenn die Wissenschaft und Gelehrsamkeit einzelner Menschen auf Kosten der Glückseligkeit ganzer Nationen erkauft werden muß, so wär' es, für die Entdecker und Entdeckten, besser, dass die Südsee den unruhigen Europäern ewig unbekannt geblieben wäre.«[29]

Noch während solche Thesen an Bord erörtert werden, schickt sich die »Resolution« an, ganze Inselgruppen neu zu entdecken, denen James Cook mit dem Recht des Entdeckers Namen gibt. Zuerst sind es die Neuen Hebriden. Hier fallen als Erstes die dunkelhäutigen Männer durch ihre seltsame, ja geradezu unschickliche »Tracht« auf: Sie tragen nichts als einen fest geschnürten Strick um den Leib, haben ihr Geschlechtsteil mit Zeug umwickelt und in eine aufrechte Stellung hochgebunden. Diese phallische Pose erinnert die Gebildeten an Priap, den antiken Gartengott, der in Griechenland und im alten Rom über die Gärten gewacht, für Fruchtbarkeit gesorgt und Diebe vertrieben hat.

Auch die Melanesier sind wachsam. Misstrauisch begegnen sie den Weißen und halten sie auf Distanz. Erst langsam gelingt es den Wissenschaftlern, das Vertrauen der Eingeborenen so weit zu gewinnen, dass man sie über den Küstenstreifen hinaus ins Inselinnere lässt. »Diese Gegend war zum Entzücken schön, und

Orangefarbene Passionsblume – Zeichnung
von Georg Forster

selbst Tahiti könnte sich nicht leicht einer schöneren Landschaft
rühmen.«[30] Sanfte Hügel, weite Täler, in denen Bananen, Jams-
und Arumwurzeln und Zuckerrohr angebaut werden – geradezu
hymnisch gerät der junge Forster angesichts der landschaftlichen
Schönheit auf Tanna ins Schwärmen.

Auf dieser Insel ist die Pflanzenvielfalt besonders reichhaltig,
sodass die Botaniker jeden Tag ausschwärmen. Sie besteigen den
Vulkan, und ihr Weg führt »durch die schönste Waldung von wilden Bäumen und Gehölzen, deren Blüthe dem Wanderer überall
Wohlgeruch entgegenduftete«.[31] Blaue und purpurfarbene Prunk-
winden (siehe farbige Abbildungen) ranken wie Efeu an den höchsten Bäumen empor; überrascht betrachten sie eine unbekannte Art

der Passionsblume *(Passiflora aurantia)*, und vor allem an den Gebirgshängen wachsen Gehölze, deren Namen sie nicht einmal kennen. Schon von Weitem leuchten die knallroten Blüten des Jambobaums, den wir Rosenapfel nennen *(Syzygium jambos)*; der Indische Mandelbaum *(Terminalia catappa)* hängt voller wohlschmeckender Nüsse, und die ätherischen Öle in den Blättern der Myrtenheide *(Melaleuca leucadendra)* duften, wenn man sie zwischen den Fingern zerreibt.

Georg Forster findet eine Taube, die zwei Muskatnüsse im Kropf hat, und tagelang suchen sie vergeblich nach dem dazugehörigen Gewürzbaum. Ebenfalls auf Tanna glauben die Europäer »Lustgärten« entdeckt zu haben, mit »mancherley Staudengewächse[n] und Kräuter[n] darinnen, die theils um ihres schönen Aussehens, theils um des Wohlgeruchs willen da waren«.[32] Etwa eineinhalb Monate können die Botaniker aus dem Vollen schöpfen, dann setzt Cook den Weg fort, doch schon nach zwei Wochen tauchen zahlreiche Inseln auf, die Cook Neukaledonien nennt. Als er nur achteinhalb Tage später aufbricht, um die Inselgruppe zu vermessen, hinterlässt er am Ufer in einem Baum die Inschrift: »His Britannic Majesty's Ship Resolution. Sep. 1774«.

Während die Forsters sich wieder einmal ärgern, dass sie in einer Flaute vor den Küsten dümpeln, anstatt an Land zu botanisieren, sichtet Reinhold Forster an der Küste mehrere schmale und hohe Gebilde, die er als Basaltsäulen interpretiert. Beim näheren Hinsehen stellt sich heraus, dass es Bäume sind, eine Zypressenart, meinen die Forsters. Doch es sind Araukarien *(Araucaria columnaris)*. Cook ist über diesen Fund hocherfreut, denn wegen ihres geraden Wuchses und harten Holzes eignen sich die Stämme gut als Schiffsmasten. Den Bäumen zu Ehren, die im Englischen als »Cook pines« bezeichnet werden, nennt Cook den Fundort »Isle of Pines«. Einer anderen Miniinsel gibt er den Namen »Botany Island«, weil sie, ihres »geringen Umfangs ohngeachtet, eine Flora von fast dreißig Arten enthielt, worunter verschiedene ganz neu waren«.[33]

Sehr unzufrieden verabschieden sich die Wissenschaftler von Neukaledonien, einer der größten Inselgruppen im Stillen Ozean. Zu ihrem Bedauern haben sie den Süden überhaupt nicht zu Gesicht bekommen und den Norden nur sehr flüchtig: »Die Thiere, Pflanzen und Mineralien dieses Landes, sind uns beynahe völlig unbekannt geblieben, und bieten künftigen Naturforschern ein weites Feld von Entdeckungen dar.« Das klingt enttäuscht, vielleicht sogar ein wenig bitter. »Überhaupt bleiben dem künftigen Seefahrer noch Entdeckungen genug in der Südsee zu machen, übrig, und er wird, bei mehrerer Muße, eine Große Menge unbekannter Producte zu untersuchen finden.«[34]

Die längste Reise der Geschichte

James Cooks zweite Weltumsegelung nähert sich dem Ende. Die »Endeavour« zeigt Verschleißerscheinungen, und es wird wieder einmal Zeit, in Gefilde zu kommen, wo es frische Nahrung in Hülle und Fülle gibt, denn die Heimreise will vorbereitet werden. Also steuert Cook zum dritten Mal den Charlottensund auf Neuseeland an.

Dort ist die Stimmung seltsam anders als beim letzten Besuch. Die Maori sind auffallend scheu und meiden die Weißen. Gleichzeitig bestätigen sie, dass die seit Ende Oktober 1773 in einem Sturm vermisste »Adventure« im Charlottensund geankert hat, und zwar kurz nachdem die »Resolution« zum zweiten Mal Kurs auf die Antarktis genommen hatte. Sicher ist auch, dass Kapitän Tobias Furneaux die Nachricht gefunden hat, die Cook in einer Flasche deponiert hatte. Warum ist Furneaux der »Resolution« nicht gefolgt? Was ist geschehen?

Die Eingeborenen machen rätselhafte Andeutungen, rücken aber nicht mit der Sprache raus. Erst am Kap der Guten Hoffnung kommt die grausame Wahrheit ans Licht: Ein soldatischer Heißsporn, voller Verachtung für die Südseebevölkerung, hatte eine wilde Schießerei vom Zaun gebrochen. Als sein Erkundungstrupp sein Pulver verschossen hatte, fielen die Maori über die zehn Männer her, schlugen sie tot, zerstückelten die Leichen und verspeisten sie. Die Briten nahmen blutige Rache, bei der wer weiß wie viele Maori niedergemetzelt wurden. Kapitän Furneaux brach danach die Expedition ab und segelte auf dem direktesten Weg nach England zurück.

Nichts von diesem etwa ein Jahr zurückliegenden Gewaltausbruch ahnend, streifen die Botaniker arglos und mutterseelenallein durch die Wälder bei Charlottensund, schießen Vögel oder fischen. Keinem wird ein Haar gekrümmt. Die Vorräte werden aufgestockt, und die Reise wird durch die Magellanstraße nach Feuerland fortgesetzt.

Unwirtlich und trostlos ist die Tierra del Fuego. Kräuter und Fleisch sind kaum aufzutreiben. Die elenden, unangenehm nach Tran riechenden Küstenbewohner sind bitterarm und haben selbst kaum das Allernötigste. Pünktlich zu Weihnachten ist einem Seemann das Jagdglück hold, und der Koch kann Gänsebraten servieren. Wie schon zu den beiden vorausgegangenen Weihnachtsfesten haben die Matrosen Branntwein gehortet – das Besäufnis dauert zwei Tage. Ein Mann fällt beim Pinkeln über Bord.

Die Stimmung auf der »Resolution« wird schlechter: Das fast drei Jahre alte Pökelfleisch ist ungenießbar, der Schiffszwieback voller Maden, und das Sauerkraut geht zu Ende – gerne hätte Cook den südlichen Atlantik noch weiter erkundet, aber auch dieser unbeugsame Mann muss einsehen, dass Schiff und Mannschaft am Ende sind. Einen bewohnten Südkontinent, das weiß er mit Sicherheit, gibt es nicht. Sein Auftrag ist erfüllt, die Heimreise kann beginnen.

Mitte März 1775 zeigt sich Afrika am Horizont, am 22. geht die »Endeavour« in Kapstadt vor Anker. Auf Befehl der Admiralität konfisziert Cook zuvor alle Tagebücher der Militärangehörigen; die Zivilisten bleiben von der Maßnahme ausgenommen, deren Sinn es ist zu verhindern, dass Nachrichten über die Entdeckungen unzensiert an die Presse gelangen.

Der Empfang am Kap ist freundlich. Endlich gibt es Nachrichten aus Europa; Briefe der Angehörigen warten auf die Seeleute. Die Forsters atmen auf, zu Hause sind alle wohlauf! Nach 26 Tagen: Aufbruch zur vorletzten Etappe. Ein Kurzstopp noch auf Sankt Helena, einer auf den Kapverden und auf den Azoren – am 30. Juli 1775 erreicht die »Endeavour« den Hafen von Plymouth.

Der Weißkopfliest auf den Kapverden –
Zeichnung von Georg Forster

1111 Tage oder drei Jahre und 16 Tage sind seit der Abreise vergangen. 300 000 Kilometer hat der Dreimaster zurückgelegt. Zweimal haben sie den südlichen Polarkreis passiert und sind ins antarktische Eis vorgedrungen. Auf zwei unterschiedlichen Routen haben sie den Stillen Ozean und seine Inselwelt erforscht. Insgesamt entspricht der Weg der »Endeavour« dem 7,5-fachen Erdumfang. Nie zuvor hat ein Segler eine so lange Strecke geschafft.

In London werden die Weltreisenden gefeiert, vor allem Captain Cooks seemännische Leistung. Und mehrere Hundert neu entdeckte Pflanzen- und Tierarten, nie gesehene Vögel und Fische – auch die Forsters können sich im Ruhm sonnen. Ein Empfang beim König, kurz darauf auch bei der Königin – welch eine Ehre! Für Reinhold Forster einen Doktorhut in Oxford, für Georg die Mitgliedschaft in der Royal Society – das neue Leben in Europa fängt vielversprechend an.

Über das glückliche Wiedersehen der Familie Forster gibt es keine Aufzeichnungen, doch in Erwartung der finanziellen Erlöse aus der Auswertung der Reise zieht die Familie in ein größeres Haus in der Londoner Percy Street. Die reiche Beute der Weltreise füllt das Haus: eine große ethnografische Sammlung, ein 68 Pfund schwerer Ballen getrockneter Pflanzen und eine Menge präparierter Tiere; die wissenschaftlichen Beschreibungen, die Reiseaufzeichnungen und Georg Forsters Zeichnungen – 271 zoologische und 301 botanische Abbildungen sollen es gewesen sein, darunter viele neue Arten.[35] Jetzt kann die Auswertung der Schätze beginnen.

Unmittelbar nach seiner Rückkehr veröffentlicht der Vater einen schmalen Band mit 94 Beschreibungen neu entdeckter Pflanzen, illustriert mit 75 Kupferstichen nach den botanischen Darstellungen seines Sohnes.[36] Doch das soll nur ein Auftakt sein, denn als dem führenden Wissenschaftler der Weltumsegelung war Reinhold Forster vor Reiseantritt zugesagt worden, er dürfe den offiziellen Expeditionsbericht schreiben. Doch nun soll plötzlich der populäre James Cook, der mittlerweile an der lukrativen Veröffentlichung eines solchen Bandes Geschmack gefunden hat, daran beteiligt werden. Darüber hinaus verlangt der Chef der Admiralität, der Earl of Sandwich (1718–1792), jetzt nicht nur Schreibproben von Forster, sondern er weist sie wegen angeblicher sprachlicher Mängel umgehend zurück. Forster ist empört. Briefe gehen hin und her. Sogar ein Gericht wird eingeschaltet, und schließlich endet das Gezerre um die Autorschaft mit einem Vergleich: Cook soll das Seemännische, Forster das Naturkundliche darstellen – rein faktisch, nicht »philosophisch«. Doch dazu ist der eigensinnige Mann nicht bereit. Da er weder auf philosophische Erläuterungen verzichten noch seinen Text einer Kontrolle (sprich der Zensur) unterwerfen will, findet auch sein zweiter Entwurf keine Gnade vor der Admiralität.

Rhododendron sinogrande

Lichtnelke

Magnolia denudata – Yulan-Magnolie

Venusfliegenfalle

Eberesche »Joseph Rock«

Paeonia rockii – Strauchpfingstrose

Iris kaempferi – Schwertlilie

Magnolia grandiflora – immergrüne Magnolie

Prunkwinde

Gallica-Rose Versicolor

Gallica-Rose »Tuscany«

Indianernessel

Ganz gibt Forster sich noch nicht geschlagen. Aufsässig, wie er ist, sinnt er auf einen Trick: Sein Sohn ist an keine Abmachung gebunden, soll er doch *Reinhold Forsters Reise um die Welt* schreiben. Material gibt es genug, denn der Alte hat ein ausführliches Reisejournal geführt.[37] Außerdem hat Georg während der langen Tage auf See die umfangreiche Bordbibliothek des Vaters gründlich studiert; an den philosophischen Erörterungen hat er ebenfalls regen Anteil genommen, und sprachlich gewandter als der Vater ist er allemal, schulte er doch schon vor der Reise seinen Stil an den Übersetzungen anderer Expeditionsberichte.

Tag und Nacht sitzt Georg Forster über dem Manuskript, denn sein Text soll dem von Cook zuvorkommen. Im März 1777 ist es geschafft, einen Monat vor dem offiziellen Bericht ist Forsters Werk auf dem englischen Markt. Beide Bücher werden etwa zum gleichen Preis verkauft, doch Cooks Version hat den unschätzbaren Vorteil, dass sie 63 Kupferstiche nach Gemälden des Landschaftsmalers William Hodges enthält – kostspielige Illustrationen, die die Admiralität finanziert hat. Forsters sehr viel lebendigere Reisebeschreibung aber bietet keine einzige Abbildung. Zwar sollte Reinhold Forster die Hälfte der Hodges-Gemälde für seine Veröffentlichung erhalten, doch das galt für Reinhold, nicht aber für den Autor Georg Forster.

So liegt der unbebilderte Bericht der Forsters bleischwer in den Regalen, ein Misserfolg, der umso schwerer wiegt, als die von Georg während der Reise erstellten Aquarelle und Zeichnungen nicht mehr in seinem Besitz sind. Reinhold Forster hat sie, um die Druckkosten der ersten 1000 Exemplare zu finanzieren, für 400 Pfund an Sir Joseph Banks verkauft, der sie seiner Privatsammlung einverleibt. Banks, so Georgs bitterer Verdacht, »kaufte meinem Vater alle Zeichnungen von Thieren und Pflanzen, die ich gemacht hatte, ab, um sicherer zu sein, dass sie nie in das publicum kämen, weil er monopolium mit Südseekenntniß treiben wollte. Er schoß ihm Geld vor, um ihn ganz in seine Gewalt zu bekommen.«[38]

Doch die vielleicht größte Enttäuschung für Vater und Sohn steht noch aus: Für viel Geld (100 Guineen) haben sie 32 Deckfarbengemälde nach Georgs Vorlagen anfertigen lassen – 26 zoologische und sechs botanische Darstellungen –, um sie 1776 dem König zu schenken. Doch völlig unerwartet weist der das Präsent zurück.[39] Damit ist nicht nur der Schuldenberg der Forsters erheblich gewachsen, sondern es ist endgültig klar, dass der Hof ihnen keine weitere Gunst erweisen wird. Damit ist auch Reinhold Forsters Hoffnung auf einen Posten im Dienst der Krone zerschlagen, eine durchaus gängige Praxis, um einem Wissenschaftler während der langwierigen Auswertung seiner Reisen den Unterhalt zu garantieren.

1778 erscheint die *Reise um die Welt* auf Deutsch, und als der Autor Ende des Jahres mit geliehenen 25 Pfund Sterling nach Deutschland reist, ist er dort zu seiner Überraschung ein bekannter und gefeierter Mann. Aufgeklärte Intellektuelle sind begeistert. Philosophen und Dichter zollen ihm höchste Anerkennung und bejubeln enthusiastisch die Erhabenheit der Natur in seinen Schilderungen, seine Empfindsamkeit und seine bürgerliche Gesinnung, mit der er für die Gleichheit aller Menschen eintritt.

Doch Lob und Ehre bringen kein Geld ein, und Georg Forster muss sich ernsthaft bemühen, ein Auskommen für sich und seinen Vater zu finden, der England allerdings erst verlassen darf, wenn er seine Schulden beglichen hat. Reinhold Forster ist 50 Jahre alt und kommt schließlich an der Universität in Halle an der Saale unter. Dort lehrt er bis an sein Lebensende Geschichte der Naturkunde und Mineralogie.

Georg Forster ist bei der Heimkehr 20 Jahre alt und hat sein Leben noch vor sich. Fast wäre er für vier Jahre auf eine russische Pazifikexpedition gegangen. Doch das Vorhaben zerschlägt sich. Georg wird Schriftsteller[40] und Übersetzer, seinen Lebensunterhalt aber verdient er als Professor in Kassel, dann im zu Preußen gehörenden Wilna, und schließlich wird er Oberbibliothekar an der Universitätsbibliothek in Mainz. Seine Gesundheit ist und bleibt angeschlagen, trotzdem reist er viel und steht in regem Austausch mit international anerkannten Dichtern, Denkern und Gelehrten. Er kennt sie alle: Goethe, Herder, die Gebrüder Humboldt, Lichtenberg, Wieland und Franklin.

Trotz seines Umgangs mit dieser illustren aufgeklärten Gesellschaft gerät er zeitweise in den Bann der spiritistisch-alchimistischen Rosenkreuzer, die im Labor versuchen, Gold zu machen. Um seiner Einsamkeit zu entgehen, heiratet er die munter-gewitzte Professorentochter Therese Heyne (1764–1829), doch scheitert die Ehe – nach für Georg unglücklichen Jahren und vielen Tränen.

Er ist ein glühender Anhänger der Französischen Revolution, und als im Krieg gegen Frankreich die Franzosen das Erzbistum Mainz besetzen, schließt er sich dem Jakobinerklub an und gehört 1793 zu den Mitbegründern der Mainzer Republik, der ersten Republik auf deutschem Boden. Für sie sitzt er als Abgeordneter in der Pariser Nationalversammlung, verfolgt dann aber desillusioniert die Entwicklung der revolutionären Bestrebungen zur blutigen Willkürherrschaft. Zurück kann er nicht mehr, gilt er doch als Verräter, nachdem preußisch-österreichische Truppen Mainz zurückerobert haben. Er wird krank. Einsam stirbt er in einer Pariser Dachkammer. Georg Forster ist kaum 40 Jahre alt geworden. Wo er begraben ist, weiß niemand.

Reisen wie ein König

Joseph Franz Rock in Chinas
»wildem Westen«

Sie haben unerhörte Farben – feinste Pastelltöne, Silberrosa, Violettrosa, Gelb und Weiß. Die Blütenblätter sind so seidig und durchscheinend wie bei kaum einer anderen Pflanze. Sie werden zwei bis drei Meter hoch, und mit den Jahren verholzen ihre Stiele. Viele von ihnen verbreiten einen zarten Duft, und je älter sie werden, desto mehr Knospen setzen sie im Frühjahr an. Es ist die Baum- oder Strauchpfingstrose *(Paeonia suffruticosa)*, die ihre Liebhaber so sehr entzückt, dass viele ihr hoffnungslos verfallen.

Die Schöne stammt aus der unerschöpflichen Schatzkiste der chinesischen Flora. Vor allem im gebirgigen Westen haben die Pflanzenjäger dieses Juwel entdeckt, das in China schon seit Jahrtausenden kultiviert wird. »Mudan« heißt die Päonie dort, was so viel bedeutet wie »Gemälde in Rot und Grün«. Sie darf sogar die kaiserlichen Gärten schmücken und wird als Symbol der Macht, der würdigen Eleganz und des fortdauernden Überflusses verehrt. Auch als Zeichen der voll erblühten weiblichen Schönheit und eines erfüllten Frauenlebens wird die Päonie gedeutet.

Es ist die Kaiserin Wu Zetian, die im 7. Jahrhundert die Baumpäonien adelt. Zunächst fallen sie allerdings in Ungnade, weil die Pflanzen nicht blühen, wann die Herrscherin es wünscht. Sie verbannt die »Unbeugsamen« von ihrem Hof nach Luoyang, wo dann die Gärtner lernen, die Blütezeit der Päonien zu beeinflussen: Sie verzögern das Erblühen, indem sie die Pflanzen mit Erde bedecken, und sie beschleunigen den Prozess, indem sie den Strauch in Zelten mit brennenden Reisspelzen beräuchern. Nun ist die Kaiserin zufrieden: Sie lässt in Luoyang Tausende Päonien pflanzen und adelt sie mit Namen wie »Zierde des Kaiserreichs« oder »Unbeugsamste und Schönste im Land«.[1]

Danach bricht unter den Reichen eine regelrechte Päonienwut aus, und zur Blütezeit im Frühjahr drängen sich die Menschen in den Straßen von Luoyang. Alle wollen die kostbaren Gewächse betrachten: »Eine Pflanze mit dunkelroten Blumen bezahlt die Steuer von zehn armen Häusern«, lässt der Dichter Bai Juyi einen Bauern im Vorübergehen seufzen. Je nachdem, wie viele Blüten eine Pflanze hat und wie erlesen die Sorte ist, zahlt man 100 Ballen Damast dafür, die einfachsten sind für fünf Stück Seide zu haben.[2]

Bis heute ist Luoyang Zentrum der chinesischen Päonienzucht, und preiswert sind die Pflanzen immer noch nicht. Zu den besonders wertvollen Arten gehört *Paeonia rockii* (siehe farbige Abbildungen), die nach dem exzentrischen Austroamerikaner Joseph Franz Karl Rock (1884–1962) benannt ist, der sie 1926 in einem chinesischen Kloster nahe der tibetischen Grenze gefunden hat.

Rock ist ein vielseitiger Mensch, der sich zeit seines Lebens nicht recht entscheiden kann, ob er Botaniker, Sinologe oder Ethnologe ist, ob Fotograf, Filmemacher oder Reiseschriftsteller. Der nur 1,73 Meter große Wiener ist ein Tausendsassa, der ungern zugibt, dass er in allen Disziplinen Autodidakt ist. Umso mehr will er auf jedem Gebiet brillieren und nimmt dafür einiges auf sich. Angst, so sieht es aus, kennt er keine. Wagemutig reist er durch die asiatische Welt und durchstreift ab 1922 den damals noch wenig bekannten äußersten Westen Chinas. Hier im Grenzland zu Tibet fühlt er sich 27 Jahre lang zu Hause.

China ist für Rock ein Wort voller Magie! Schon als Kind träumt er von diesem riesigen fremden Land. Mit 13 Jahren beginnt er, sich selbst Chinesisch beizubringen. Auf kleinen Karten notiert er die einzelnen Schriftzeichen und stopft damit seine Taschen voll. Wenn die Familie nachts schläft, liest er Bücher über fremde Länder und träumt von China.

Seine Phantasie hilft ihm, eine unglückliche Kindheit zu ertragen, sie katapultiert ihn aus der ungeliebten Realität. »Meine Jugend war nicht erfreulich«, schreibt er einmal an seinen Neffen, »wenn ich da zurückdenke, graut es mich. Wenn man mit fünf Jahren keine Mutter mehr hat, ist es schlecht bestellt mit der Erziehung eines Kindes. Ich könnte Dir viel erzählen, von dem Du nichts weißt.«[3] Seine Mutter stammte aus Ungarn. Nur zwei Wochen nach ihrem Tod stirbt auch die Großmutter, die einzige Person, die den kleinen Joseph und seine wenig ältere Schwester Lina hätte trösten und liebevoll aufziehen können.

Joseph Franz Rock in Choni-Tracht, 1928

Der Vater ist jähzornig, oft übel gelaunt, und der Junge fürchtet ihn mehr, als er ihn liebt. Von seinen Chinaträumen darf er nichts erfahren, denn wenn es nach ihm ginge, lernte sein Sohn Latein und würde Priester. Der Vater arbeitet als Diener im Winterpalais des polnischen Grafen Potocki. Der hat einen Sohn und erlaubt ihm, mit dem gleichaltrigen Jungen seines Dieners zu spielen. Als die beiden Jungen zu Teenagern herangewachsen sind, nimmt der Graf den jungen Rock sogar mit auf eine Reise nach Ägypten. Von Reichtum und Eleganz umgeben, steht Rocks Familie doch am untersten Ende der sozialen Leiter, eine Erfahrung, die er zeitlebens zu vergessen sucht. Immer legt er nicht nur übertriebenen Wert auf ein gepflegtes Äußeres und perfekte Umgangsformen, sondern entwickelt auch einen ausgeprägten Hang zum Luxus.

Der Junge lernt schnell und behält viel. Die Schule langweilt ihn, und während die anderen abgefragt werden, ist er in Gedanken weit weg. Deshalb halten ihn seine Mitschüler für arrogant und verspotten ihn – auf die Tätigkeit seines Vaters anspielend – als den »Conte«. Das kränkt. Freunde findet er in der Schule nicht. Er bleibt allein, ein Einzelgänger. Nachmittags treibt er sich gerne auf dem Prater herum: Schwert- und Feuerschlucker, Fakire, Zauberer und Geschichtenerzähler – alles Exotische zieht den Jungen an. Auch fremde Sprachen. Ungarisch hat er von der Mutter gelernt, die Fakire lehren ihn ein paar Brocken Arabisch, Chinesisch bringt er sich weiterhin selbst bei.

Seine Abenteuerlust ist stärker als sein akademisches Interesse, und fremde Länder locken ihn mehr als ein Universitätsstudium. Also verlässt er nach dem Abitur 1902 seine Heimatstadt Wien und stromert drei Jahre per Schiff oder Bahn durch Europa und Nordafrika. Mit kleinen Jobs hält er sich über Wasser. Als er an Tuberkulose erkrankt, steuert er das milde Mittelmeerklima an. Danach verschlägt es ihn nach Hamburg; die nächste Station soll Frankreich sein: »Ich kaufte ein Ticket nach Aachen, verpasste aber den Zug und segelte stattdessen am selben Tag um neun Uhr morgens Richtung New York – ich glaube, es war der 9. September.«[4] Spontan und bedenkenlos hat er auf einem Überseedampfer als Steward angeheuert, ist dauernd seekrank und kommt ohne einen Penny in der Tasche in New York an. Sofort versetzt er seine Stewarduniform (für gerade mal 50 Cents) und verdingt sich als Tellerwäscher.

Was wie die klassische amerikanische Millionärskarriere beginnt, ist für den Abenteurer Rock nur ein Zwischenspiel. Er jobbt mal hier, mal dort. Als ihn die Tuberkulose erneut einholt, kratzt er alles Gesparte zusammen, reist in die Karibik, verbringt mehrere Monate in Mexiko und Texas, um schließlich, im Oktober 1907, Hawaii anzusteuern, in der Hoffnung, dort seine Krankheit endgültig auszuheilen.

Fünf Jahre ist er nun rastlos umhergereist. Wie getrieben. Immer allein. Er beherrscht Englisch, Italienisch, Französisch, Ungarisch, Griechisch, Latein, Chinesisch, ein wenig Arabisch und kann Sanskrit lesen. Ausgestattet mit einem ausgeprägten Selbstbewusstsein und einem starken Willen, genießt er die totale Freiheit, lernt aber auch ihren Preis kennen – die totale Einsamkeit. Das wird sich nie ändern. Rock ist und bleibt ein Einzelgänger. Nie hat eine Frau (oder ein Mann) in seinem Leben eine Rolle gespielt. Es sieht so aus, als habe Rock so enthaltsam gelebt wie ein Priester.

»Pohaku« in Hawaii

In Honolulu angekommen, findet er eine Anstellung als Lehrer für Latein und Naturkunde. Geschickt improvisiert er und schafft es, den Schülern immer eine Nasenlänge voraus zu sein, sodass keiner das Fehlen einer naturkundlichen Ausbildung bemerkt. Rock ist fasziniert von der Flora Hawaiis, die so ganz anders ist als das, was er kennt. Außerdem bekommt es seiner Gesundheit so gut, an der frischen Luft zu sein, dass er sich als Pflanzensammler bei der Forstabteilung des US-Landwirtschaftsministeriums auf Hawaii bewirbt. Über seine Bewerbung erzählt man sich, dass er eines Tages die Behörde mit den Worten betreten habe: »Haben Sie schon ein Herbarium?« Die Antwort hat er erst gar nicht abgewartet: »Nun gut, Sie brauchen eins, und ich werde es für Sie sammeln!«[5]

*Lobelie »Gloria Montis«, von Rock auf
Hawaii gesammelt und konserviert*

Wie immer die Szene sich wirklich abgespielt hat, Rock tritt so selbstbewusst auf, dass er, ohne dass jemand nach seiner Qualifikation fragt, der erste regierungsamtliche Sammler von Samen und Herbarbelegen seltener Bäume und Sträucher von Hawaii wird.[6] Er verbringt so viel Zeit wie möglich draußen, nachts studiert er die klassische botanische Literatur und alles, was er über Hawaiis Flora finden kann.

Mit großem Vergnügen durchstreift er die tropische Inselwelt: »Ich stand um vier Uhr auf. Nach einem kräftigen Frühstück, das aus Eiern, Omeletts, Birnen, gebuttertem Toast und Kaffee bestand, waren wir auf dem Weg zum Mauna Kea, dieses Mal entschlossen, die schöne *Ahinahina* der Eingeborenen zu finden, ein sehr schöner Korbblütler, den die Fremden Silberschwert nennen. Die Luft war phantastisch, der Himmel war klar, außer im Osten, da ballten sich die Wolken über dem tiefer gelegenen Wald.«[7]

Bald kennt er jeden Flecken der Inselgruppe. Äußerst erfindungsreich organisiert er seine Sammelreisen, sorgt für Transport und Unterbringung und ist bald vielerorts ein gern gesehener Gast, der sich in der Rolle des charmanten Wieners gefällt. Vor allem die Damenwelt nimmt der Pflanzensammler für sich ein, indem er unterhaltsame Geschichten erzählt und – ganz Wiener Schule – nie den Handkuss vergisst.»Pohaku«, hawaiianisch für Stein oder Fels, nennen sie ihren Mr. Rock.[8]

Auf Hawaii widmet Rock sich unter anderem auch der Algenforschung und entwickelt ein Glasbodenboot, in dem er vor Waikiki die Unterwasserlebewesen beobachtet. 1911 wechselt der umtriebige Lehrer zum College of Hawaii (später die Universität von Hawaii), um dort Botanik zu unterrichten. Über seine fehlende akademische Ausbildung hat sich der frisch gebackene Professor für systematische Botanik allem Anschein nach vage und irreführend ausgedrückt, denn Joseph Franz Karl Rock wird in den Akten als jemand geführt, der an der Universität Wien ausgebildet worden ist. Vielleicht hat er sogar ein wenig hochgestapelt, denn alle Welt glaubt, er habe dort ein Studium abgeschlossen, ja selbst dem ihm angedichteten Doktortitel widerspricht er nicht. In der Praxis gibt er sich alle Mühe, den akademischen Erwartungen gerecht zu werden: 45 Studien in Botanik und Forstwirtschaft legt er vor, drei umfangreiche Bücher veröffentlicht er, und seine beiden Arbeiten über die Bäume Hawaiis und die Familie der Lobelien gehören immer noch zur Standardliteratur des Fachs.

Die Suche nach dem Chaulmoograbaum

Doch irgendwann beginnt ihn die Arbeit am immer gleichen Ort zu langweilen. 1913 lässt sich der rastlose Forscher vom College beurlauben und begibt sich auf Reisen, die er durch zahlreiche Pflanzensammelaufträge von amerikanischen Institutionen finanziert. Als er nach mehreren solcher botanischen Fernreisen nach Hawaii zurückkehrt, hat er viel Erfahrung gesammelt, doch bald überwirft er sich mit seinem Arbeitgeber, sucht einen neuen Job und findet ihn in Washington.

Auf Hawaii hinterlässt er ein Herbarium mit immerhin 28 000 Belegen, und auf dem Collegegelände hat er einen kleinen, aber mit 500 Arten reichen botanischen Garten angelegt. Er sei dort nie glücklich gewesen, urteilt Rock später, »trotz all meiner Freunde; tatsächlich war ich fürchterlich einsam«.[9]

Rock ist inzwischen amerikanischer Staatsbürger geworden, und er heuert beim US-Agrarministerium als »botanist explorer« (botanischer Entdecker) an. Die »Abteilung für die Einführung fremder Samen und Pflanzen« braucht jemanden, der in Südostasien den Chaulmoograbaum *(Hydnocarpus kurzii)* sucht; dieser enthält ein Öl, das gegen die Lepra helfen soll.

Als Regierungsvertreter mit offiziellen Beglaubigungen und Empfehlungsschreiben ausgestattet, reist Rock 1919 nach Asien. Die Expedition führt ihn von Singapur nach Thailand, Birma und Indien, denn die Suche nach einem Baum, von dem keiner so genau weiß, wie er aussieht, ist schwieriger als gedacht. Der Weg durch die Dschungel und Bergwälder ist voller Gefahren. Nicht nur Leoparden und Schlangen lauern in den Wäldern, eine Herde wilder Elefanten trampelt das Dorf nahe dem Lagerplatz nieder, und schließlich verfolgt ein Tiger geduldig die Karawane, bis er eines Nachts die Gelegenheit findet, die Familie eines Trägers zu zerreißen.

Darüber hinaus ist die Suche nach dem Chaulmoograbaum frustrierend: Einmal ist es die falsche, für medizinische Zwecke ungeeignete Varietät; ein anderes Mal trägt der große Baum mit den ledrigen Blättern keine Früchte; dann werden auf einem Markt in Birma zwar die gesuchten ölhaltigen Früchte verkauft, aber niemand weiß, wo die dazugehörigen Bäume wachsen. Nur dank seiner Hartnäckigkeit verzweifelt Rock nicht und wird schließlich fündig: Allerdings ist es nur ein Baum mit genau 170 reifen Früchten. Die schickt der Pflanzenjäger umgehend nach Washington, doch diese Beute genügt dem ehrgeizigen Sammler noch nicht.

Er bleibt am Ball und findet schließlich einen ganzen Chaulmoograwald. Welch ein Triumph! 36 Kulis schwärmen aus, um die kugelrunden Früchte zu sammeln. Während der Sammelaktion gilt es die Begegnung mit einer Bärin und ihrem Jungen zu meistern. Alles verläuft glimpflich, und schließlich wird die Beute in pulverisierte Kohle gebettet und in Wachspapier verpackt, damit die Samen auf der etwa zweimonatigen Reise nicht austrocknen und ihre Keimfähigkeit verlieren. Alles kommt wohlbehalten in Amerika an, die Chaulmoograsamen keimen, und es sind genug, um auf Hawaii eine Plantage von mehreren Tausend Bäumen anzulegen. Sie werden allerdings erst nach acht Jahren Früchte tragen.

Das Landwirtschaftsministerium ist zufrieden mit dem Ergebnis der Expedition und hat einen neuen Auftrag für seinen unermüdlichen Pflanzenjäger. Bevor er aber erneut nach Südostasien reist, macht Rock einen Abstecher nach Europa. Beflügelt von seinem Erfolg und gepolstert mit den soeben verdienten Dollars, kehrt der »verlorene Sohn« nach 20 Jahren als »der reiche Onkel aus Amerika« nach Wien zurück. Er wohnt in einem luxuriösen Hotel, verteilt großzügig Geschenke an die arme Verwandtschaft und fährt seine Neffen in teuren Taxis durch die Stadt. Höhepunkt seines Triumphes ist der Besuch der Wiener Oper mit einem Billett für die ehemals kaiserliche Loge.

Endlich China!

11. Februar 1922: »Ungefähr um fünf Uhr nachmittags überquerten wir bei Chieng-law die birmesisch-chinesische Grenze.« Nun also endlich China! Rock ist 38 Jahre alt.

»Wir übernachten in einem armseligen Tempel mit zwei kleinen Alabasterbuddhas und einem aus Holz im Hintergrund.« Die neugierigen Dorfbewohner belagern die Reisenden, bestaunen ihre Taschenlampe und schauen ihnen beim Essen zu. »Als ich meine Pflanzen verstaute, drängte sich alles hustend und rülpsend um mich herum, ein heilloses Drunter und Drüber – ich konnte das nicht länger aushalten.«[10]

Ist das das gelobte Land, von dem Rock in seiner Jugend geträumt hat? Yunnan, die entlegene Provinz im »wilden Westen« Chinas? »Der Mond ist kurz vor unserer Ankunft am Himmel erschienen. Die Sonne ging gerade unter, und in der Ferne leuchteten die Hügel purpurrot, der Himmel war ziemlich diesig, und der volle Mond schwebte sanft auf dem blasslila Dunst, eine silberne Scheibe, auf der die Landmassen klar zu erkennen waren. Es war ein wundervoller Anblick«, notiert Rock am Ende des Tages in seinem Tagebuch. »Es ist nun sehr kalt, und ich muss aufhören zu schreiben. Alle anderen schlafen schon.«[11]

Joseph Francis Charles Rock, so nennt sich der amerikanisierte Wiener, arbeitet jetzt im noch kaum erforschten Westen Chinas. Zunächst soll er für das amerikanische Landwirtschaftsministerium eine schädlingsresistente Kastanie suchen, denn in den USA bedroht ein Pilz die Bestände. Sechs Wochen ist er mit seiner Karawane von Thailand aus (damals noch Siam) unterwegs gewesen. Durch Birma hat er sich mit seinen Leuten langsam vorgearbeitet, 20 bis 30 Kilometer am Tag – ständig auf und ab zwischen tropischen Wäldern, dichten Bergwäldern und Hochgebirgstälern. Die Wege sind schlecht, dicke Felsen erschweren das Fortkommen; mal geht es steil nach oben, dann halsbrecherisch herunter. Zahlreiche Erdrutsche zwingen die Karawane zu Umwegen. Reiten ist fast unmöglich, meist muss man zu Fuß gehen. Die Reise per Boot ist nicht einfacher: Bestellt man zwei Boote, klagt Rock, kommt nur eins, und das ist leck. Also geht er wieder zu Fuß – eine gute Gelegenheit, um entlang dem Flussufer Pflanzen zu sammeln.

Die Flora ist unermesslich abwechslungsreich, und Rock sammelt, sammelt, sammelt! Hin und wieder legt er einen Stopp ein, um seine Beute zu konservieren. Die Pflanzen müssen getrocknet werden, bevor sie verfaulen: »Wir bauten ein großes Feuer auf und darüber ein Holzgerüst, an dem wir die Pflanzen über dem Feuer aufhängen konnten. Schließlich trockneten 15 Päckchen über dem kolossalen Feuer.«[12]

Nachts gilt es, besonders auf der Hut zu sein, denn im Dschungel lauern Gefahren. Wenn Tiger die Wälder unsicher machen, entfachen die Männer am Lagerplatz ein großes Feuer und wer-

Bewaffnete Eskorten schützen vor Banditen, 1928

fen die ganze Nacht über die dicken Gelenke von Bambusstangen hinein. Die explodieren dann mit einem lauten Knall. An Schlaf ist bei diesem Lärm nicht zu denken: »Das hört sich an wie Kanonendonner, macht den Tigern Angst und vertreibt sie«, schreibt Rock und meint, diese Methode sei effektiver und billiger, als mit dem Revolver herumzuschießen.[13]

Die Munition spart Rock lieber für die Begegnung mit den zahlreichen Räuberbanden auf, die in diesem Teil Chinas ihr Unwesen treiben. Lokale Warlords bewaffnen die verarmten Bauern, und ihre kleinen Heere machen ganze Landstriche unsicher. Dörfer werden geplündert und niedergebrannt, Reisende brutal überfallen und ausgeraubt. Häufig kommt es zu Schießereien, manchmal zu regelrechten Gefechten mit Banden, die nicht weniger als 200 Bewaffnete zählen. Da die meisten von ihnen nichts mehr zu verlieren haben, bedeutet ein Menschenleben für sie wenig.

Offiziell sind die lokalen Behörden verpflichtet, für die Sicherheit von Ausländern zu sorgen. Sie stellen ihnen bewaffnete Soldaten als Eskorten zur Verfügung, die die Reisenden allerdings aus eigener Tasche entlohnen müssen. Dennoch rechnet Rock manchmal mit dem Schlimmsten: »Ich öffnete meine Koffer und verteilte $ 600 in Silber unter meine Leute, packte besonders warmes Unterzeug ein, ein Handtuch, Kondensmilch und etwas Schokolade, dazu Munition für meine zwei Kaliber-45-Revolver. Fertig angezogen wartete ich auf die Ereignisse. Jede Minute erwarteten wir den Beginn der Schießerei.«[14]

Mal sind es sechs, mal zwischen 20 und 40 Soldaten, die Rocks Expeditionstrupp für ein oder zwei Tagesreisen begleiten. Streng überwacht er, dass sie in den Dörfern keinen Ärger verursachen: Normalerweise »stürzen sie sich auf ein Dorf wie Fliegen auf einen Kuchen und zahlen selten für ihr Essen und bedrohen die Bauern, wenn sie nicht das Beste herausrücken«, notiert Rock im Tagebuch, »sehr zu ihrem Ärger achtete ich darauf, dass die Soldaten, solange sie mich begleiteten, für alles bezahlten, was sie nahmen oder aßen«.[15]

Wiewohl abgelegen, ist Yunnan nicht etwa bloße Wildnis. Überall findet Rock Spuren jahrhundertealter Kulturarbeit: Reis- und Gemüseanbau, daneben auch Zuckerrohr; weiter im Norden werden Weizen und Mohn zur Opiumgewinnung geerntet; die Wälder hat man vielerorts gerodet, um Ackerland oder Feuerholz zu gewinnen. Der Forscher ist fasziniert von der Vielfalt der Kulturen, auf die er unterwegs trifft. Er beobachtet genau und lernt die Ethnien an ihrer Kleidung und ihrer Sprache zu unterscheiden. Er notiert, wie seine Karawane einer wilden Horde von mindestens 300 berittenen Tibetern ausweichen muss, die sich auf ihrer jährlichen Reise befinden, um in Yunnan Tee einzukaufen. Der Anblick der unter ihrer Last gebeugten Kulis ist ihm genauso eine Notiz wert wie die Qual der kleinen Mädchen, denen man 20 bis 30 Kilo Salz auf den Rücken geschnallt hat. Immer wieder spürt man in seinen Tagebüchern aber auch Rocks Ressentiments gegenüber den Chinesen. Er klagt über den Schmutz und ihre mangelnde Bildung, er hasst das politische Chaos, das ihm in den unterentwickelten Gebieten begegnet, und er verachtet sie wegen ihrer Dumpfheit im Opiumrausch. Wehe, wenn er einen seiner Helfer mit Opium erwischt! Der Mann wird sofort gefeuert.

Im Schlaf- und Arbeitszimmer seines Hauses in Nguluko, 1927

Im Mai 1922 erreicht Rock die 50000 Einwohner zählende Stadt Lijiang an einer großen Jangtseschleife in Yunnan. Dank der Lage an einem Verkehrsknotenpunkt ist Lijiang das kommerzielle Zentrum einer fruchtbaren Ebene. Hier kreuzen sich die Karawanenstraßen, die nach Norden in den Himalaja führen, nach Osten Richtung Tibet und Indien oder gen Süden nach Birma und Thailand. Ein günstiger Ausgangspunkt auch für seine Expeditionen.

Rock lässt sich in einem kleinen Nest etwa 20 Kilometer von Lijiang entfernt nieder. Nguluko heißt das Dorf, und das bedeutet »am Fuß des silbernen Gebirges«. Gemeint sind die hoch aufragenden, schneebedeckten Jadedrachenberge. Zunächst ist der Reisende nicht begeistert von seiner neuen Heimat, spricht von »einer Ansammlung von Lehmhütten und einem Marktplatz«,[16] doch solange er China bereist – und das sind mit kurzen Unterbrechungen immerhin 27 Jahre –, kehrt er immer wieder an die Jadedrachenberge zurück, und wenn der rastlose Reisende je einen Ort als Heimat empfunden hat, dann ist es vermutlich Nguluko.

Der Ort liegt im Gebiet der Naxi, deren einst autonomes Königreich im 18. Jahrhundert unter die Herrschaft der Han-Chinesen geriet. Von ihnen als »Barbaren« missachtet und unterdrückt, haben die Naxi ihre kulturelle Identität weitgehend verloren. Unter ihnen findet Rock seine zuverlässigen Begleiter: Sie übersetzen für ihn, einige sind seine persönlichen Diener, und seinem Naxi-Koch bringt Rock die Wiener Küche bei. Andere bildet er im Sammeln von Pflanzen und Samen aus, im Trocknen, Pressen und Verpacken der vegetabilen Beute und nennt sie seine Assistenten.

Das imposante schneeglitzernde Bergpanorama vor Augen, mietet Rock ein komfortables Haus. Hier hat er sein Studierzimmer, sein Büro sowie seine botanische Werkstatt. Hier verwahrt er seine Manuskripte, lagert seine ethnografischen Sammelstücke und seine ständig wachsende wertvolle Bibliothek. Hinter dem Haus legt er einen Gemüsegarten für sich an, und von hier aus startet er zunächst kleinere, dann mehrmonatige Expeditionen, um Pflanzen zu sammeln.

Ausgestattet mit dem pompösen Titel »Leiter der Yunnan-Expedition der National Geographic Society«, unternimmt Rock zwischen 1923 und 1924, dann wieder 1928 und 1929 mehrere Reisen, die von der National Geographic Society Amerikas finanziert werden. Die erwartet im Gegenzug, dass ihr Protegé für das auflagenstarke *National Geographic Magazine* spannende Berichte über spektakuläre Unternehmungen liefert. Mehr als an Forschungsergebnissen ist dieser Sponsor an spektakulären Abenteuern, sensationellen Naturerlebnissen und exotischen Menschen interessiert. Dafür, dass solche Geschichten in Wort und Bild die amerikanischen Wohnzimmer erreichen, ist die National Geographic Society bereit, viel Geld auszugeben.

Der »wilde Westen« Chinas mit seinen Achttausendern, den reißenden Flüssen in tiefen Schluchten und den »unzivilisierten« Völkern ist ein Teil der Welt, der diese Geschichten liefert. Und Rock ist der passende Mann. In Reithosen und Jackett, in Stiefeln und mit Tropenhelm reitet der Expeditionsleiter seiner Karawane voran. Er reist mit großem Gepäck: Zelte müssen transportiert werden, Tisch und Stuhl, ein faltbares Bett und eine zusammenklappbare Bade-

Expeditionstrupp vor den Jadedrachenbergen, 1928

wanne. In Koffern der US-Armee sind Bettwäsche, Küchenuten-
silien, Geschirr und Besteck verstaut.

Auch das Arbeitsmaterial des Pflanzenjägers muss geschleppt
werden, zum Beispiel das Papier, das er zum Konservieren der Pflanzen braucht, die fertigen Herbarien beziehungsweise die Utensi-
lien zum Verpacken der Pflanzen und der Saaten. Zum Transport
dieser schwer wiegenden Expeditionsausrüstung werden zehn bis
zwanzig Maultiere, die dazugehörigen Maultiertreiber und Las-
ten schleppende Kulis gebraucht. Dazu kommen Rocks Assistenten beziehungsweise Diener sowie die Soldaten, die dem Expeditionstrupp an die Seite gestellt werden, wenn Räuberbanden eine
Gegend unsicher machen. Im Handumdrehen kommen 100 Leute
zusammen, und wie ein langer Bandwurm windet sich eine solche
Karawane weithin sichtbar durchs Gebirge.

Steuert Rock einen größeren Ort an, steigt er vom Pferd und
lässt sich von seinen Kulis in einer Sänfte in den Ort tragen, sodass
er häufig für einen ausländischen Prinzen gehalten wird. In den

Spesenabrechnungen für die National Geographic Society schlagen die vier Sänftenträger mit 80 Cent am Tag zu Buche. »Wenn Sie in solcher Wildnis leben wollen, müssen Sie die Leute glauben machen, dass Sie eine wichtige Persönlichkeit sind«,[17] rät Rock seinen Lesern und erzählt, dass er, sobald er in einem Ort angekommen ist, dem Magistrat seine Aufwartung macht. Dazu legt er auch im hintersten Winkel Chinas ein weißes Hemd, einen Schlips und ein Jackett an, um seine Gesprächspartner zu beeindrucken.

In der Wildnis zwischen Jangtse und Mekong

Im Oktober 1923 bricht Rock auf, um die Täler der drei großen Flüsse Jangtse, Salwin und Mekong zu erkunden, die alle im Hochland von Tibet entspringen und viele Tausend Kilometer fast parallel zueinander fließen. Doch um von einem Tal ins andere zu kommen, gilt es, hohe Gebirgszüge zu überwinden. Da die Flusstäler so isoliert voneinander sind, haben alle ihre ganz eigene Vegetation. Das macht sie für Botaniker und Pflanzenjäger so besonders interessant. Dazu kommt die ungeheure Vielfalt der Floren: An den Hängen der Täler wachsen Sträucher, auf den grasbewachsenen Hochebenen krautige Arten, und in der Höhe, auf den felsigen Bergkämmen, gedeihen üppige Rhododendren.

Es ist diese unwegsame Bergwelt, die den Tagesrhythmus der Karawane vorgibt: Rock ist ein Frühaufsteher. Schon vor Sonnenaufgang ist er aus dem Bett. Immer als Erster auf den Beinen, weckt er den Koch, der ihm sofort ein ordentliches Frühstück bereiten muss. Dann trommelt er die Soldaten, seine Träger und Maultiertreiber zusammen, die – so glaubt Rock – die Nächte oft spielend und Opium rauchend verbringen. Nach dem Verlassen eines Ortes geht es zunächst ein paar Kilometer durch eine Ebene, auf der Getreide oder Mohn angebaut wird. Bald folgt ein steiler Anstieg bis in die bewaldete Bergregion. Später dann ein tückischer Abstieg in ein Tal, dann noch ein paar Meilen, bis ein günstiger Übernachtungsplatz gefunden ist. Wenn alles gut geht, erreichen die Wanderer am späten Nachmittag ein Dorf.

Die Abenteuer, die der Forschungsreisende dabei zu überstehen hat, schildert Rock später im *National Geographic Magazine* in leuchtenden Farben, vieles hat er sogar im Film dokumentiert: zum Beispiel die rasante Überquerung des Mekong an einem aus Bambus geflochtenen Seil. In schwindelnder Höhe sausen Mensch und Tier über die Schlucht. Auch die Pferde müssen an dem Seil hängend und aus Angst wild um sich schlagend die »Höllenfahrt« antreten.[18] Oder die Tücken des Wetters: Auf 4500 Meter Höhe wird Rocks Trupp von einem Schneesturm überrascht. Oft genug bringen plötzliche Windböen den Wanderer aus dem Gleichgewicht, und das auf Gebirgspfaden, die häufig nur eine Hand breit sind, manchmal sogar nur aus ein paar Stöcken über dem Abgrund bestehen. Furcht einflößend sind auch die grasbewachsenen steilen Hänge, auf denen man auf allen vieren kriechen muss, weil der Untergrund zu schlüpfrig ist, um aufrecht zu gehen. Ein falscher Schritt nur, und der Wanderer würde viele Hundert Meter tiefer in einem felsigen Flussbett landen.

Entschädigt für diese Strapazen wird Rock durch die imposanten Panoramen der Landschaft, die er auf hervorragenden Fotos festgehalten hat, und durch den unerschöpflichen Reichtum der Flora der unterschiedlichen Klimazonen. »Es war der schönste Regenwald, den ich je gesehen habe«, schwärmt Rock von den Uferhängen des Salwin, »ein moosiger Teppich bedeckt den Boden, und vogelähnliche gelbe Flechten schmücken die riesigen Bäume wie Girlanden, während silberblättrige Rhododendren das Unterholz bilden. Alles glüht in den schönsten Herbstfarben, die Ahornbäume goldgelb, andere tiefrot; die glänzende Rinde der Birken rollt sich auf den dicken Stämmen zu kleinen Bäuschen zusammen; im Glanz der Morgensonne wird alles Laub durchscheinend und kontrastiert sehr schön mit den dunklen Tannen.«[19]

Normalerweise sind seine Tagebücher nüchtern, die Vegetation auflistend, nicht beschreibend. Anders seine Artikel. Zehn lange Beiträge hat er zwischen 1922 und 1935 an das *National Geographic Magazine* geliefert. Zu viele wissenschaftliche Details, kritisieren die Redakteure. Sie redigieren seine verschachtelten Sätze und kürzen die ausufernden Schilderungen, wobei der Autor angeblich wie eine Primadonna auf jede Veränderung reagiert hat.

Manchmal schlägt Rock in seinen Reportagen einen bewusst emotionalen Ton an und versucht sich in poetischen Bildern: »Durch diesen heiligen Schrein aus Bäumen stiegen wir hinab, über kristallklare Bäche, deren Ufer mit rotem Springkraut, Farnen und Orchideen bewachsen sind, über eine Bergwiese, die von hohen Koniferen umgeben ist, hinter denen sich die Berggipfel viele Tausend Meter erheben. Dann wanderten wir, einem Gletscherstrom folgend, durch einen lichteren Wald aus Rhododendren und Birken bis zu unserem Campingplatz.« Schließlich geht bei dem Bemühen, den Leser in eine romantische Idylle zu entführen, die Phantasie mit dem Schreiber durch: »Kaum hatte ich mich auf einen Baumstumpf gesetzt, um meine Notizen über die Vegetation zu machen, als zwei winzige Vögel mich besuchten und sich ruhig auf meine Hand setzten, die den Bleistift hielt, und völlig ohne Angst ein paar Grüße tirilierten, um dann wieder in den Wald zu fliegen.«[20]

Wenn Rock die Idylle der von der Zivilisation unberührten Natur beschwört, vergisst er zu erwähnen, dass er nur selten zu Kompromissen bereit ist, wenn es um seinen persönlichen Komfort geht. Während die Träger, Maultiertreiber und Soldaten in den lokalen Gasthäusern übernachten, bezieht Rock mit seinen Naxi-Vertrauten am liebsten in Tempeln oder Schulen Quartier. Entsprechen sie allerdings nicht seiner Vorstellung von Sauberkeit, lässt er die Zelte errichten. Der Dreck und Lärm in den Gasthäusern, der Opiumqualm und das Ungeziefer sind ihm zuwider, lieber schläft er monatelang im Zelt, und selbst dann setzt er alles daran, ein paar Bequemlichkeiten der westlichen Lebensweise beizubehalten.

So nimmt er täglich ein Bad in seiner klappbaren Badewanne, die er – wie die Zelte – beim renommierten Tropenausstatter Abercrombie & Fitch in New York erstanden hat. Auf seinen perfekt gedeckten Tisch mit Leinentischdecke, Leinenserviette, Porzellan und Silberbesteck verzichtet er nur unter den allerungünstigsten Bedingungen. Nicht selten muss ihm sein Koch ein komplettes österreichisches Menü kochen. Höhepunkt eines solch gelungenen

Tischkultur auch in der Wildnis, 1923

Abends in der Wildnis sind die von Enrico Caruso gesungenen italienischen Arien, die aus dem batteriebetriebenen Plattenspieler erklingen und die chinesische Landbevölkerung in größtes Erstaunen versetzen.

Abends ist die Zeit, Tagebuch und Briefe zu schreiben. Rock verschickt viele Briefe, sind sie auf seinen langen Expeditionen doch die einzige Möglichkeit, mit der »zivilisierten« Welt zu kommunizieren. Manchmal nimmt er einen anderen Europäer oder Amerikaner mit – Missionare beispielsweise oder den amerikanischen Journalisten Edgar Snow, der in den Dreißiger- und Vierzigerjahren den Aufstieg der Kommunisten journalistisch begleitet. Doch das geht meist nicht lange gut, denn Rock verlangt von seinen Mitreisenden absoluten Gehorsam, er duldet keinen Widerspruch, er ist launisch, zuweilen arrogant und geht den anderen mit seiner antichinesischen Haltung auf die Nerven.

»Ich liebe niemanden«, bemerkt er einmal, doch gleichzeitig sehnt er sich immer nach Gesellschaft. Wie ein roter Faden ziehen sich die Klagen über das Alleinsein durch seine privaten Aufzeichnungen: »Heute war ich erschreckend einsam«, liest man da im Tagebuch, oder an Silvester 1937: »Ich bin unaussprechlich einsam.«[21] Das ist die Kehrseite seiner Unabhängigkeit und seiner »romantischen« Reisen; keiner, der ihn kennt, vermutet bei dem unterhaltsamen, charmanten und engagierten Forscher solche Gefühle.

Gegenüber seinen Lesern klagt Rock, dass es für einen Expeditionsleiter kein Ausruhen gebe: »Nach dem Abendessen ist noch viel zu tun«, schreibt er. »Sorgfältig muss das Tagebuch geschrieben werden, belichtete Fotoplatten müssen im Dunkeln herausgenommen, neue eingelegt werden – wobei die Hände in einen kleinen Sack gebunden sind. Pflanzen müssen beschriftet werden, und wenn man sich schließlich auf seiner Campingliege ausstreckt, kommen die Verletzten aus dem Tross. Mal ist es ein junger Pferdeknecht, dem ein Maultier auf den nackten Fuß getreten ist, mal einer mit einer eitrigen Geschwulst, und ein dritter klagt über Fieber oder Kopfschmerzen. Die Dorfbewohner kommen mit allen möglichen Erkrankungen, bis man irgendwann ›stopp‹ sagt und sich todmüde weigert, weitere Patienten zu empfangen. Wenn man sie wegschickt, kann man sicher sein, dass die Bittsteller am nächsten Morgen vor dem Frühstück wiederkommen.«[22]

Rocks ärztliche Tätigkeit ist eine wirkungsvolle vertrauensbildende Maßnahme. Sie bringt ihm den Respekt vieler Chinesen ein, und noch heute erinnern sich Bewohner von Nguluko gerne an ihren »Doktor Luo«, der mit Brille und Spazierstock durchs Dorf ging und den Kindern übers Haar strich. Er war stark wie eine Eiche, erinnert sich ein alter Mann.[23] Sogar ein kleines Museum haben sie in seinem früheren Wohnhaus eingerichtet, und kein Tourist verlässt heute den Ort, ohne die Erinnerungsstücke angesehen zu haben.

Yunnan – ein Eldorado der Pflanzenjäger

Rock kann sich nicht oft genug damit brüsten, dass vor ihm wohl noch gar kein, zumindest aber kaum ein Europäer in dieser oder jener Region Chinas gewesen sei. Doch der Eindruck, er sei dort der erste Pflanzenjäger, ist falsch. Europa hatte schon früher entdeckt, dass die westlichen Provinzen Chinas an der Grenze zu Tibet zu den botanisch reichsten Gegenden der Welt gehören.

Nach den beiden Opiumkriegen Mitte des 19. Jahrhunderts war China gezwungen, Europäer und Amerikaner auch ins Innere des Landes vordringen zu lassen. Bald hatten britische Pflanzenjäger die ungeheuer vielfältige Flora zwischen den tropischen beziehungsweise subtropischen Wäldern und baumlosen Höhen der Gebirge erkundet und festgestellt, dass die immergrünen Bergwälder der gemäßigten Zone mit ihren Bäumen und blühenden Sträuchern einen einzigartigen Artenreichtum bieten, der für die Gartenbaubetriebe Europas von unschätzbarem Wert ist.

Gleich drei Mal schicken die Royal Horticultural Society und die Ostindien-Kompanie Mitte des 19. Jahrhunderts einen Pflanzenjäger namens Robert Fortune (1812–1880) in die Region – er hat den offenherzig formulierten Auftrag in der Tasche, nicht nur attraktive Zierpflanzen zu finden, sondern auch kommerziell interessante Gewächse: zum Beispiel Pflanzen, aus denen die Chinesen Reispapier machen, unterschiedliche Bambussorten oder den Samen von Teesorten, die man in Sikkim und Assam aussäen wollte, um so die chinesische Teesteuer zu umgehen.[24]

Yunnan lernen die Weißen seit den späten 1890er-Jahren kennen: Ernest Wilson (1876–1930), George Forrest (1873–1932), Reginald Farrer (1880–1920) und Frank Kingdon-Ward (1885–1958) durchkämmen die Bergregionen und bringen eine Schiffsladung nach der anderen mit den außergewöhnlichsten Pflanzen nach Hause. Üppig blühende Bäume und Sträucher, die unterschiedlichsten Rhododendren- und Azaleenarten, Lilien, Iris und viele andere Zwiebelpflanzen versetzen Botaniker und Gärtner in Erstaunen und Entzücken.

Alle sind kenntnisreiche, gewiefte und gründliche Sammler. Sie machen reiche Beute, sodass es nachkommenden Generationen von Pflanzenjägern fast unmöglich ist, noch gänzlich neue, unbekannte Gewächse zu entdecken. Das gilt auch für Rock, er sammelt meist, was andere vor ihm schon entdeckt haben – das aber gründlich. Aber er ist gar nicht erfreut, bei seiner Ankunft in Lijiang zu hören, dass Kingdon-Ward dort sein Hauptquartier aufgeschlagen hat und Forrest sich immer wieder in der Gegend tummelt, die Rock zu seinem Jagdgebiet erkoren hat. Im Gegenzug begegnet Kingdon-Ward dem Neuankömmling mit Misstrauen, neidisch betrachtet er dessen luxuriöse Ausstattung und reagiert verärgert, als Rock ihm zwei Naxi-Assistenten ausspannt, weil er sie besser bezahlen kann.[25]

Trotz der erheblichen Konkurrenz und ihres zeitlichen Vorsprungs ist Rock ein überaus erfolgreicher Pflanzenjäger. So kann sich die botanische Ausbeute seiner ersten Expedition für die National Geographic Society durchaus sehen lassen: Sieben Kisten mit Pflanzen und Saatgut schickt er in die USA. 60 000 Herbarbelege erhält das Herbarium des US National Museum, die Smithsonian Institution in Washington, D.C. Von hier werden die Dubletten an Universitäten und botanische Einrichtungen weitergegeben.

Expedition mit Hindernissen

Nachdem Joseph Franz Rocks erste Mission in China erfolgreich abgeschlossen ist, muss sich der »botanische Entdecker« nach einem neuen Auftrag umsehen. In den USA hat er sich mittlerweile einen guten Ruf als zuverlässiger und gründlicher Sammler erworben. Seine Herbarien sind begehrt. Da er immer auch Dubletten liefert, können die Institute die Blätter verkaufen oder zu Forschungszwecken weitergeben. Darüber hinaus sind seine hervorragenden Pflanzenfotos eine wertvolle Ergänzung des gepressten Materials, denn damit dokumentiert er zugleich die Wuchsform eines Baumes sowie seine natürliche Umgebung. Außerdem lassen Quantität und Qualität des von ihm gelieferten Saatguts nichts zu wünschen übrig.

So ist die Harvard-Universität auf den Mann aufmerksam geworden, der in großen Mengen wertvolles botanisches Material aus schwer zugänglichen Regionen beschaffen kann, und der Direktor des renommierten Arnold-Arboretums, Charles Sprague Sargent (1841–1927), nimmt Kontakt mit Rock auf, als dieser sich in den USA aufhält, um die riesige Ausbeute seiner letzten Expedition zu bearbeiten. Nun soll er im äußersten Nordwesten Chinas, in Tibet und im Himalaja botanisieren. Er selbst schlägt vor, den Amne Machin zu erkunden, ein Bergmassiv, das – nach damaligen Schätzungen – höher sein soll als der Mount Everest. Das reizt auch den Auftraggeber, der hofft, in diesen extremen Klimaten besonders winterharte Pflanzenarten zu finden.

Dafür ist das Arboretum bereit, eine mehr als zweijährige Expedition zu finanzieren: Für die notwendigen Anschaffungen kalkuliert Rock 2000 US-Dollar, als Honorar verlangt er 500 Dollar im Monat, und für die restlichen Kosten der Expedition veranschlagt er 6000 Dollar im Jahr.[26] Dazu legt Harvards Zoologisches Museum noch 2000 Dollar drauf, dafür soll Rock möglichst viele Vogelbälge liefern.

Aber die Expedition, die im Dezember 1924 beginnt, steht unter keinem guten Stern: Banditen sind eine ständige Gefahr; kriegerische Auseinandersetzungen in der tibetisch-chinesischen Grenzregion halten den Pflanzenjäger auf und vereiteln den Plan, in Tibet Stecklinge von den Frühjahrspflanzen zu schneiden. Selbst die vom Auftraggeber gewünschten Reiser von Pappeln und Weiden sind schwer zu beschaffen.

Schließlich schlägt Rock sein Hauptquartier in Choni auf, einer halbautonomen Region in der Provinz Gansu, wo der regierende Prinz noch für Stabilität sorgen kann. Hier will Rock ausharren, bis die Kämpfe vorbei sind. Von drei kürzeren Expeditionen in das von Botanikern noch unberührte Tebbutal am Fuß des Amne Machin kehrt er jedes Mal schwer beladen zurück. Doch wie lässt sich die botanische Ausbeute trotz der Aufstände und kriegerischen Auseinandersetzungen sicher verschicken? »Ich schlage vor«, schreibt ihm Professor Sargent, »dass Sie die Samen in drei verschiedenen Sendungen verschicken. Ein Päckchen via Chinesisch-

Turkestan, eins per Post direkt ans Arboretum und das dritte auch in drei kleine Päckchen verpackt an John Ferguson, 3 Hsi-Chao Hutung, Peking, China.«[27]

Nicht nur der Versand seiner botanischen Beute, alles an dieser Reise ist kompliziert. An einen Aufbruch in sein Zielgebiet ist überhaupt nicht zu denken. Rock wird ungeduldig. Seine Nerven liegen blank. Frustriert gibt er die Amne-Machin-Expedition vorerst auf und steuert den Kokonorsee und das Richthofengebirge an. Doch welche Enttäuschung! Das Hochplateau von Kokonor ist eine öde Steppe in einer feindlichen Umwelt. »Nach Bäumen oder auch nur Büschen auf dem Hochplateau von Kokonor zu suchen ist so, als suche man eine Nadel im Heuhaufen«,[28] beklagt Rock sich bei Sargent. Auch das Wetter ist denkbar ungünstig – ein Schneesturm nach dem anderen fegt über die Berge. Da zahlt es sich aus, dass Rock in New York Zelte aus besonders festem, winddichtem Stoff hat anfertigen lassen. Doch über 3000 Metern hat nach all den Stürmen keine Pflanze mehr ein Blatt.

Nichts will gelingen. Rock verletzt sich an der Hand. Oft sitzt er in irgendeinem dreckigen Nest fest, weil es keine Tragetiere zu mieten gibt. Doch Sargent ermutigt seinen Pflanzensammler: »Es ist eine große Freude, mit einem Mann zu tun zu haben, der so intelligent, so tapfer und so vergnügt ist wie Sie, und ich müsste mich sehr täuschen, wenn Ihre Reise nicht zur wichtigsten botanischen Expedition wird, die je von den Vereinigten Staaten ausgegangen ist.«[29]

Deprimiert kehrt Rock nach Choni zurück, um hier zu überwintern. Das Geld geht ihm aus. Einen seiner Naxi-Helfer erwischt er beim Opiumrauchen und schmeißt ihn raus. Die Zeit vergeht. Der rastlose Rock wird ungeduldig. Das Warten, die Langeweile und die erzwungene Tatenlosigkeit gehen ihm auf die Nerven. Zum ersten Mal bekennt Rock in einem Brief an Sargent, er sei entmutigt. Doch der Finanzier macht ihm Mut und ist voll des Lobes: »Ihr erstes Jahr war, wenn man all die Schwierigkeiten, Gefahren und Härten in Betracht zieht, ein wunderbarer Erfolg, und ich habe nichts als Bewunderung für das, was Sie erreicht haben.«[30]

Im Mai 1925 ist es so weit. Endlich erlaubt das Wetter, dass er in das Gebiet am Oberlauf des Gelben Flusses aufbrechen kann.

Doch alles, was über 3000 Metern liegt, hat der Winter noch fest im Griff. Nach vier Wochen sieht er zum ersten Mal das beeindruckende Bergmassiv des Amne Machin. Welch ein Panorama! Das Wetter ist sonnig, die Luft klar, und Rock gelingen spektakuläre Fotografien. Den Gipfel schätzt er auf 9000 Meter, doch später stellt sich heraus, dass er »nur« knappe 8000 Meter hoch und damit keineswegs höher als der Mount Everest ist. Auch botanisch ist das Gebirge eine Enttäuschung: Kein Baum, kein Strauch, außer ein paar alpinen Kräutern gibt es nichts, was er bei seinem Auftraggeber vorweisen könnte. Doch der tröstet hintersinnig: Manchmal sei es genauso wichtig herauszufinden, dass in einer Gegend gar keine Pflanzen wüchsen, wie die Frage, welche Pflanzen irgendwo gediehen, deshalb sei auch diese Expedition ein Erfolg.[31]

Gewächse für die Welt

Professor Sargent soll recht behalten: Im Frühjahr 1926 sind 20000 Herbarien, 379 Pakete mit Pflanzensamen und 27 Pakete mit Stecklingen im Arboretum eingetroffen – alle bestens erhalten, einige der Samen keimen sofort. Es sind botanische Schätze, die da aus dem Nordwesten Chinas kommen. Die Samenkisten enthalten alles, was das Herz begehrt – Nadel- und Laubbäume, blühende Sträucher, Rhododendren, Rosen und Kletterpflanzen, Obstbäume und Beerensträucher. Und das alles nicht nur in einer Wildart, sondern in bis zu sieben Varietäten, alle besonders winterhart.

Drei gärtnerisch kostbare Gewächse bringt Rock aus den unwirtlichen Regionen am Dach der Welt mit: die Chinesische Birke *(Betula albosinensis* var. *septentrionalis)* mit einem glänzenden kupferfarbenen Stamm unter einer seidenen, papierdünnen Rinde, die sich von einem weichen, wächsernen Flaum pellt, und den Rundblättrigen Flieder *(Syringa oblata)*, den er im Hof des berühmten tibetisch-buddhistischen Klosters Kumbum findet. Und schließlich die anfangs beschriebene Baumpäonie *Paeonia rockii.*

Der Triumph, diese außergewöhnliche Pflanze entdeckt zu haben, ist Rock nicht vergönnt. Mindestens ein anderer Pflanzenjäger – das behauptet wenigstens die britische Pfingstrosenexpertin Jane Fearnley-Whittingstall – habe sie vor ihm schon gesehen: der Brite Reginald Farrer (1880–1920). 1914 begegnet er der Päonie durch Zufall, als er sich an einem Berghang ausruht und in einiger Entfernung in einem Gehölz große weiße Kleckse entdeckt und herausfinden will, »was diese weißen Wollbüschel oder Papierknäuel hier im wilden Unterholz zu suchen hatten«, schreibt Farrer in seinen Erinnerungen *On the Eaves of the World*. Vor Aufregung stockt ihm der Atem, als er erkennt, dass vor ihm eine Strauchpäonie wächst. »Das allein muss schon begeistern«, stellt der Pflanzenjäger fest, »aber alle Gedanken an eine botanische Entdeckung verblassen beim Anblick dieser erstaunlichen Blume, der überwältigendsten Pracht unter allen Sträuchern.« Die Schönheit der enormen Blüten schlägt ihn völlig in Bann: »In kühner Eleganz gefaltet und gewellt, von absolutem Weiß und mit fiedrig ausstrahlenden, tief rotbraunen Flecken an den Petalen, gekrönt durch die goldene Quaste im Herzen der Blume, und ihr Atem strich süß wie Rosenduft durch die Dämmerung. Lange Zeit verharrte ich in Ehrfurcht und kehrte schließlich bei Sonnenuntergang voller Zufriedenheit zurück.«[32]

Leider ist nicht überliefert, was Rock empfindet, als er dem Strauch mit den riesigen weißen Blüten im Choni-Kloster begegnet. Doch auch ihm ist nie zuvor eine Baumpäonie mit so ungeheuer großen Blüten begegnet: Dass er sofort ein Foto macht, nach Samen sucht und sie nach Amerika schickt, zeigt, dass auch er beeindruckt ist.

Wie sich herausstellt, hat er einen guten Griff getan: *Paeonia rockii* ist eine ungewöhnlich winterharte Variante, die sich im Frühjahr mit unzähligen Blüten schmückt – immer eindrucksvoller wird die Blütenpracht, je mehr die Pflanze in die Jahre kommt. Allerdings streiten sich die Botaniker heute noch, ob es sich um eine eigene Gattung handelt, wie Professor Hong Tao sie klassifiziert, oder ob Rock vielleicht die Samen einer alten chinesischen Kulturform eingeführt hat.

Besonders bemerkenswert ist Rocks Rhododendronsammlung. Er mag diese zur Familie der Heidekrautgewächse *(Ericaceae)*

Naxi-Helfer sortieren Kastanien für den Versand, 1923

gehörenden Pflanzen besonders gerne, zumal sie in Chinas Westen in einer unglaublichen Vielfalt wachsen. Rock staunt über die baumgroßen Rhododendren, die regelrechte Wälder bilden, und ist fasziniert von der Zartheit anderer Arten: »Am Hang standen die Rhododendren in voller Blüte, auch rosa und weiße, ganz zart wirkten sie zwischen den Kiefern. In der kalten Brise sahen die Blüten so frisch und rein aus wie die Luft.«[33]

Er sammelt Samen des 15 Meter hohen *Rhododendron sinogrande* (siehe farbige Abbildungen) ebenso wie die der kleinen alpinen Arten, die die Bergwiesen mit einem Teppich aus blauen, violetten, pink, weißen oder gelben Blüten bedecken. Er trifft auf so viele unterschiedliche Arten, dass er Samen von 493 Spezies nach Amerika schicken kann. Fast alle stammen aus den hoch gelegenen Regionen und erweisen sich als gärtnerisch wertvolle Arten. Zahlreiche der von Rock eingeführten Rhododendren wachsen heute noch im Golden Gate Park von San Francisco und an anderen Orten der Pazifikküste. Vollständige Sätze der von ihm gelieferten

Rhododendronsamen werden an die Kew Gardens, an den Botanischen Garten von Edinburgh und an zwei erfolgreiche englische Rhododendronzüchter geschickt; auch der Botanische Garten in Berlin-Dahlem wird bedacht, sodass wir sowohl in Nordeuropa als auch in den Gärten von Schottland, Wales und Südengland auf Rocks Erbe stoßen. Das Arnold-Arboretum verteilt die Ausbeute der Rock-Expedition so freizügig, um zu testen, wie sich die Gehölze in anderen Klimaten entwickeln, wenn das Saatgut »unter den besten Gärtnern in den nördlichen Teilen der drei Kontinente« verteilt wird.[34]

Im Botanischen Garten in Berlin-Dahlem treffen im Frühjahr 1927 zwei Sendungen mit Gehölzsamen ein. »Die allermeisten der von Joseph Rock gesammelten Arten waren bisher in Dahlem nicht kultiviert worden; sie bedeuten eine wertvolle Bereicherung der Gehölzsammlung«, heißt es in einem fünf Jahre später erstellten Bericht. Manche Pflanzen seien zwar schon beschrieben, »jedoch noch nicht eingeführt worden, bzw. aus irgendeinem Grund wieder aus der Kultur verschwunden«. Die Samen wurden »im kalten Kasten unter Glas ausgesät und nach der Keimung bei entsprechender Behandlung an die freie Luft gewöhnt«.[35] Die meisten Exemplare gedeihen gut, einige haben schon geblüht und gefruchtet. Auch die Vermehrung läuft zufriedenstellend, ihr besonderer Vorzug, heißt es, sei ihre absolute Winterhärte.

So haben sich Rocks Entschlossenheit, seine Sturheit und sein Wagemut bei der Amne-Machin-Expedition schließlich doch ausgezahlt. Als er aus dem Gebirge zurückkehrt, hat der Aufruhr in den Nachbarprovinzen auch auf Choni übergegriffen, vor allem ist die Ausländerfeindlichkeit bedrohlich geworden. Das Arnold-Arboretum fordert ihn sogar auf, in die USA zurückzukommen. Er zögert. Dann entschließt er sich plötzlich, mitten im Winter, doch abzureisen. Die Karawane muss sich durch tiefen Neuschnee graben. In den Dörfern wird der Weiße angepöbelt; deshalb lässt Rock sich häufig in der Sänfte tragen. Als er schließlich in Sicherheit ist, seine Naxi bis auf zwei Männer nach Hause geschickt hat und auf dem Schiff sitzt, das ihn nach Schanghai bringen soll, erleidet er einen physischen und psychischen Zusammenbruch. Er

Rocks Helfer vor einem Rhododendron – ein
Größenvergleich, 1929

hört sogar vorübergehend auf, regelmäßig in sein Tagebuch zu schreiben. Er hadert mit den Chinesen und dem Chaos in ihrem zerrissenen Land, als er Mitte 1927 in Begleitung der beiden Naxi-Männer in die USA aufbricht – trotz allem fest entschlossen, nach China zurückzukehren.

Ein Jahr später ist er wieder da und hat eine neue Expedition vorbereitet: »Ganz Nguluko war auf der Straße, um uns zu sehen«, notiert Rock, als er mit seiner Karawane, die aus mindestens 25 voll bepackten Maultieren, den Maultiertreibern und seinen Naxi-Helfern besteht, im September 1928 zu einer Reise in den Norden aufbricht.[36] Erneut finanziert die National Geographic Society die Expedition, denn das Harvard-Arboretum hat nach dem Tod von Direktor Sargent einschneidende Sparmaßnahmen beschlossen, denen Rocks kostspielige Sammelreisen zum Opfer gefallen sind.

Die Verantwortlichen der National Geographic Society hat Rock damit geködert, dass er die Konkalingberge und den Minya Konka erkunden will, die noch in keiner Landkarte eingetragen sind. Er möchte Landkarten zeichnen, über die dort lebenden Ethnien berichten, fotografieren sowie Pflanzen und Vögel sammeln. Zwei Jahre hat er für die Erkundungen der im Winter unzugänglichen Berge eingeplant.

Mehrere Monate genießt er die Gastfreundschaft des Königs von Muli, den Rock schon bei einer seiner früheren Expeditionen kennen und schätzen gelernt hatte – ein wissbegieriger Mann, der ganz naiv fragt, ob man denn auf einem Maultier von Muli nach Amerika reiten oder ob Rock mit seinem Fernglas durch die Berge sehen könne. Muli ist eine von der Außenwelt isolierte Enklave in der Provinz Sichuan, und Rock schreibt an seine Auftraggeber: »Die Europäer, die hier in den vergangenen 100 Jahren durchgekommen sind, kann man an den Fingern einer Hand abzählen«,[37] wobei er allerdings schon zwei Finger für seine Rivalen Forrest und Kingdon-Ward gebraucht hätte, die vor ihm erfolgreich in Muli botanisiert haben.[38]

Erstmals hat ihn die Society so ausgestattet, dass er Farbfotos machen kann. Sie zeigen die Camps der Karawane auf wunderschönen Bergwiesen in Muli: Auf 4500 Meter Höhe wachsen Primeln, Anemonen und Dotterblumen; noch 500 Meter höher: eine blaue Wiese voller Iris, dazwischen ein wilder Rhabarber mit einer großen cremeweißen Blüte. An den Berghängen in dieser Höhe wachsen Tannen und Eichen, Rhododendren in allen Farben bilden das Unterholz. Ein Schlaraffenland für Pflanzenjäger!

Das Konkaling- und das Minya-Konka-Massiv liegen nordwestlich beziehungsweise nordöstlich von Muli, und die Berge gehören in die Reihe der Achttausender, für die sich der Forscher interessiert. Dreimal zieht er mit seinen Helfern zu unterschiedlichen Jahreszeiten von Lijiang nach Norden, um die Berge zu erkunden, und die Ausbeute der Unternehmung kann sich sehen lassen. Die Expedition hätte sogar rundum eine Glanzleistung sein können, wenn nicht der Ehrgeiz mit Rock durchgegangen wäre: Am 27. Februar 1930 telegrafiert er an seine Auftraggeber: »Minya Konka höchster Gipfel der Welt 9220 Meter hoch. Rock.«[39] Doch das erweist sich als wilde Übertreibung. In seiner ersten Veröffentlichung zu dem Thema ist der Berg schon um fast 1500 auf 7803 Meter geschrumpft. Heute wird die Höhe offiziell mit 7550 Metern angegeben.

Die Auswertung des Materials, das Rock von dieser seiner letzten großen Expedition in China mitbrachte, hat viele Jahre in Anspruch genommen: Saat von 317 Pflanzenspezies, darunter 163 Rhododendronarten, über 30000 Herbarbelege, 1700 Vogelbälge, 900 Farbfotografien und 1703 in Schwarz-Weiß – Rock hat genau Buch darüber geführt, was er in die USA geschickt hat.[40] Unter anderem ist auch die später nach ihm benannte schöne Eberesche »Joseph Rock« (siehe farbige Abbildungen) darunter. Ihre tiefgrünen geschlitzten Blätter färben sich im Herbst knallrot und geben einen herrlichen Kontrast zu den gelben Früchten. Doch offensichtlich ist es ein Zufallssämling, der die Mitarbeiter des Botanischen Gartens von Edinburgh überrascht, denn Rock hat die Pflanze weder fotografiert noch gepresst, auch in seinen Notizen taucht sie nicht auf. Insofern kann dieser farbenprächtige, nach ihm benannte Baum Rock nicht eindeutig zugeschrieben werden.

Die Naxi-Forschung

Anfang der Dreißigerjahre macht dem etwa 50-Jährigen seine Gesundheit zu schaffen. Seit Jahren hat er Probleme mit seinem Verdauungstrakt, die ihn mitunter sehr einschränken. Außerdem klagt er immer häufiger über Kopfschmerzen, eine Neuralgie, die schließlich so unerträglich wird, dass er zu einer Operation in die USA fliegt. Er ist in eher deprimierter Stimmung, denn von seinen Sponsoren sind keine Aufträge mehr für große Expeditionen zu erwarten. Außerdem ist die politische Lage angespannt, und Rock muss einsehen, »dass das Reisen ins Landesinnere tatsächlich zu Ende ist«.[41]

Ein Grund, sich immer mehr in die Erforschung des Naxi-Volkes, ihrer Kultur und Geschichte zu vertiefen. Bislang waren die Naxi hauptsächlich seine ständigen Begleiter gewesen – als vertraute Diener und Assistenten, die er mit paternalistischer Fürsorge behandelte. »Sie sind freundlich, ruhig, einfache Gemüter, von einer kindlichen Unschuld – und deshalb überaus liebenswert«, schreibt er, »ich mag sie, aber ich möchte intellektuelle Gesellschaft. Mit diesen Männern ist es immer, als sei man von Kindern umgeben.«[42]

Schließlich weckt eine Teufelsaustreibung, die Rock in seiner Nachbarschaft in einem Hinterhof beobachtet, sein Interesse an den religiösen Riten und am Schamanismus dieses mit den Tibetern verwandten Volkes. Ihre noch lebendigen Rituale halten die Naxi in einer einzigartigen, vom Chinesischen völlig verschiedenen Bilderschrift fest, die nur ihre »Dongbas« lesen können. Rock sammelt so viele Originalhandschriften wie möglich, und wie ein Detektiv macht er sich daran, mithilfe der Naxi-Priester die Piktogramme zu entschlüsseln und die ethnografischen Zeugnisse zu übersetzen. In unzähligen Fotos hält der Forscher das Leben der Naxi fest, ihre Feste und religiösen Feiern. Mit Unterstützung der Harvard-Universität arbeitet er an einer zweibändigen Geschichte der Naxi und trifft Vorbereitungen, die Bilderschrift so weit zu entziffern, dass er ein Naxi-Wörterbuch schreiben kann.[43]

Nebenbei erledigt er kleine Sammelaufträge für die amerikanische Rhododendron-Gesellschaft oder die Berkeley-Universität; auch Harvard hält Kontakt – mal soll er Orchideen, mal Vögel beschaffen. Häufig geht er gar nicht selbst ins Feld, sondern schickt seine Naxi-Assistenten zum Sammeln, während er die Bilderschrift studiert. Es ist wie eine Obsession. Selbst die Invasion der Japaner und ihr schneller Vormarsch in China scheinen ihn nicht zu beunruhigen.

Erst 1944, auf dem Höhepunkt des Krieges, entschließt sich Rock, China zu verlassen. Er reist nach Indien und wird von dort in die USA ausgeflogen. Die US-Armee beauftragt den Kenner Westchinas, Karten anzufertigen, die die Piloten sicher über die

Nur die Priester kennen die Bilderschrift der Naxi, 1924

Berge bringen sollen, wenn sie die gegen die Japaner in China kämpfenden alliierten Truppen mit dem Notwendigsten versorgen. Seine Koffer mit Büchern, seinen Übersetzungen der Naxi-Dokumente und dem Entwurf für sein Naxi-Wörterbuch schickt er per Schiff nach Amerika. Ein feindlicher Torpedo versenkt den Frachter – mit ihm geht das Ergebnis von zwölf Jahren Naxi-Forschung unter. Ein furchtbarer Schlag! Rock ist am Boden zerstört, man sagt, er habe sogar an Selbstmord gedacht. Doch trotz dieser niederschmetternden Erfahrung hat er nicht vor aufzugeben, vielmehr will er nach Kriegsende nach Yunnan zurückkehren und von vorn anfangen.

Doch es gibt finanzielle Probleme. Während Rock als Pflanzenjäger und Autor von einflussreichen Institutionen bezahlt wird, muss er seine akademische Forschung selbst finanzieren. Schon 18 000 Dollar hat er aus seinen Ersparnissen in die Erforschung der Naxi und ihrer Bildersprache gesteckt, doch Rock wäre nicht Rock, wenn er nicht auch für sein Naxi-Projekt einen Sponsor gefunden hätte. Das Harvard-Yenching Institute, eine private Stiftung, die Stipendien für die Asienforschung vergibt, sichert ihm die Veröffentlichung seiner zweibändigen Geschichte des Naxi-Volkes zu und ermöglicht ihm 1946 die Rückkehr nach China, damit er das Wörterbuch fertigstellen kann.

»Die politische Situation ist nicht gut«, meldet er bald darauf angesichts der Erfolge von Mao Tse-tung und seiner Roten Armee. Rock arbeitet unter Hochdruck, denn die Zeit sitzt ihm im Nacken. Anfang 1949 schreibt er an das *National Geographic Magazine*: »Die südlichen und nördlichen Teile der Provinz sind in die Hände der Banditen gefallen«[44] – gemeint sind die »Roten«. Im Juli 1949 fällt dann ein kleiner Ort ganz in der Nähe von Nguluko an die Kommunisten. Die Situation wird bedrohlich: »Rote Soldaten mit Gewehren und aufgepflanzten Bajonetten haben mein Haus durchsucht.«[45] Es passiert zwar nichts, doch Rock spürt, dass er unerwünscht ist. Von heute auf morgen verschwinden dann seine Naxi-Helfer, die, als »imperialistische Lakaien« beschimpft, in großer Gefahr schweben. Einen Monat später packt auch Rock seine Sachen. Er verlässt China. Für immer. Doch das ahnt er noch nicht. Er glaubt nicht an einen dauerhaften Sieg der Revolution und plant zurückzukehren, um für immer in China zu bleiben: »Ich möchte lieber in dieser wunderschönen Berglandschaft sterben als ganz allein in einem trostlosen Krankenhausbett.«[46]

Zunächst kehrt Rock in die USA zurück. Sich dort auf Dauer einzuleben gelingt ihm nicht: »Das Tempo hier ist fürchterlich«, schreibt er seinem Neffen in Europa. »Licht Reklame drehen sich wie im Ringelspiel automatische Menschen öffnen Thüre [!], laden Dich ein! Alles ist künstlich, aber keine Kunst.«[47] Er ist einsam. Ein Entwurzelter, der nicht weiß, wohin er gehört: »Ich fühle ich gehöre nicht in die jetzige Zeit, ich lebe viel in der Vergangenheit. Nach China sehne ich mich nicht mehr. Nur hie und da bekomme ich Heimweh. Ich bin ja ganz allein und sehne mich nach Dir.«[48]

Schließlich kehrt Rock nach Hawaii zurück, doch das hellt seine Stimmung keineswegs auf. Im Gegenteil. Er neigt zu Depressionen: »Für mich hat das Leben keinen Zweck mehr. Mein Heim in China ist weg, Honolulu hat sich sehr verändert und ist nicht

mehr was es war. Voll von Touristen, die halb nackt mit übergro-
ßen Bäuchen am Strande spazieren gehen, in unterhosen [!]. Es ist
abscheulich.«[49]

Rock, ein Pendler zwischen den Kontinenten – das ist ein Muster, das sich durch sein ganzes Leben zieht. Alle zwei Jahre etwa
verlässt er China, um die Annehmlichkeiten der Zivilisation zu
genießen – Luxushotels, teure Restaurants, die Oper und illustre
Gesellschaft. Doch wo immer er sich aufhält, sehnt er sich an den
Ort zurück, den er soeben verlassen hat. Was er gerade noch als
unerträgliche Hölle empfunden hat, erscheint ihm aus der Distanz
als Paradies. Insofern haftet seiner andauernden Reiselust etwas
Zwanghaftes an. Nirgends findet er Ruhe. »Ich bin Tod müde«,
schreibt er 1953 an seinen Neffen. »Ich muss aufrichtig sagen, es gefällt mir nicht. Oder bin ich rastlos?, weiter, immer wieder weiter, Zerstreuung ist das einzige, dass [!] mich am Leben hält. Aber
wohin? Ich möchte am liebsten morgen nach Zürich fliegen und
von dort nach Meran gehen um in Frieden mit Dir zu sein und zu
schreiben.«[50]

Schließlich verbringt er seine letzten Jahre auf Hawaii. Freunde
stellen ihm in ihrem Haus ein paar Zimmer zur Verfügung. Mit
neuem Schwung widmet er sich wieder der Botanik. Er sorgt sich
um den Erhalt von Hawaiis Pflanzenwelt und klettert mit 70 Jahren noch behände einen Vulkan hinauf, um für einen botanischen
Garten eine bedrohte Pflanze zu sammeln. Ohne finanzielle Sorgen kann er seine Naxi-Forschung fortsetzen. Die zweibändige
Geschichte der Naxi hat Harvard veröffentlicht. Sein Naxi-Wörterbuch, so hofft er, wird zu seinem 79. Geburtstag im Januar 1963
veröffentlicht. Doch am 5. Dezember 1962 erliegt Rock einem
Herzinfarkt. Der erste Band des Wörterbuchs erscheint unmittelbar nach seinem Tod, der zweite erst 1972. Ein Buch über die Flora
Chinas, die er so kenntnisreich gesammelt hat, hat Rock erstaun-
licherweise nie geschrieben.

Tatort Bullenweide und Pastorengrab

Die Rosenjägerin Gerda Nissen

M it »Belle Isis« fängt alles an. Oder: Ohne »Belle Isis« wäre nichts geschehen. Es ist Sommer. 1975. Eine große, schlanke Frau radelt, lässig bunt gekleidet, ein knallrotes Tuch um den Kopf geschlungen, durch das noch bäuerlich geprägte Dithmarschen – ein vom Wind gebeutelter Landstrich im Westen Schleswig-Holsteins.

Dieser Sommer ist anders. »Die Rosen blühten, als läge die Nordseeküste südlich der Alpen, und die Dithmarscher Bauern waren im Heu. Sie pfiffen dabei, und wer die Dithmarscher kennt, weiß diese Tatsache richtig zu würdigen«,[1] meint Gerda Nissen (1929–1999), die durch »die knisternde, heuduftende Hitze« radelt und dabei die Bauern pfeifen hört. Plötzlich bremst sie scharf. Was leuchtet da so unvermutet neben der Abfallkuhle am Zaun? Sie steigt ab und steht in einer Wolke »würzig süßen Dufts«.

Wer oder was duftet hier so verführerisch? Eine Rose! Vorwitzig hat sie ihre dicht gefüllten, porzellanrosa Blütenköpfe durch den verrosteten Maschendraht gesteckt, der den Garten eines Bauernhofs begrenzt. Vital und quicklebendig sendet sie ihre hellgrünen Wurzelausläufer in alle Richtungen.

Wer ist die bezaubernde Schöne? Wie heißt sie? Wo kann sie sie für ihren Garten erwerben? Gerda Nissen, eine leidenschaft-

Gerda Nissen

liche Gärtnerin, ist wie elektrisiert: Diese »liebliche Rose in dem gerüschten Seidenkleid« muss sie haben![2] Aber selbst die Besitzerin kennt den Namen ihrer Gartenschönheit nicht. Vermutlich stand sie schon da, bevor die Bäuerin auf den Hof kam.

Doch Gerda Nissen ist vom Jagdfieber gepackt. Sie ist Journalistin und hat das Recherchieren gelernt. Also wird sie herausfinden, wie die Rose heißt, wo sie herkommt, wie alt sie ist und wer sie gezüchtet hat. Langwierige Nachforschungen beginnen, doch mit etwas Glück, viel Geduld und einer guten Spürnase hat sie am Ende einen Steckbrief:

Name: »Belle Isis«
Klasse: *Rosa gallica*
Farbe: porzellanrosa
Blüte: gefüllt, 8 cm im Durchmesser, einmal blühend
Wuchshöhe: 80 cm
Züchter: Parmentier, Frankreich, 1845

»Belle Isis« – vernachlässigt, aber quicklebendig

Ohne »Belle Isis« wäre nichts geschehen? Ganz stimmt das nicht. Richtiger wäre: Ohne den Rosenstrauß des befreundeten Rechtsanwalts aus dem Nachbarort wäre sie wahrscheinlich an der »Schönen Isis« vorbeigeradelt. Der Anwalt gibt zu, es auf eine Verführung angelegt zu haben. Er will Gerda Nissen – trotz ihres Widerstands und ihrer Skepsis gegenüber Rosen – dafür gewinnen, Ordnung in die 250 Exemplare zu bringen, die er von einer aufgelassenen Gärtnerei gekauft hat.

Hingerissen starrt die Umworbene auf den Strauß: Noch nie hat sie so wunderbare Rosenblüten gesehen: dicht gefüllt mit gerüschten und gefältelten Blütenblättern, zerzauste Büschel oder wohlgeordnete Blütenschalen, in allen rosa und pink Schattierungen, in Weiß und Purpur, gestreift oder mit gelber Mitte. Ein Arrangement aus Farben und Formen, eingehüllt in eine umwerfende Duftwolke, denn jede einzelne Blüte verströmt ihr ganz individuelles Aroma.

Diesem Rosenstrauß ist Gerda Nissen erlegen! Er hat ihr die Augen für die Schönheit historischer Rosen geöffnet. »In diesem

Augenblick fing mein Leben mit Rosen an. Mein Leben mit den alten Rosen. Mit ihrer Geschichte, ihren Geschichten und faszinierenden Ungereimtheiten.«[3]

Ohne diesen Strauß hätte sie »Belle Isis« nie entdeckt, und ihr Gärtnerinnenleben wäre weitergelaufen wie bisher. Sie hätte im schleswig-holsteinischen Meldorf ihren stimmungsvollen Staudengarten bearbeitet, harmonische Farbkombinationen gepflanzt, mit Hingabe dem Vogelgesang gelauscht und sich über die Scharen von Mäusen geärgert, die jedes Jahr ihre vielen Hundert Blumenzwiebeln um einiges reduzieren. Doch die Begegnung mit der »Schönen Isis«, einer »alten« Rose, sorgt für Aufregung und bringt Bewegung in ihr Gärtnerleben, denn fortan durchstreift Gerda Nissen auf der Suche nach »alten« Rosen die norddeutsche Provinz: Aus der Hobbygärtnerin wird eine Pflanzenjägerin.

»Alte« Rosen – was bedeutet das?

Rosen haben die Menschen schon immer begeistert – und das in fast allen Kulturen. Fossile Funde belegen, dass die »Königin der Blumen«, wie die griechische Dichterin Sappho die Rose nannte, seit vielen Millionen Jahren existiert. Die älteste Versteinerung stammt aus Nordamerika und ist nachweislich 35 Millionen Jahre alt.[4] Die erste von Menschenhand abgebildete Rose ist auf Kreta im Palast des Minos gefunden worden – das »Fresko mit blauem Vogel« entstand im 17. Jahrhundert v. Chr. und zeigt nicht etwa eine Wildrose, sondern schon eine vom Menschen gezüchtete Form.

China, Persien, Mesopotamien – wo die Rose zuerst in Kultur genommen worden ist, kann nicht mehr eindeutig nachgewiesen werden. Die alten Ägypter kannten sie, die Perser, die Griechen, die Römer – es waren Damaszener-, Gallica- oder Albarosen. Auch die Millionen Blüten, die die römischen Kaiser während ihrer orgiastischen Feste auf die Gäste »regnen« ließen, gehörten zu diesen ältesten Rosenklassen. Sie lieferten auch den Grundstoff für kostbares Rosenöl und Rosenwasser.

Gegen Ende des 16. Jahrhunderts taucht mit der *Rosa centifolia* eine vierte Rosenklasse auf; etwa zur gleichen Zeit wird in den Kräuterbüchern eine »stachellose« Rose, die *Rosa francofurtana*, abgebildet, und schließlich kommt etwa 100 Jahre später die *Rosa muscosa*, die Moosrose, als sechste Klasse dazu.

Erst im 18. Jahrhundert beginnt die planmäßige Rosenzucht. Durch Auslese und Kreuzung sind bis Ende des Jahrhunderts aus den genannten sechs Klassen 30 bis 40 Rosensorten hervorgegangen: Frosthart und stark duftend, blühen sie aber nur einmal im Jahr. Dann sorgen die Ostindienfahrer für eine Sensation mit tief greifenden Folgen: Sie bringen aus China Rosen mit, die den ganzen Sommer in bislang bei Rosen unbekannten Farben blühen, nämlich in Gelb und einem klaren Rot. Doch es stellt sich heraus, dass die Pflanzen der *Rosa-chinensis*-Klasse frostempfindlich sind.

Eine Herausforderung für die Rosenzüchter! Sie kreuzen nun die neuen Chinarosen in die altbekannten Klassen ein, um dauerhaft blühende, frostharte Rosen in ungewöhnlichen Farben zu erzeugen – die Hybriden. So entstehen neue Rosenklassen: die Bourbon-, Portland-, Noisette- und Remontantrosen.[5]

Zu Beginn des 19. Jahrhunderts löst die französische Kaiserin Joséphine (1763–1814) einen wahren Rosenboom aus. Als leidenschaftliche Rosensammlerin verlangt sie ständig nach noch nie dagewesenen Sorten für ihren Garten in Malmaison und zahlt horrende Summen für spektakuläre Novitäten. Das motiviert die Rosenzüchter zu immer neuen Kreuzungen, sodass Frankreich zum Zentrum der europäischen Rosenproduktion wird. Mit allen wichtigen Rosenschulen steht Joséphine in Kontakt, selbst mit denen im verfeindeten Großbritannien, und trotz Kontinentalsperre findet sie Wege, von dort die neuesten Züchtungen zu beziehen. Schließlich besitzt sie mit 200 bis 250 verschiedenen Sorten die größte Rosensammlung Europas.[6]

Eine neue Vermehrungstechnik, das Okulieren, beschleunigt die Anzucht neuer Kreuzungen und steigert damit die Rosenproduktion enorm, sodass 50 Jahre nach Joséphines Tod an die 5000 bis 6000 verschiedene Rosensorten existieren, die – gäbe es sie heute noch – als »alte« Rosen gelten würden. 1867 kommt dann »La France«, die angeblich erste Teehybride, auf den Markt – ein denkwürdiges Datum, denn das Erscheinen der Teehybriden in diesem Jahr markiert die Trennungslinie zwischen »alten« und »neuen« Rosensorten: Diejenigen, die in die vor 1867 existierenden Rosenklassen gehören, gelten fortan als »alte« oder »historische« Rosen, alle später eingeführten Klassen fallen in die Kategorie »moderne« Rosen. Die setzen sich in einem wahren Triumphzug durch. Auf Dauer können die historischen Rosen der Konkurrenz der neuen »Dauerblüher« nicht standhalten. Dass europaweit heute vielleicht noch 500 »alte« Sorten im Handel sind, das ist Enthusiasten wie Gerda Nissen zu verdanken.

Zuerst haben sich vor allem britische Rosenliebhaber dieser Gartenschönheiten erinnert und etwa ab 1920 begonnen, »alte« Rosen zu sammeln und zu bestimmen. Auch die berühmten Gartengestalterinnen Gertrude Jekyll und Vita Sackville-West lenken die Aufmerksamkeit auf die Qualitäten dieser Rosen. Zu nennen ist aber vor allem Graham Stuart Thomas, der 1955 ein Standardwerk über »historische« Rosen veröffentlicht und viele Sorten in England wieder populär gemacht hat, zu einer Zeit, als sich hierzulande noch niemand um sie schert. Selbst Mitte der Siebzigerjahre, als Gerda Nissen sich in Dithmarschen auf die Suche nach »alten« Sorten macht, stößt sie zunächst noch auf völliges Unverständnis: »Wüllt jüm min Unkrut fotografeern?«,[7] spottet der Bauer, der sie beim Fotografieren ihrer ersten Albarose überrascht. Doch die Pflanzenjägerin lässt sich nicht beirren. Sie kennt die Dithmarscher, weiß um ihre Eigenheiten und spricht ihre Sprache, denn Schleswig-Holstein ist ihre Heimat.

Kindheit im Mühlengarten

Gerda Nissen wird am 31. Juli 1929 in Mölln, in der sogenannten Holsteinischen Schweiz, geboren, wächst dort auf und bleibt auch in der Kleinstadt wohnen, als sie nach einem Volontariat als Lokalredakteurin bei den *Lübecker Nachrichten* arbeitet. 1971 gibt sie ihren Job bei der Zeitung auf, um ihrem Mann nach Dithmarschen zu folgen, der dort inzwischen Museumschef geworden ist.

Ihre Kindheit verbringt Gerda Nissen, geb. Meyer, mit ihren Eltern und dem drei Jahre jüngeren Bruder in der riesigen Stadtmühle, ein imposanter Industriebau aus der zweiten Hälfte des 19. Jahrhunderts. Auf der einen Seite die »tosende Maschinerie« der Wassermühle, die das ganze Haus vibrieren lässt; auf der anderen Seite zwei geräumige Wohnungen. Die Meyers leben im ersten Stock, gleich unter dem Lagerboden. Die Sackkarren mit den Doppelzentnersäcken voller Korn machen einen Höllenlärm. Wenn die gusseisernen Räder direkt über ihnen stundenlang hin und her rollen, klirren die Gläser im Schrank, und die Kaffeetassen tanzen auf dem Tisch.

Für Gerda und ihren Bruder Walter sind die zahlreichen Nebengebäude der Mühle ein Abenteuerspielplatz. »Das Wunderbarste an der Stadtmühle war für uns Kinder jedoch der dazugehörige Garten am Schulsee.«[8] Nicht größer als 600 Quadratmeter, an zwei Seiten vom Wasser umspült, entwickelt sich der Garten zum Kinderparadies. Stundenlang turnen sie über dem Wasser auf den Ästen der Trauerweide, sie trampeln Pfade durchs Schilf und »bauen« ihre geheimen, uneinsehbaren Naturzimmer. Später hängt eine Schaukel im Baum, sie rudern auf dem See und angeln köstliche Fische.

Doch es bleibt nicht beim Spiel, spätestens während des Krieges muss der Obst- und Gemüsegarten der »Sicherung der Volksernährung« dienen.[9] Er soll die vierköpfige Familie und später zusätzlich die einquartierten Flüchtlinge ernähren. Dabei ist das Gärtnern in Dithmarschen recht mühsam: Der lehmhaltige Marschboden ist zwar fruchtbar, aber schwer, und mit jedem Regenguss wird er schwerer! Außerdem macht der viele Regen überschäumende Gartenträume häufig zunichte. Ausdauernder Wind und kräftige Stürme legen die Erbsen flach und diktieren, in welche Richtung die Gehölze wachsen. Außerdem trägt der Wind salzhaltige Luft vom Meer ins Landesinnere, was zahlreiche Pflanzen ungern tolerieren.

»Oberstes Gesetz in unserem kleinen Garten war: Zwei bis drei Ernten von jedem Beet und nichts, aber auch gar nichts ›umkommen lassen‹.«[10] Alles wird konserviert, und bevor der Winter kommt, sind die Regale voller Einmachgläser und Konservendosen. Doch bis es so weit ist, wird jede helfende Hand gebraucht. »Ich lernte sehr früh, Radieschen, Wurzeln, Erbsen und Bohnen zu säen, Porree, Sellerie und Kohlrabi zu pflanzen. Ich kannte die Keimblätter auseinander, sobald sie sich entfalteten. Ich durfte mit zehn Jahren Tomaten entspitzen, Beete anlegen und Steige treten – Harke und Gartenschnur waren die Messwerkzeuge.«[11]

In den Sommerferien nimmt der Vater die beiden Kinder mit, wenn der Vertreter Kundschaft auf dem Land besucht: »Er chauffierte uns im Opel P 4 über staubige krumme Landwege, die von Apfelbäumen gesäumt waren, musterte dabei kritisch den Stand der Roggenfelder und entließ seine Sprösslinge in die Kühle einer Bauernhausdiele.«[12] Eine Bauersfrau mit karierter Baumwollschürze und geflochtenem Haarknoten im Nacken drückt den Kindern ein Stück Kuchen in die Hand. »Gaht man in'n Gorn – do gifft dat Stickelbeern« lautet der Satz, der die Kinder in den Garten zu den Stachelbeeren schickt.[13]

In der Erinnerung an diese Bauerngärten scheint immer die Sonne, schreibt Gerda Nissen, und der Duft dieser Gärten hat sich ihr für immer eingeprägt: Zu Anfang der Ferien dominierten die Blumen, »doch je mehr Wochen vergingen, desto eindeutiger verschob sich der Akzent auf das Gemüse, bis ganz pünktlich zu meinem Geburtstag das Aroma von Zwiebeln und Gurken alles beherrschte«.[14]

Gerda Nissen lernt das Gärtnern von der Pike auf: den Boden vorbereiten, Saatrillen ziehen, säen und pflanzen, Bohnen und Kartoffeln legen sowie Unkraut jäten. Dabei begegnet sie dem gefürchteten Giersch, der so gerne und schnell einen Garten völlig überwuchert, und merkt, wie mühselig es ist, seine weißen Wurzeln mit den Fingern aus jeder einzelnen Erdscholle zu pulen. Da der Vater für eine Düngemittelfirma arbeitet, fehlt es den Pflanzen nie an Nahrung, und der Ertrag ist entsprechend üppig. Auch bei der Ernte werden die Kinder eingespannt: »Bohnenpflücken, Erb-

senpahlen (das machte sogar mein Bruder mit), Kirschen entstei-
nen und Schneidebohnen durch die Schnibbelmaschine jagen, die
am Küchentisch festgeschraubt und mit der Handkurbel betrieben
wurde.«[15]

Hier in Mölln wird der Grundstein für Gerda Nissens Garten-
leidenschaft gelegt, zumal es in diesem Nutzgarten auch Blumen
gibt, »wenn auch nicht so viele, wie ich mir gewünscht hätte«.[16]
Ein langes, von Buchsbaum gesäumtes Beet am Zaun zur Straße
wird jedes Jahr mit Einjährigen bepflanzt. Auf einem Teil dürfen
beide Kinder ein eigenes Beet bestücken. »Eigentlich sorgte mein
Vater immer und überall für Ordnung«, sagt Walter Reger, Gerda
Nissens Bruder, »aber hier auf unseren Beeten durften wir anpflan-
zen, was wir wollten.« Die Kinder wollen Blumen. Sie wetteifern,
wer von beiden die üppigere Blütenpracht produziert. Das sind nie
vergessene Erlebnisse. Jedes Jahr sieht das Beet am Zaun anders aus,
und da auch hier großzügig gedüngt wird, fehlt es nicht an Be-
wunderern aus der Nachbarschaft. »Einmal gab es einen Rausch
von Clarkien«, erinnert sich Gerda Nissen, »ein andermal – schon
im Krieg – trug ich einen Wäschekorb voller bunter Primelsträuße
in die Lazarette Möllns. Unsere Stiefmütterchen waren doppelt
so groß wie üblich, und die Vergissmeinnicht schäumten über in
Himmelblau. Diese Kinderjahre im Garten haben mich entschei-
dend geprägt. Zeitlebens bin ich eine ›Garten- und Blumenliese‹
geblieben.«[17]

»... und füllt mein Herz mit Freude«

Ein Leben ohne Pflanzen ist für Gerda Nissen undenkbar, dabei ist
ihr erster eigener Garten in Mölln eine Enttäuschung: Der Sand-
boden bringt »außer Trockenheit liebenden Stauden und einer
Birke nichts hervor, was der Rede wert gewesen wäre«.[18] Trotzdem
pflanzt sie – gegen ihre Überzeugung – eine Rose, aber »Orange
Triumph« ist ein Fehlschlag; sie verabschiedet sich nach zwei Jahren, und damit hat sich das Kapitel Rosen für geraume Zeit erledigt.
»Meine große Liebe«, schreibt sie, »waren die Stauden. Rosen hat-

Schon vor dem Haus ein üppiges Staudenbeet

ten Läuse, Mehltau und widerliche Stacheln. Außerdem standen sie die Hälfte des Jahres kahl und sparrig zurechtgestutzt im Garten herum. Von ihrem kläglichen Anblick im Winter ganz zu schweigen. Bitte sehr – jeder wie er will. Ich wollte sie jedenfalls nicht.«[19]

Dann der Umzug nach Meldorf. Auch in diesem Garten steht lange keine einzige Rose. Zunächst verbuddelt sie Hunderte Blumenzwiebeln, und schon früh im Jahr steht die Gärtnerin hinter der Panoramascheibe des Wohnraums und hält Ausschau, ob nicht endlich ein vorwitziges Schneeglöckchen aus der Erde hervorlugt. »Nach vielen grauen, stürmischen Tagen zieht man eines Tages die Vorhänge zurück, und eine tief stehende Sonne tastet mit dunstig-rosigen Strahlen über reifbesetzte Rasenflächen. Im Gegenlicht glitzern Völkerscharen von Schneeglöckchen und Winterlingen. Für einen Augenblick bleibt der Atem stehen vor so viel lange entbehrter Schönheit.«[20]

Sie nennt diese Frühjahrsblüher ihre »Kleinkunst« und betrachtet fasziniert den Kontrast zwischen den matschig-unansehnlichen Überbleibseln des Vorjahrs und den perfekten, leuchtenden

210

Blüten – »das schönste Symbol für den Sieg der Wärme und des Lichtes über Kälte und Dunkelheit«.[21] Doch der März bringt oft noch Rückschläge, wenn er statt der erhofften wärmenden Sonnenstrahlen eisigen Regen und Nachtfröste schickt. Danach aber schieben die Hostas ihre zu spitzen Tüten gewickelten Blätter hervor und entfalten daraus ihr dekoratives Grün. Im Staudenbeet herrscht jetzt die Farbe Blau: Unterstützt von Akelei und Vergissmeinnicht, setzt sich der Storchenschnabel leuchtend blau in Szene, bis der Türkenmohn sein knallrotes Feuerwerk abbrennt.

Wie ein Blüten- und Farbrausch dem nächsten folgt, beschreibt die gelernte Journalistin in den Notizen aus ihrem Gartentagebuch, die die Zeitschrift *Kraut und Rüben* veröffentlicht. Einmal im Monat erlaubt sie den Lesern einen Blick über ihren Gartenzaun und hält in ihren Kolumnen die Freuden und Niederlagen der Hobbygärtnerin fest, schildert die Momente der Muße, der Entspannung und des Glücks. *»… und füllt mein Herz mit Freude«* nennt sie das später veröffentlichte Buch,[22] ein passendes Motto für Gerda Nissens Beziehung zur Natur, zu ihrem Garten und zu den »alten« Rosen, die von dem Moment an einziehen, in dem Gerda Nissen auf Rosenjagd geht. Anfangs ersetzen ihre Fundstücke den Rittersporn, der dem Nordseewind nicht gewachsen ist, dann kommt allmählich die eine zur anderen.

Vertrieben aus dem Bauerngarten

Nach »Belle Isis«, ihrem ersten Fund, sucht die Rosenjägerin systematisch die Dörfer und Friedhöfe nach »alten« Rosen ab. Aufmerksam streifen ihre Augen über Gartenzäune, Friedhofshecken und »Knicks« – das sind die Buschhecken, die in Norddeutschland als Windbrecher um Felder und Weiden wachsen.

Neugierig forschend betrachtet sie vor allem die Bauerngärten, in der Hoffnung, dort am ehesten fündig zu werden. Im Vergleich zu früher sind sie kleiner geworden, denn es müssen längst nicht mehr so viele Menschen auf einem Hof versorgt werden. Außerdem sind im Handel erhältliche Konserven und Tief-

» Zéphirine Drouhin« *hat an einem verfallenen Stall überlebt*

kühlkost eine bequeme Ergänzung des Speiseplans geworden. Wo aber noch Gemüse gezogen wird, wachsen die Pflanzen in schnurgeraden Reihen.

Zwar sät die Bäuerin häufig Einjährige dazwischen oder setzt Stauden an den Rand der Nutzfläche, denn auch die moderne Landfrau mag den Vasenschmuck fürs Haus und für die Kirche. Doch die raumgreifenden »alten« Rosen haben hier keinen Platz mehr. Sie haben sich in versteckte, vernachlässigte oder verwilderte Ecken des Hofgeländes gerettet, tauchen an einer Stallecke auf oder dort, wo einmal ein Schuppen gestanden hat. Die eine hat sich mit einem Wurzelausläufer in einer Hecke in Sicherheit gebracht, die andere in einer Mauerritze, und die dritte ist in eine Baumwurzel geflüchtet.

Gerda Nissen findet ihre Beute an den erstaunlichsten Orten: »Als ich ›William III‹ entdeckte, war ich mir nicht schlüssig, ob ich ihm überhaupt meine Aufwartung machen sollte. Er hockte auf einem dicht bewachsenen Wall einer Viehweide und umgab sich mit einer Leibwache von sechs Jungbullen, die sich jedes Mal in aggressiven Trab setzten, sobald ich ein paar Schritte in Richtung auf Seine Majestät wagte.«[23] Andere Entdeckungen verlaufen weniger dramatisch: Die »unbekannte Bourbonin« hält sich drei Meter hoch an einem Telegrafenmast, zwei Exemplare von »Laure Davoust« zierten früher einmal die Eingangstür eines längst abgerissenen Hauses. Die »Tapetenrose« steht in einem völlig verwilderten Garten und hat sich zwischen kniehohem Gras und Unkraut ausgebreitet, und die fast stachellose, mehrmals blühende Bourbonrose »Zéphirine Drouhin« entdeckt Gerda Nissen »im Gestrüpp an der Südwand eines verfallenen Stalles, wo sie einen überquellenden Mülleimer mit ein paar herbstlichen Blüten umkränzte«.[24]

Auch die Friedhöfe sind vor ihr nicht sicher: Dort findet sie das »Zuckerröslein« und die schon im 15. Jahrhundert bekannte Albarose »Maiden's Blush«. Auch die dunkle, elegante »Tuscany« (siehe farbige Abbildungen) kriecht unter einem Grabstein hervor, und »La Noblesse« wächst auf einem Pastorengrab, das Jahr für Jahr sehr ruppig mit einer Sense »gepflegt« wird. Der Überlebenswille dieser Rosen »und ihre Fähigkeit, trotz größter Bedrängnis Jahr für Jahr in Blüte zu stehen und Duft zu verströmen, hat mich manchmal betroffen gemacht«, schreibt die Rosenliebhaberin. »Eine Lehre fürs Leben, denke ich oft, wenn ich ein Foto von ›Blush Damask‹ betrachte, die mit 50 oder 60 Blüten aus einer zwei Zentimeter breiten Ritze zwischen dicken Betonklötzen hervorgekrochen ist.«[25]

Dithmarscher Rosenantiquitäten

Robust und zäh sind diese Überlebenskünstler, auch Schädlinge können ihnen so leicht nichts anhaben. Anders hätten die Rosen auch nicht 300 Jahre überleben können. 1618 wird erstmals im westlichen Schleswig-Holstein eine der »alten« Rosen bezeugt: Der Chronist Neocorus, Pastor auf Büsum (damals noch eine Insel), hat sie dort beim Bauern Hieronymo Wisen gesehen. Es ist die seit der Antike bekannte starkwüchsige weiße *Rosa alba semiplena*, die er als »sehr wolrukend« (wohlriechend) beschreibt.[26] Seit-

» Maiden's Blush« zierte eine Grabstelle

her hat es auf den Gehöften immer den einen oder anderen Rosenbusch gegeben. Mal steht er am Tor zum Hof, mal am Portal
des Hauses oder im Bauerngarten. Im 19. Jahrhundert kommen
bei Gutsherren und wohlhabenden Landwirten sogar reine Zier-
gärten in Mode, sodass in Schleswig-Holstein vermehrt Rosen in
die Gärten einziehen.

Die wachsende Popularität der Rose als Gartenpflanze kann
man zum Beispiel am Angebot der Baum- und Samenhandlung

W. F. H. Runtzler aus Meldorf ablesen. 1851 führt sie ein reiches Sortiment an Sämereien, Georginen (das sind Dahlien), Topfpflanzen und Bäumen. Dazu kommen 176 Rosensorten, die »größtentheils wurzelächt abgegeben werden können«.[27]

Gleichzeitig zeigt die Preisliste, dass die sich nur in einer duftenden Blütenpracht erschöpfenden »alten« Rosen auf dem Rückzug sind: Nur noch 41 Sorten zählen zu den Gallica-, Zentifolien- und Albasorten; sie sind die billigsten in Runtzlers Sortiment und schon für 13 bis 19 Schilling das Stück zu haben. Die seiner Meinung nach »wirklich schönen Rosen« lässt Runtzler gesperrt drucken: Es sind die damals ganz aktuellen, mehrmals blühenden Züchtungen, und es spricht für eine zahlungskräftige Kundschaft, dass darunter Rosen sind, die mehr als 100 Schilling das Stück kosten (27 Sorten) oder nur in Glashäusern das raue Dithmarscher Klima überstehen können. Spitzenreiter mit 154 Schilling ist die mehrmals blühende Moosrose »Mauget«, die heute verschollen ist.[28]

Dieser Konkurrenz sind die historischen Rosen nicht gewachsen, sie werden vernachlässigt oder sogar herausgerissen. Von den ehemals 2000 Gallica-Sorten haben nur etwa 50 überlebt. Wenngleich die meisten dieser Antiquitäten unwiederbringlich verschwunden sind, haben andere sich als so widerstandsfähig erwiesen, dass sie von Gerda Nissen wiederentdeckt werden konnten. Vielleicht hat sie sogar noch eine von Runtzler gelieferte Rose aufgespürt. Das lässt sich nicht mehr klären, auf jeden Fall aber hat sie auf ihren Jagdausflügen einige Sorten aus seinem Sortiment gefunden.

Auf Rosenjagd

Da Gerda Nissen nie Auto fahren gelernt hat und sich viel lieber in der freien Natur bewegt, fährt sie mit dem Rad oder geht zu Fuß. Viele, viele Kilometer hat sie in all den Jahren in Dithmarschen zurückgelegt. Fotoapparat, Notizblock, feuchte Tücher, Plastiktüten und eine Gartenschere gehören zu ihrem Gepäck. Manchmal lädt eine Freundin sie ins Auto und begleitet sie auf ihren

Streifzügen durch die norddeutsche Provinz. Ein wenig hat sie sie mit ihrem Jagdfieber schon angesteckt. »Ja, ich war gerne mit ihr unterwegs«, bestätigt Anni Strahlendorf, die mittlerweile einen Garten voller »alter« Rosen hat. »Sie konnte so viele spannende Geschichten über die Rosen erzählen«, erinnert sich die Meldorferin, »es war immer interessant mit ihr!«

Aber auch anstrengend, gesteht Heike Arnold, eine andere Freundin. »Sie konnte einen in Grund und Boden reden«, meint sie trocken. Ihrer Freundschaft zu Gerda Nissen hat das keinen Abbruch getan. Vielmehr hat sie sich von Gerda Nissens Enthusiasmus anstecken lassen und ist selbst auf Rosenjagd gegangen. »Mein erster Fund war eine *Officinalis*«, erinnert sie sich. »Ich glaube, die Zeit war reif für eine Trendwende, denn Gartenbesitzer und Rosenfreunde hatten genug von den staksigen Dingern mit einer bonbonbunten, nach nichts duftenden Blüte dran.« Heike Arnold ist mittlerweile Fachfrau geworden und hat vor lauter »alten« Rosen in ihrem Garten kein freies Plätzchen mehr.[29]

Anni Strahlendorf erinnert sich gerne an eine gemeinsame Reise: »Wir sind auf der Suche nach Rosen auch über englische Friedhöfe gezogen, haben englische Gärten besucht, und Gerda hat sich stundenlang mit den zuständigen Gärtnern über irgendeine Rose unterhalten.« Die Videokamera hat es festgehalten: eine ungemein lebhafte, fröhliche Frau, die auf ihren Gesprächspartner einredet, ihn kaum zu Wort kommen lässt, ihn mit ihrem Rosenwissen »zuschüttet«. Außerdem zeigt das Video die Pflanzenjägerin auf einem Friedhof in Aktion: Man sieht nur noch ihr Hinterteil. Der Rest ist unter einem Rosenstrauch verschwunden. »Das ist typisch Gerda!«, kommentiert ihre Reisebegleiterin lachend.

Blinzelt ein Farbfleck hinter einem Zaun oder in einem Gestrüpp, robbt sie sich so weit heran, bis sie erkennt, um was es sich handelt. Welche Enttäuschung, wenn es nur ein Stückchen Plastik ist! Doch schlägt ihr Herz schneller, wenn tatsächlich eine Rosenblüte aus ihrem Versteck grüßt. Die Spannung steigt, wenn sie ihr Fundstück noch nicht kennt. Dann vergisst die Rosenjägerin die Brennnesseln, sie denkt nicht mehr an zerkratzte Arme und Beine, dann will sie nur noch eins – einen Ableger der unbekannten Rose mit nach Hause nehmen.

Hatte sie etwa immer einen Spaten dabei? »Nein«, sagt Anni Strahlendorf, »eher Messer und Schere.« Meist gelingt es ihr, ein oder zwei Wurzelausläufer freizulegen und abzuschneiden. Ein Plastikbeutel ist auf jedem noch so harmlosen Spaziergang dabei – man kann ja nie wissen …

»Anfangs brauchte ich Blüten, um Rosen zu finden«, gesteht die Sammlerin ihren Lesern, »doch mit mehr Übung und Erfahrung ging es nachher auch ohne. Eine gewisse Laubfarbe, irgendwie typisch gespreizte Blattfiedern, eine besondere Haltung der Triebe signalisieren mir heute schon durch das Autofenster: Halt! Da war doch eben etwas.«[30]

Alle Fundorte der historischen Rosen in Dithmarschen hat Gerda Nissen dokumentiert. 250 waren es Mitte der Siebzigerjahre, zehn Jahre später fährt sie alle Plätze noch einmal ab – die erschreckende Erkenntnis: Nur die Hälfte ihrer Findelkinder hat überlebt. »Sie haben keine Vorstellung, wie viele der im Dithmarschenheft aufgeführten Standorte in den letzten zwei, drei Jahren von Baggern und Planierraupen buchstäblich ausradiert worden sind«, schreibt Gerda Nissen 1980 an den Rosenexperten Servais Lejeune. »Straßenverbreiterung, Flurbereinigung, Modernisierung der Friedhöfe (keine Hecken mehr, nur noch Betoneinfassungen) haben im Dithmarscher Bestand ordentlich aufgeräumt.«[31]

Die Flurbereinigung begradigt und duldet keine ertraglosen Winkel; die moderne Landwirtschaft fährt mit immer größeren und schwereren Maschinen auf und lässt nichts stehen, was die großflächige Bearbeitung der Felder behindert. Für die Rosenjägerin ist die moderne Technik ein Fluch: In null Komma nichts rasieren Elektrosägen ab, was im Weg steht; Bagger holen Hecken und Knicks mit Stumpf und Stiel aus der Erde, und starke Zugmaschinen räumen selbst Baumstümpfe reihenweise ab. Auf die jahrhundertelange Vernachlässigung folgt die Zerstörung. Gegen die moderne Technik haben selbst die widerstandsfähigen »alten« Rosen keine Chance.

Umso wichtiger ist es zu retten, was noch zu retten ist. Allerdings hört diese Art der Pflanzenjagd nicht mit der Bergung der bedrohten Exemplare auf. Vielmehr beginnt dann erst die eigentliche Arbeit, denn es gibt Fragen über Fragen. »Das Hobby der Rosenidentifikation ist ein Abenteuer mit ungewissem Ausgang«,[32] schreibt Gerda Nissen, doch wenn sie eine ihr unbekannte Rose findet, lässt sie nicht locker. Beharrlich forscht sie so lange, bis sie weiß, welchen Schatz sie gehoben hat, wie die Rose heißt und wer sie wann gezüchtet hat.

Diese »Rosenarchäologie«[33] ist der schwierigste, langwierigste und anspruchsvollste Teil ihrer Pflanzenjagd, denn es ist nicht leicht, Ende der Siebzigerjahre kompetente Gesprächspartner oder gute Fachliteratur zu finden. Ausdauer und Geduld sind gefragt. Doch selbst wenn es Jahre dauert, eine Rose zu identifizieren, wenn vermeintlich sichere Erkenntnisse wieder infrage gestellt werden müssen, bleibt Gerda Nissen am Ball, »das Faszinierende an alten Rosen ist nämlich, dass sie beides vereinen: den Sinnenreiz betörender Schönheit und den intellektuellen Reiz ihrer geschichtsträchtigen Vergangenheit«.[34]

Deshalb wird aus dem zunächst spielerisch verfolgten Steckenpferd eine Passion mit weitreichenden Folgen: »Wer sich in den Kopf gesetzt hat, alte Rosen zu ›finden‹, der sollte sich vor der Suche ein wenig mit ihnen vertraut machen, damit ihm aus den gesammelten Reisern nicht allzu viele Enttäuschungen blühen«,[35] rät Gerda Nissen allen Rosenjägern. Sie selbst eignet sich im Lauf der Jahre ein umfangreiches Wissen über Rosen an. Ihre Rosenbibliothek wächst von Jahr zu Jahr.[36] Im In- und Ausland stöbert sie in Buchhandlungen und Antiquariaten, um moderne und historische Rosenliteratur zu finden, ist doch das Internet in den Siebziger- und Achtzigerjahren für solche Recherchen noch nicht zu gebrauchen.

Der unveröffentlichte Briefwechsel zwischen Gerda Nissen und dem Rosenexperten Servais Lejeune in Hamburg zeigt anschaulich, wie mühsam und zeitraubend es damals ist, ältere Literatur aufzutreiben. Vor allem Werke aus Großbritannien helfen ihr weiter. Hier findet sie Listen »alter« historischer Rosen mit den entsprechenden Beschreibungen und vielleicht sogar Abbildungen; hier ist manchmal aufgezeichnet worden, von welchem Züchter sie stammen, und manchmal findet sie Hinweise, wohin er seine Züchtungen verkauft hat.

Gerda Nissen reist zu in- und ausländischen Rosarien und stöbert in den Archiven nach den Stammbäumen ihrer Lieblinge: in Dortmund, Uetersen, Weihenstephan, Sangershausen und auf der Insel Mainau, um nur die inländischen Schatzkammern zu nennen, die auch »alte« Rosen aufpflanzen. Sie will möglichst viele Sorten der historischen Rosen in natura sehen und hofft, Doppelgänger zu ihren Fundstücken zu finden. Ärgerlich nur, wenn »böse Buben die Namensschildchen vertauscht oder in den nahen Ententeich geworfen haben«.[37]

Die Rosenidentifikation ist wie ein Puzzle, warnt Gerda Nissen vor frustrierenden Erlebnissen. Selbst die geübte Rosenjägerin erlebt immer wieder Überraschungen, denn je nach Witterung oder dem Nährstoffgehalt des Bodens sehen die Pflanzen immer etwas anders aus. Manche Blüte erscheint weiß, wenn sie in voller Sonne steht, dagegen wirkt sie in leichtem Schatten rosa. Der Hobbyarchäologe »wird über einem halben Dutzend Beschreibungen ein und derselben Rose brüten und sich fragen, ob sie nun so verschieden blüht oder ob das subjektive Farbempfinden der Autoren so unterschiedlich ist«.[38]

Umso mehr bemüht sich Gerda Nissen, mithilfe ihres Fotoapparats »möglichst gute Portraitaufnahmen auch gerade der bisher weniger bekannten und publizierten alten Rosen herzustellen«. Und die Rosenjägerin spricht von dem wohl »unerfüllt bleibenden Wunschtraum«, sie später einmal in einem »Bildbändchen« veröffentlicht zu sehen.[39] Sie befürchtet, dass sich in Deutschland zu wenige Menschen dafür interessieren würden. Doch das hat sich nicht zuletzt durch Gerda Nissens Bemühungen geändert: Ihr Buch *Alte Rosen* ist mittlerweile in mehr als zehn Auflagen erschienen.

Natürlich nimmt die Sammlerin Kontakt zu anderen Rosenliebhabern auf, die meist gerne bereit sind, ihre Sammlungen vorzuzeigen. Dann wird vor dem Rosenbusch gefachsimpelt. Nicht nur das wechselhafte Farbenspiel der altmodischen Blüten wird aufmerksam betrachtet und mit anderen (modernen) Rosen verglichen, auch das Laub und seine Farbe, die Fruchtknoten und Stacheln, das Holz und die Wuchsform des Rosenbuschs. Es gilt Ähnlichkeiten festzustellen, aber auch die oft kleinen, doch entscheidenden Unterschiede.

Im Haus zieht man dann alte Abbildungen und botanische Zeichnungen zurate. Dabei zeigt sich, wer ein wirklich guter botanischer Zeichner ist, wer genau hinsieht und akribisch arbeitet. In dieser Beziehung erweist sich Pierre Joseph Redouté (1759–1840) immer wieder als Meister. Sein Werk *Les Roses*, das 1817–24 erscheint und in dem Redouté 170 Rosen porträtiert, die vermutlich alle aus dem Garten der »Rosenkaiserin« Joséphine stammen, ist eine regelrechte Fundgrube.[40]

Wenn bloß nicht diese verflixten Namen wären! »Robert le Diable«, »William III« oder »La Negresse«, »Tapeten-«, »Zucker-« oder »Zimtröschen«, »La Reine«, »Petite de Hollande« oder »La Noblesse« – eine Rose, viele Namen, es ist ein wahnwitziges Verwirrspiel! Die kleine Gallica-Rose zum Beispiel, die »aufregend feurig« blüht und aussieht wie eine »kleine Pompon-Dahlie«, wenn sie voll erblüht ist: »Jedes Blütenblatt ist schön gewellt, als habe ein geschickter Friseur es mit der Lockenschere behandelt.«[41] Dieser Fund, den Gerda Nissen in Ermanglung des Originalnamens zunächst einmal »Wuschelkopf« nennt, ist nur eine von circa 2000 Gallica-Sorten, die es um 1850 gegeben hat. Eine schier unglaubliche Menge, die auch deshalb zustande gekommen ist, weil die Züchter ihr Geschäft damals angekurbelt haben, indem sie geringfügige Variationen einer Rose als neue Sorten auf den Markt brachten. Jede unter einem anderen Namen. Weder den Sortenschutz noch die Registrierung der Sortennamen gab es damals.

Verfolgt man den »Wuschelkopf« bis ins 19. Jahrhundert zurück, so heißt sie mal »Nanette«, mal »Invincible« und mal »Incomparable«. Dass es sich eindeutig um »Nanette« handelt, erfährt Gerda Nissen erst zwölf Jahre, nachdem sie die Rose gefunden hat, aus Australien, wo ein Porträt des alten Rosenbuschs aufgetaucht ist.

Das Findelkind stammt aus der Baumschule Dupont und ist 1805 in Paris geboren.

Eine mindestens so harte Nuss ist »Manteau d'Évêque«, denn in französischen Verzeichnissen taucht diese Sorte, deren lockere Blüten an trüben Tagen und abends tiefblau »wie Veilchen« schimmern, in sieben Variationen auf. Dieses Abenteuer hat »mich ein kleines Vermögen an alter Rosenliteratur und einen neuen Bücherschrank gekostet«, gesteht die Hobbyforscherin, »und da ich nicht einsehen will, dass alle diese Ausgaben umsonst gewesen sind, habe ich sie nach achtjähriger Verfolgungsjagd über Tausende von Buchseiten auf den Namen ›Manteau d'Évêque‹ festgenagelt«.[42] Dass ihr Findling tatsächlich so heißt, weiß die Rosenarchäologin bis zum Schluss nicht genau. Doch sie genießt ihren Anblick, »der mich vergessen lässt, dass ›Manteau d'Évêque‹ mir trotz aller Mühen ihr letztes Geheimnis vorenthält«.[43]

Die Erben der Rosenjägerin

Ortstermin: Meldorf, Klaus-Groth-Straße 20. Hier hat die Hobbygärtnerin bis zu ihrem Tod gewohnt. »Eigentlich habe ich das Haus wegen des Gartens gekauft«, gesteht der frühere Nachbar und heutige Besitzer Gerald von Hassel. »Ich fand faszinierend, dass er so anders war als andere in den Siebzigerjahren angelegte Gärten hier auf dem Land. Wer pflanzte damals schon Gräser, viele verschiedene Hostas und mehrere Quadratmeter Astilben in einer Farbe? Ich wollte auf jeden Fall verhindern, dass dieser Garten wie so viele andere zerstört wird.«

Dass Gerda Nissen eine Gartenbesessene war, merkt man schon im Haus: Von jedem Zimmer aus konnte sie ihre Pflanzen sehen. Sogar die Küche hat sie verlegt, damit sie auch beim Kochen in den rund 800 Quadratmeter großen Garten schauen kann. Nahe am Haus liegt ein Beet mit ihren Lieblingsstauden wie ein Riegel diagonal im Garten. Am Ende des Grundstücks, wo es sehr feucht ist und ein Erlenwäldchen Schatten wirft, stehen Ilex, Rhododendren und eine mittlerweile große, sehr pittoreske Felsenbirne.

»Schon im frühen Frühjahr ist der Garten eine Sensation«, schwärmt von Hassel, »vor lauter Zwiebelpflanzen kann man keinen Fuß in die Beete setzen!« Die Schneeglöckchen, Krokusse, Märzbecher, Glanzsterne, Narzissen, Perlhyazinthen und Scilla hat alle noch Gerda Nissen gepflanzt – all diese früh blühenden Zwiebelpflanzen lieben den nahrhaften Marschboden, vermehren sich stark und tauchen ohne das Zutun des Gärtners zuverlässig in jedem Frühjahr wieder auf, sofern sie nicht den Mäusen zum Opfer fallen.

Auch die räumliche Grundstruktur des Gartens hat Gerald von Hassel übernommen, wenngleich er in der Bepflanzung einiges verändert hat. Er brauchte Platz, denn er sammelt Rhododendren und Magnolien. Sie hat er in vielen Varianten und seltenen Sorten gepflanzt. Manches zieht er aus Samen, andere Schönheiten lässt er aus aller Welt kommen. Seine Exoten vertragen sich gut mit Gerda Nissens Rosen, die er alle behalten hat. Einige mussten an einen anderen Platz umziehen, andere wurden vermehrt – und alle wurden gebändigt.

Sie hatte in der vollen Länge des Gartens ein Holzgestell errichtet, an dem die kräftigen Rosenbüsche Halt finden. Schließlich sind es etwa 40 Sorten, die sie von ihren Jagdausflügen mitgebracht hat. Sie machen auch vor den verbliebenen Staudenbeeten nicht halt, schreibt Gerda Nissen, bald »tauchen die Ausläufer von ›Belle Isis‹ und ›Tuscany‹ auch mitten in ausgewachsenen Blaublattfunkien und mannshohen Herbstastertürmen auf. Manchmal fluche ich darüber. Trotzdem sehe ich es gerne, wenn sich die rundlichen Rosengesichter über blaue Salbeihügel oder den Blütenschaum des Schattensteinbrechs neigen.«[44]

Irgendwann aber ist kein Platz mehr. Wohin also mit den lebenden Antiquitäten? Durch eine glückliche Fügung finden die Rosen im Hof des Dithmarscher Landesmuseums eine neue Heimat. Dass der Museumschef ebenfalls Nissen heißt, ist kein Zufall. Er ist mit der Rosenjägerin verheiratet und mittlerweile vom Dithmarscher Rosenvirus infiziert.

So entsteht draußen eine neue Sammlung des Museums: die Freiluftsammlung alter Rosen aus Dithmarschen – eine ganz hervorragende Ergänzung zu den zahlreichen kunsthandwerklichen Ge-

Rosen am Gerüst und ein Beet diagonal im Garten

genständen, die im Museum gezeigt werden. Sieht man sich dort um, so stößt man immer wieder auf Abbildungen historischer Rosen, denn seit Jahrhunderten bergen die Häuser und Dorfkirchen zahlreiche Belege für die Verehrung der Rosen. Gemalt, geschnitzt, geschmiedet und gestickt findet man die Blüten auf Möbeln, Türen und Gesimsen, auf Textilien, Tafelgeschirr und Kleidungsstücken und natürlich auf Gemälden. Auf Schränken und Truhen des 16. Jahrhunderts prangen meist einfache Rosenblüten, auf späterem Kunsthandwerk sind es oft runde, dicht gefüllte Blüten, die aussehen wie die Blüten der duftenden Zentifolien.

Leider währt diese museale Rosenharmonie zwischen drinnen und draußen nur bis 1979, »als unangemeldet ein 30 Meter hoher Baukran auf Schienen durch meine junge Pflanzung rollte. Im Wettlauf mit dem unbeirrten Kranführer klaubte ich meine gefährdeten Findelkinder unter dem rollenden Stahlmonstrum hervor und setzte sie auf die andere Seite des Museums, wo 20 ausgewachsene Berberitzen meinem Spaten zum Opfer fielen.«[45] Dann aber wird das Landesmuseum umgebaut, und die von Gerda Nis-

Kunsthandwerker bilden seit Jahrhunderten Rosen ab

sen gesammelten Rosen müssen das Gelände ganz verlassen. Seither stehen sie ein paar Straßen weiter gleich neben dem Meldorfer Landwirtschaftsmuseum. Sorgfältig mit Namensschildchen versehen, wachsen sie in einem hübschen Rosengarten, der jederzeit frei zugänglich ist.[46]

Aber die Rosen sollen keine Museumsstücke bleiben, deshalb sucht Gerda Nissen den Kontakt zu Gärtnereien und Baumschulen in Schleswig-Holstein, die sich für historische Rosen interessieren könnten. Anders als ein professioneller Pflanzenjäger, der die Konkurrenz fürchtet, muss sie ihre Funde nie geheim halten. Im Gegenteil: Ihr geht es darum, die vom Aussterben bedrohten Sorten zu bewahren. Sie will nicht nur Einzelexemplare retten und im Museum ausstellen, vielmehr träumt sie davon, dass diese wunderschönen duftenden Blüten wieder geschätzt werden und in möglichst vielen Gärten blühen. Einfach ist das nicht, denn Gerda Nissen geht zu einer Zeit auf Rosenjagd, in der »alte« Rosen in Deutschland noch nicht im Gespräch sind.

»Wir hatten gerade mal zwei historische Rosen im Sortiment, als wir Gerda Nissen 1977 kennenlernten«, erzählt Elke Schütt,

»heute, 30 Jahre später, kultivieren wir mehr als 400 unterschiedliche historische Rosen.« Die Seniorchefin der auf historische Rosen spezialisierten Baumschule Karl Otto Schütt sagt das nicht ohne Stolz. Dabei ist die Begegnung mit Gerda Nissen ein Zufall. »Wir hatten eine Anzeige in der Zeitung geschaltet, die gleichzeitig Gerda Nissens ersten Artikel über ihre Rosenjagd in Dithmarschen veröffentlichte. Das machte uns neugierig.« Kurz darauf steuert das Gärtnerehepaar ihr Auto Richtung Meldorf, um sich die Rosen im Hof des Landesmuseums anzusehen. »Schon als wir auf dem Parkplatz des Museums aus dem Auto stiegen, wehte uns der Duft von ›La Reine‹ in die Nase. Es war unbeschreiblich!«

Am liebsten hätten Schütts sofort Reiser geschnitten, um Nachkommen von diesen wunderbaren Rosen zu ziehen. Doch die Exemplare sind noch zu klein und schwach. Dennoch erwächst aus dieser Begegnung norddeutscher Rosenenthusiasten eine jahrelange gedeihliche Zusammenarbeit.

Das Ehepaar Schütt fährt regelmäßig nach Meldorf, um Reiser der sogenannten Nissen-Rosen zu schneiden und sie dann im heimischen Betrieb zu veredeln, das heißt die »alte« Rose auf eine neue Unterlage zu setzen. Dabei werden die im Reis angelegten Sprossen, die Augen, herausgeschnitten, und jedes Auge wird mithilfe des Okuliermessers in einen fremden Wurzelstock, in die sogenannte Unterlage, eingepflanzt. Auf welchen Unterlagen die Schütts die Rosen vermehren, bleibt ihr Geheimnis.

In ihrer Sortenliste wird auf die »Nissen-Rosen« besonders hingewiesen – ein in Klammern gesetztes Meldorf steht hinter dem Namen der Rose. Warum? »Das machen wir, wenn wir eine gleichnamige Rose im Sortiment haben, die sich von der ›Nissen-Rose‹ unterscheidet.« Ein dezenter Hinweis darauf, dass sich einige Sortenbestimmungen von Gerda Nissen später als falsch erwiesen haben.

Inzwischen hat schon die nächste Generation das Ruder in der Baumschule übernommen, auch sie will an den historischen Rosen festhalten. Wer weiß, ob sich die Familie ohne die passionierte Rosenjägerin Nissen überhaupt auf dieses Wagnis eingelassen hätte. »In Fachkreisen galten wir lange Zeit als spinnert«, erzählt Elke Schütt, »denn damals gab es hier im Norden nur einen Züchter, der sich auf ›alte‹ Rosen spezialisiert hatte.« Heute ist »Rosen Schütt« ein Begriff. Bis zu 10 000 Rosen haben sie in der Wilstermarsch aufgepflanzt, und in ihrem Sortiment von mehr als 400 Sorten findet auch der anspruchsvolle Rosenfreund, was er sucht.[47]

Und was hat die Hinwendung zu den historischen Rosen bewirkt? »Vor allem ihr Duft«, sagt Elke Schütt, »und diese wunderbar gefüllten Blüten. In ihrer begeisterten Werbung für diese einzigartigen Rosenschönheiten war Gerda Nissen eine wirkliche Trendsetterin.«

Wie beliebt die »alten« Rosen mittlerweile sind, hat sie selbst nicht mehr erlebt. Im Alter von 70 Jahren ist die Rosenjägerin ganz plötzlich am 12. Oktober 1999 gestorben. Sie wurde in Meldorf beigesetzt. Auf ihrem Grab wächst eine »Belle Isis«.

Danksagung

Bei allen, die mir bei den Recherchen für dieses Buch mit Rat und Tat geholfen haben, möchte ich mich ganz herzlich bedanken. Besonders zu nennen ist das Ehepaar Arnold, norddeutsche Rosenfreunde, die mir den Nachlass von Gerda Nissen zugänglich gemacht und mir ebenso wie Anni Strahlendorf und Elke Schütt wertvolle Informationen über die Rosenjägerin gegeben haben. Frau Dr. Jutta Müller vom Dithmarscher Landesmuseum danke ich für die Digitalisierung der Dias von Gerda Nissen aus dem Museumsarchiv.

Für die Fotos im Kapitel über David Noble danke ich der Firma Kientzler aus Gensingen, die in Deutschland für die Verbreitung des Dinobaums sorgt. Auch für das Kapitel über Joseph Franz Rock hatte ich tatkräftige Hilfe bei der Material- und Bildbeschaffung. Namentlich möchte ich den Filmemacher Paul Harris nennen, den Wiener Botaniker Michael Kiehn und den Sinologen Hartmut Walravens, die mir rares und persönliches Material zur Verfügung gestellt und meinen Text fachlich geprüft haben.

Nicht zuletzt danke ich meiner ehemaligen Koautorin Kej Hielscher, die die Entstehung dieses Bandes mit ihrem freundschaftlichen Rat begleitet hat.

Literatur und Anmerkungen zu den einzelnen Kapiteln

Allgemeine Literatur

Anderson, A. W., *The Coming of the Flowers*, New York 1950

Fry, Carolyn, *The Plant Hunters*, London 2009

Gothein, Marie Luise, *Geschichte der Gartenkunst*, 2 Bde., Jena 1926

Gribbin, Mary & John, *Flower Hunters*, Oxford 2008

Grünes Gold. Abenteuer Pflanzenjagd, hrsg. v. Palmengarten der Stadt Frankfurt am Main 2001 (Sonderheft 35)

Hepper, F. N. (Hrsg.), *Plant Hunting for Kew*, London 1989

Hielscher, Kej / Hücking, Renate, *Pflanzenjäger. In fernen Welten auf der Suche nach dem Paradies*, München/Zürich [3]2007

Hobhouse, Penelope, *Illustrierte Geschichte der Gartenpflanzen. Vom alten Ägypten bis heute*, Bern/München/Wien 1999

Krausch, Heinz-Dieter, *»Kaiserkron und Päonien rot...« Entdeckung und Einführung unserer Gartenblumen*, München/Hamburg 2003

Lemmon, Kenneth, *The Golden Age of Plant Hunters*, London 1968

Musgrave, T. / Gardner, C., / Musgrave, W., *Pflanzensammler und -entdecker. Zweihundert Jahre abenteuerliche Expeditionen*, München 1999

Panten, Helga, *Pflanzensammler und ihre Leidenschaft*, Bonn 2009

Tyler-Whittle, Michael, *Pflanzenjäger. Die abenteuerliche Suche nach dem Grünen Gold*, München 1971

Ward, Bobby J., *The Plant Hunter's Garden. The New Explorers and Their Discoveries*, Portland/Cambridge 2004

Wulf, Andrea, *The Brother Gardeners. Botany, Empire and the Birth of an Obsession*, London 2008

Vorwort

Anmerkungen

1 Nach Tyler-Whittle, S. 7.
2 Fry, S. 54.

David Noble

Literatur

Australian Government, Department of Environment and Conservation, *Wollemia nobilis, Wollemi Pine Recovery Plan*, Hurstville 2006 (auch im Internet veröffentlicht)

Woodford, James, *The Wollemi Pine*; Melbourne 2005

www.wollemipine.com

Anmerkungen

1 Nach Woodford, S. 13; Coachwood *(Ceratopetalum apetalum)* ist ein in den Regenwäldern von South West Wales und Queensland verbreiteter Baum; dort findet man auch den weiß blühenden australischen Sassafrasbaum *(Doryphora sassafras)* mit seinen duftenden Blättern.
2 Nach Woodford, S. 17.
3 Ebd., S. 19.
4 Ebd., S. 42.
5 Ebd., S. 59.

Literatur

Desroches Noblecourt, Christiane, *Hatschepsut. Die geheimnisvolle Königin auf dem Pharaonenthron*, Bergisch Gladbach 2007

Dzionara, Karin, »Der Garten im alten Ägypten«, in: Hans Sarkowicz (Hrsg.), *Die Geschichte der Gärten und Parks*, Frankfurt am Main 1998

Germer, Renate, *Flora des pharaonischen Ägypten*, Mainz 1985

Germer, Renate, *Die Heilpflanzen der alten Ägypter*, Düsseldorf/Zürich 2002

Hugonot, Jean-Claude, »Ägyptische Gärten«, in: Carroll-Spillecke, Maureen, *Der Garten von der Antike bis zum Mittelalter*, Mainz 1992

Jacq, Christian, *Die großen Ägypterinnen*, Düsseldorf 2007

Pfeifer, Michael, *Der Weihrauch. Geschichte, Bedeutung, Verwendung*, Regensburg 1997

Priebe, Carsten, *Gold und Weihrauch. Ägyptische Expeditionen nach Punt*, Bretten 2002

Schnittger, Marianne, *Hatschepsut: Eine Frau als Königin von Ägypten*, Mainz 2008

Schnittger, Marianne, »Hatschepsut – Eine Frau auf Pharaos Thron«, in: *Antike Welt* 3/2008

Tyldesley, Joyce, *Hatchepsut. The Female Pharaoh*, London 1996; dt. Übers.: *Hatschepsut. Der weibliche Pharao*, München 1997

Wilkinson, Alix, *The Garden in Ancient Egypt*, London 1998

Anmerkungen

1 Desroches Noblecourt, S. 539. Die Lebens- und Regierungsdaten der Personen sind Näherungswerte. Da die Chronologie im alten Ägypten immer noch Gegenstand wissenschaftlicher Kontroversen ist, stimmen die Daten bei den unterschiedlichen Forschern selten völlig überein.

2 Ebd. Andere Ägyptologen, wie z. B. Christian Jacq, argumentieren, dass es vor und nach Hatschepsut andere weibliche Pharaonen gegeben habe.

3 Desroches Noblecourt, S. 19.

4 Nach Jacq.

5 Ebd.

6 Ebd., S. 67.

7 Desroches Noblecourt, S. 54.

8 Jacq, S. 64.

9 Hugonot, S. 11.

10 Der deutsche Afrikaforscher Georg Schweinfurth (1836–1925) hat diese wunderschönen Arbeiten nach über 3000 Jahren ans Tageslicht gebracht. Vgl. Hielscher/Hücking, S. 161–186.

11 Desroches Noblecourt, S. 27.

12 Ebd., S. 210.

13 Nach Dzionara, S. 31. Die Schatpflanze ist bislang nicht identifiziert worden.

14 Nach Jacq, S. 79.

15 Nach Desroches Noblecourt, S. 233.

16 Ebd., S. 239f.

17 Ebd., S. 238f.

18 Ebd., S. 242f.

19 Ebd., S. 243.

20 Ebd., S. 247.

21 Ebd., S. 314.

22 Andere Forscher haben angenommen, dass der Weg zusätzlich von Bäumen gesäumt war.

23 Der Perseabaum taucht in zahlreichen ägyptischen Quellen auf. Er gehört zu den Lorbeergewächsen und wird etwa 20 Meter hoch. Seine Früchte werden gegessen, ein milchiger Saft aus dem Stamm findet eine medizinische Anwendung, und aus dem Holz werden kleine Möbel gefertigt.

24 Desroches Noblecourt, S. 317f.

25 Traurige Berühmtheit erlangte der Tempel zuletzt am 17. November 1997, als ein Anschlag islamistischer Terroristen auf diese Touristenattraktion 68 Menschen tötete und viele Besucher verletzte.

26 Desroches Noblecourt, S. 539.

Engelbert Kaempfer

Literatur

Haberland, Detlef (Hrsg.), *Engelbert Kaempfer – Kritische Ausgabe in Einzelbänden*, München 2001–03 (alle Schriften Kaempfers in 6 Bänden)

Haberland, Detlef, *Engelbert Kaempfer (1651–1716). Ein Gelehrtenleben zwischen Tradition und Innovation*, Wiesbaden 2004

Haberland, Detlef (Hrsg.), *Engelbert Kaempfer – Werk und Wirkung.* Vorträge der Symposien in Lemgo (19.–22.9.1990) und in Tokio (15.–18.12.1990), Stuttgart 1993

Haberland, Detlef, *Von Lemgo nach Japan. Das ungewöhnliche Leben des Engelbert Kaempfer (1651–1716)*, Bielefeld 1990

Hoppe, Brigitte, »Kaempfers Forschungen über japanische Pflanzen im Vergleich zu denen seiner Vorgänger – Vom Sammeln zur wissenschaftlichen Bearbeitung«, in: Haberland 1993, S. 125ff.

Lack, Walter H. (Hrsg.), *Aus dem Land der blauen Hortensie. Japanische Pflanzen in Europa*, Berlin 2006

Meier-Lemgo, Karl, *Engelbert Kaempfer. Der erste deutsche Forschungsreisende, 1651–1716*, Detmold 1937

Meier-Lemgo, Karl (Hrsg.), *Engelbert Kaempfer: Seltsames Asien*, Detmold 1933

Muntschick, Wolfgang, »Engelbert Kaempfer als Erforscher der japanischen Pflanzenwelt«, in: Haberland 1993, S. 222ff.

Scurla, Herbert (Hrsg.), *Reisen in Nippon – Berichte deutscher Forscher des 17. und 19. Jahrhunderts aus Japan*, Berlin ⁶1990

Werger-Klein, K. Elke, »Engelbert Kaempfer, Botanist at the VOC«, in: Haberland 1993, S. 39ff.

Anmerkungen

1 Meier-Lemgo 1937, S. 2.

2 Ebd., S. 4.

3 Nach Haberland 1990, S. 26.

4 Ebd., S. 28.

5 Nach Meier-Lemgo 1937, S. 18.

6 Nach Haberland 1990, S. 32.

7 Nach Meier-Lemgo 1937, S. 20.

8 Nach Haberland 1990, S. 152.

9 Meier-Lemgo 1933, S. 55.

10 Nach Haberland 1990, S. 156.

11 Ebd., S. 159.

12 Ebd.

13 Nach Meier-Lemgo 1937, S. 135.

14 Ebd., S. 36.

15 Ebd.

16 Ebd., S. 39.

17 Ebd., S. 45.

18 Ebd., S. 48.
19 Nach ders. 1933, S. 68.
20 Ebd., S. 67.
21 Ebd., S. 68.
22 Werger-Klein, S. 42.
23 Nach Meier-Lemgo 1937, S. 63.
24 Ebd., S. 93f.
25 Nach ders. 1933, S. 84.
26 Ebd., S. 85.
27 Nach ders. 1937, S. 72.
28 Ebd., S. 90.
29 Ebd., S. 75.
30 Ebd., S. 82.
31 Ebd., S. 84.
32 Ebd., S. 93.
33 Nach ders. 1933, S. 109.
34 Nach Haberland 1990, S. 34.
35 Nach Meier-Lemgo 1937, S. 89.
36 Ein ausführliches Kapitel über Paul Hermann in Hielscher/Hücking
   [3]2007, S. 15–44.
37 Nach Meier-Lemgo 1937, S. 112.
38 Nach ders. 1933, S. 144.
39 Ebd., S. 130.
40 Ebd., S. 131.
41 Nach ders. 1937, S. 131.
42 Nach Haberland 1990, S. 59.
43 Ebd., S. 60.
44 Nach Meier-Lemgo 1937, S. 168.
45 Nach ders. 1933, S. 146.
46 Nach ders. 1937, S. 139.
47 Nach Haberland 1990, S. 184.
48 Ebd., S. 131.
49 Nach Muntschick, S. 230.
50 Nach Hoppe, S. 139.
51 Joseph Banks veröffentlichte 1791 in London 59 dieser Zeichnungen
   in der Originalgröße. Titel des Foliobandes: *Icones selectae Plantarum
   quas in Japonia collegit et delineavit Engelbertus Kaempfer.*
52 Darin gleicht der Ginkgo dem erst 1994 wiederentdeckten Baum *Wollemia nobilis* (siehe S. 15ff. in diesem Band).
53 Nach Meier-Lemgo 1939, S. 177.

54 Ebd., S. 78.
55 Ebd., S. 181.
56 Ebd., S. 182.
57 Haberland 2001–03.

John und William Bartram

Literatur

Armstrong, Alan W. / Bartram, John / Collinson, Peter: »A Correspondence of Science and Friendship«, in: Hoffmann/Horne, Philadelphia 2004, S. 23 42

Bartram, William, *Travels and Other Writings*, New York 1996

Bell, Whitfield J., Jr., »John Bartram: A Biographical Sketch«, in: Hoffmann/Horne, Philadelphia 2004, S. 3–20

Berkeley, Edmund / Smith-Berkeley, Dorothy, *The Life and Travels of John Bartram: From Lake Ontario to the River St. John*, Tallahassee 1982

Cooke, Alistair, *Amerika. Geschichte der Vereinigten Staaten*, Stuttgart/Zürich 1975

Crèvecœur, J. Hector St. John de, *Letters from an American Farmer*, Oxford 1998

Fry, Joel T., »John Bartram and his Garden: Would John Bartram Recognize His Garden Today?«, in: Hoffmann/Horne, Philadelphia 2004, S. 155–183

Harper, Francis (Hrsg.), *The Travels of William Bartram*, Athens 1998

Hobhouse, Penelope, *Gardening through the Ages*, London 1992

Hoffmann, Nancy E. / Horne, John C. van, *America's Curious Botanist. A Tercentennial Reappraisal of John Bartram 1699–1777*, Philadelphia 2004

Slaughter, Thomas P., *The Natures of John and William Bartram*, Philadelphia 1996

Anmerkungen

1 Nach Crèvecœur, S. 181. Alle Zitate in diesem Kapitel sind von der Autorin übersetzt worden.

2 Indirekt bestätigt sein Sohn William diese oft zitierte, anrührende Legende: »While engaged in ploughing his fields, and mowing his meadows, his inquisitive eye and mind where frequently exercised in the contemplation of vegetables; the beauty and harmony displayed in

their mechanism; the admirable order of system, which the great Author of the universe has established throughout their various tribes, and the equally wonderful powers of their generation, the progress of their growth, and the various stages of their maturity and perfection.« Bartram, S. 587.

3 Nach www.bartramtrail.org/pages/biography/bio3.html
4 Nach Hobhouse, S. 260.
5 Bartram, S. 580.
6 Crèvecœur, S. 174.
7 Nach Berkeley, S. 123.
8 Ebd., S. 129.
9 Nach Bell, S. 14.
10 Nach Armstrong, S. 17.
11 Ebd., S. 33.
12 Ebd.
13 Nach Slaughter, S. 49.
14 Ebd., S. 50.
15 Nach Berkeley, S. 85f.
16 Ebd.
17 Ebd., S. 148.
18 Slaughter, S. 105.
19 Nach Armstrong, S. 31.
20 Ebd., S. 32.
21 Ebd., S. 37.
22 Nach Bell, S. 8.
23 Eine Liste mit dem Inhalt der »five-guinea box« existiert im British Museum of Natural History. Sie ist abgedruckt in Berkeley, S. 308f.
24 Nach Berkeley, S. 151. Damals waren East und West Jersey getrennte Kolonien. Erst nach der Unabhängigkeit entstand der Staat New Jersey.
25 Ebd., S. 153.
26 Ebd., S. 203.
27 Ebd.
28 Nach Armstrong, S. 41.
29 Nach Slaughter, S. 84.
30 Ebd.
31 Nach Berkeley, S. 192.
32 Ebd., S. 187.
33 Ebd., S. 192.
34 Ebd., S. 202.

35 Ebd., S. 212.

36 Der schwedische Botaniker Daniel Solander (1733–1782) hat bei Carl von Linné studiert. Zusammen mit Joseph Banks nahm er an der ersten Weltumsegelung von James Cook teil (1768–71). Siehe S. 148.

37 Nach Berkeley, S. 211.

38 Nach Fry, S. 166.

39 Nach Berkeley, S. 193.

40 Nach Fry, S. 166.

41 Ebd., S. 155.

42 Ebd., S. 165.

43 Ebd., S. 155.

44 Nach Berkeley, S. 180.

45 Nach Armstrong, S. 33.

46 Nach Fry, S. 168.

47 Nach Bell, S. 13.

48 Nach Berkeley, S. 282.

49 Ebd., S. 221.

50 Nach Berkeley, S. 228.

51 Nach Bell, S. 16.

52 Nach Berkeley, S. 260.

53 Nach Bell, S. 17.

54 Nach Berkeley, S. 266.

55 Ebd., S. 266f.

56 Berkeley, S. 301; Bell, S. 17.

57 Bartram, William, *Travels Through North & South Carolina, Georgia, East & West Florida, the Cherokee Country, the Extensive Territories of the Muscogulges, or Creek Confederacy, and the Country of the Chactaws; Containing An Account of the Soil and Natural Productions of Those Regions, Together with Observations on the Manners of the Indians. Embellished with Copper-Plates*, Philadelphia 1791.

58 Nach Berkeley, S. 292.

59 Bartram's Garden, S 54th St. / 81112 Lindbergh Boulevard, Philadelphia, www.bartramsgarden.org.

Literatur

Bougainville, Louis-Antoine de, *Reise um die Welt. Durch die Inselwelt des Pazifik, 1766–1769*, Stuttgart 1980

Cook, James, *The Journals of Captain James Cook on his Voyages of Discovery*, Cambridge 1962

Dressler, Stefan, »Johann Reinhold & Georg Forster – zwei deutsche Naturforscher auf Kapitän Cooks zweiter Weltumsegelung zur Erforschung der südlichen Hemisphäre«, in: *Grünes Gold. Abenteuer Pflanzenjagd*, hrsg. v. Palmengarten der Stadt Frankfurt am Main 2001 (Sonderheft 35)

Enzensberger, Ulrich, *Georg Forster. Ein Leben in Scherben*, Frankfurt am Main 1996

Fiedler, Horst / Scheibe, Siegfried / Germer, Ernst, *Georg Forster. Naturforscher, Weltreisender, Humanist und Revolutionär*, Wörlitz 1970

Forster, Georg, *[Reinhold Forsters] Reise um die Welt*, Reprint, Frankfurt am Main 2007

Forster, Johann Reinhold, *Beobachtungen während der Cookschen Weltumsegelung 1772–1775, Gedanken eines deutschen Teilnehmers*, Neudruck, Stuttgart 1981

Harpprecht, Klaus, *Georg Forster oder Die Liebe zur Welt*, Reinbek 1990

Harpprecht, Klaus, »Das Abenteuer der Freiheit und die Liebe zur Welt«, in: Forster, Georg 2007

Uhlig, Ludwig, *Georg Forster. Lebensabenteuer eines gelehrten Weltbürgers*, Göttingen 2004

Vorpahl, Frank, »Die Unermesslichkeit des Meeres und ›die armseligen 24 Zeichen‹. Georg Forsters Reise um die Welt in Text und Bild«, in: Forster, Georg 2007

Vorpahl, Frank, *James Cook, der Entdecker*, Frankfurt am Main 2008

Anmerkungen

1 Nach Enzensberger, S. 38.

2 Ebd., S. 20.

3 Bougainville siehe Literaturhinweis.

4 Georg Forster 2007, im Folgenden zitiert als »Reise«, S. 59. Den Herausgebern der Anderen Bibliothek und dem Eichborn Verlag ist es zu verdanken, dass 2007 die *Reise um die Welt* neu aufgelegt und zusammen mit einer Auswahl von Georg Forsters Illustrationen ab-

gedruckt wurde, die mehr als 200 Jahre unveröffentlicht geblieben waren. Ich zitiere aus diesem Band und übernehme die darin vorgegebene Schreibweise.

5 Cook nach Enzensberger, S. 38.

6 Ebd., S. 41.

7 Ebd., S. 76.

8 Ebd., S. 86.

9 Ebd., S. 102.

10 Ebd., S. 112. Die »Meerschweine« sind Schweinswale *(Phocoena phocoena)*.

11 Nach Uhlig, S. 56.

12 Reise, S. 156.

13 Ebd.

14 Ebd., S. 157.

15 Ebd., S. 177.

16 Ebd., S. 188.

17 Ebd., S. 184.

18 Ebd., S. 216. Sie benannten die Pflanzen nach einem Londoner Förderer Reinhold Forsters.

19 Ebd., S. 191.

20 Ebd., S. 250.

21 Ebd., S. 494.

22 Ebd., S. 442.

23 Ebd., S. 363.

24 Ebd., S. 455.

25 Ebd., S. 364.

26 Ebd., S. 450.

27 Ebd., S. 445.

28 Ebd., S. 157.

29 Nach Harpprecht 1990, S. 119.

30 Reise, S. 482.

31 Ebd., S. 460.

32 Ebd., S. 468.

33 Ebd., S. 525.

34 Ebd., S. 526.

35 Vorpahl 2007, S. 621.

36 Forster, Reinhold, *Characteres generum plantarum,* erschienen 1776.

37 Reinhold Forster veröffentlichte 1778 die *Observations Made During a Voyage Round the World* – mühsam finanziert durch ein Darlehen und 85 Subskribenten. Ein Exemplar der sechs Folianten ist im

Besitz der Staatsbibliothek der Stiftung Preußischer Kulturbesitz in Berlin.

38 Vorpahl 2007, S. 620. Tatsächlich blieben die Zeichnungen und Aquarelle im Privatarchiv von Joseph Banks. Nach seinem Tod kamen sie 1827 ins British bzw. Natural History Museum in London (siehe auch Anm. 4).

39 Vorpahl 2007, S. 625. Johann Wolfgang von Goethe vermittelte die Blätter 1780 an Herzog Ernst II. von Sachsen-Gotha und Altenburg. So linderte er die finanzielle Misere der Forsters und machte wenigstens diese 32 Werke, die er für ihre »äußerste Präzision und Wahrheit« lobte, einer größeren Öffentlichkeit zugänglich. Bis auf eine Abbildung, die verkauft wurde, liegen die Blätter heute in der Forschungsbibliothek Gotha.

40 So schrieb er *O-Tahiti, 1780; Vom Brodbaum, 1784; James Cook, der Entdecker, 1787; Ansichten vom Niederrhein, von Brabant, Flandern, Holland, England und Frankreich im April, Mai und Juni 1790, 1791–94,* u. a.

Joseph Franz Rock

Literatur

Aris, Michael, *Lamas, Princes, and Brigands. Joseph Rock's Photographs of the Tibetan Borderlands of China,* New York 1992

Beuchert, Marianne, *Die Gärten Chinas,* Frankfurt am Main/Leipzig 1998

Edwards, Mike, »Our Man in China: Joseph Rock«, in: *National Geographic Magazine* 191, 1997, S. 62–82

Fearnley-Whittingstall, Jane, *Päonien. Die kaiserliche Blume.* Aus dem Englischen von Anke Kuhbier, Hamburg 2000

Grosvenor, Gilbert, »The National Geographic Society's Yunnan Province Expedition«, in: *National Geographic Magazine* 47, 1925, S. 493–498

Harris, Paul Benjamin, *A King in China.* Ein Film der People and Places Produktion, 52 Minuten, Deutschland 2003

Kleinhaus, Gunther, »Moderne Pflanzenjäger in China«, in: *Gartenpraxis* 2003 (11), S. 20–26

Neuhauser, Fritz, *Joseph Franz Rock (1882–1964[!]). Die Pfingstrose, Rock und Wien,* www.uniwie.ac.at/helmut.lukas/rock.pdf

Rock, Joseph Franz, »Hunting the Chaulmoogra Tree«, in: *National Geographic Magazine* 41, 1922, S. 242–276

Rock, Joseph Franz, »The Land of the Yellow Lama. The Kingdom of Muli«, in: *National Geographic Magazine* 47, 1925, S. 447–491

Rock, Joseph Franz, »Experiences of a Lone Geographer«, in: *National Geographic Magazine* 48, 1925, S. 331–347

Rock, Joseph Franz, »Through the Great River Trenches of Asia: National Geographic Society Explorer Follows the Yangtze, Mekong, and Salwin through Mighty Gorges«, in: *National Geographic Magazine* 50, 1926, S. 133–186

Walravens, Hartmut (Hrsg.), *Joseph Franz Rock (1884–1962). Berichte, Briefe und Dokumente des Botanikers, Sinologen und Nakhi-Forschers. Mit einem Schriftenverzeichnis*, Stuttgart 2002

Walravens, Hartmut, *Joseph Franz Rock. Briefwechsel mit E. H. Walker 1938–1961*, Wien 2006

Walravens, Hartmut, *Joseph Franz Rock. Expedition zum Amnye Machhen in Südwest-China im Jahre 1926 im Spiegel von Tagebüchern und Briefen*, Wiesbaden 2003

Walravens, Hartmut, »Joseph Franz Rock (1882–1964[!]). Sammler und Forscher. Eine Übersicht«, in: *Jahrbuch Preußischer Kulturbesitz* 29, 1992, S. 241–260

Walravens, Hartmut, »Joseph Franz Rock (1884–1962). Sammler und Forscher. Eine Übersicht«, in: *Oriens extremus* 38, 1995, S. 209–236

Walravens, Hartmut, *Joseph Franz Rock (1884–1962). Tagebuch der Reise von Chieng Mai nach Yünnan, 1921–1922; Briefwechsel mit C. S. Sargent, University of Washington, Johannes Schubert und Robert Koc*, Wien 2007

Stenzel, A., »Bericht über das Gedeihen der von J. F. Rock aus Nordwest-China eingeführten Gehölze im botanischen Garten zu Berlin Dahlem«, in: *Notizblatt des Bot. Gartens zu Berlin-Dahlem* 11, 1933, S. 691–703

Sutton, Stephanne B., *In China's Border Provinces. The Turbulent Career of Joseph Rock, Botanist-Explorer*, New York 1974

Winchester, Simon, *Der wilde Strom. Eine Reise auf dem Jangtse*, München 2000

Anmerkungen

1 Nach Beuchert, S. 93.

2 Ebd., S. 87.

3 Nach Walravens 2007, S. 10. Bis auf wenige Ausnahmen sind alle Äußerungen Rocks in englischer Sprache und wurden von der Autorin übersetzt.

4 Nach Sutton, S. 32.

5 Ebd., S. 35.

6 2009 hat die Universität von Hawaii das von Rock begründete Manoa-Herbarium nach ihm benannt.

7 Nach Sutton, S. 36.

8 Ebd., S. 37.

9 Ebd., S. 41.

10 Nach Walravens 2007, S. 393f.

11 Ebd., S. 394.

12 Ebd., S. 385.

13 Ebd., S. 407.

14 Nach Edwards, S. 77.

15 Rock 1925, in: *National Geographic Magazine* 47, S. 451.

16 Nach Aris, S. 25.

17 Nach Sutton, S. 15.

18 Harris, DVD.

19 Rock 1926, in: *National Geographic Magazine* 50, S. 173.

20 Ebd.

21 Nach Edwards, S. 76.

22 Rock 1926, in: *National Geographic Magazine* 50, S. 163f.

23 Harris, DVD.

24 Sutton, S. 18.

25 Ebd., S. 52.

26 Walravens 2007, S. 227.

27 Ebd., S. 262.

28 Nach Sutton, S. 121.

29 Nach Walravens 2007, S. 257.

30 Ebd., S. 275.

31 Ebd., S. 289.

32 Fearnley-Whittingstall, S. 95.

33 Nach Walravens 2007, S. 449.

34 Ebd., S. 277.

35 Stenzel, S. 692.

36 Nach Edwards, S. 76.

37 Nach Sutton, S. 74.

38 George Forrest führte aus Muli den *Rhododendron muliense* ein.

39 Nach Sutton, S. 196.

40 Ebd., S. 199.

41 Ebd., S. 229.

42 Ebd., S. 233.

43 Während Maos Kulturrevolution wurden die Naxi verfolgt und die Zeugnisse ihrer Kultur systematisch zerstört. Deshalb erweist sich Rocks Forschung im Nachhinein als äußerst segensreich.
44 Nach Edwards, S. 81.
45 Ebd.
46 Nach Aris, S. 26.
47 Nach Walravens 2007, S. 14.
48 Ebd., S. 145.
49 Ebd., S. 143.
50 Ebd., S. 12.

Gerda Nissen

Literatur

Becker, Jürgen / Kuhbier, Anke, *Die schönsten Rosen*, Hamburg 1998
Cronenburg, Petra van, *Das Buch der Rose*, Berlin 2008
Nissen, Gerda, unveröffentlichter Briefwechsel mit Servais Lejeune 1975–86
Nissen, Gerda, »Alte Rosen aus Dithmarscher Bauerngärten«, in: *Dithmarschen. Zeitschrift für Landeskunde und Heimatpflege. Neue Folge*, Heft 4, Dezember 1976
Nissen, Gerda, »Geschichte einer Verführung«, in: *Der Rosenbogen 4*, 1984, S. 224f.
Nissen, Gerda, »Die Tage der Rosen«, Manuskript für *Mein schöner Garten*, datiert 14. Dezember 1984
Nissen, Gerda, *Bauerngärten in Schleswig-Holstein*, Heide 1989
Nissen, Gerda, »Eine Kindheit in der Möllner Stadtmühle«, in: *Lauenburgische Heimat. Zeitschrift des Heimatbund und Geschichtsvereins Herzogtum Lauenburg*, Heft 128, Ratzeburg, Dezember 1990
Nissen, Gerda, *Typisch Dithmarscher. Ansichten und Profile eines legendären Volkes*, Heide 1992
Nissen, Gerda, »Mein Leben mit Rosen: Der Start war eine ›Fehlgeburt‹«, in: *Schwarzwälder Rosenbote*, 6. Jg., Heft 2, 1994
Nissen, Gerda, »*… und füllt mein Herz mit Freude*«. Aus meinem Gartentagebuch, München 1995
Nissen, Gerda, »*Frühling lässt sein blaues Band …*« Impressionen aus dem Garten, München 1998
Nissen, Gerda, *Alte Rosen*; Heide [10]2000 (1. Auflage 1984)
Scarman, John, *Gärtnern mit Alten Rosen*, München 2007

Anmerkungen

1 Nissen, Manuskript 1984.
2 Nissen 2000, S. 26.
3 Dies. 1994.
4 Petra van Cronenburg (siehe Literaturhinweis) ist eine ergiebige Quelle zur älteren Kulturgeschichte der Rose.
5 Hybriden (dt. Bastarde, Mischlinge) sind das Ergebnis der Kreuzung verschiedener Arten.
6 Vgl. »›Ich werde mich mit der Kunst der Botanik beschäftigen‹. Der Garten der Kaiserin Joséphine«, in: Hücking, Renate, *Süchtig nach Grün. Gärtnerinnen aus Leidenschaft*; München ²2007, S. 175–216.
7 Nissen, Manuskript 1984.
8 Nissen 1990, S. 13.
9 Dies. 1989, S. 10.
10 Dies. 1990, S. 14.
11 Ebd.
12 Dies. 1989, S. 8.
13 Ebd.
14 Ebd.
15 Ebd.
16 Ebd.
17 Ebd.
18 Dies. 1994, S. 10.
19 Dies., *Rosenbogen* 1984, S. 224.
20 Dies. 1998, S. 10.
21 Ebd.
22 Dies. 1995, bei BLV erschienen, ist nur noch antiquarisch zu erstehen.
23 Dies. 2000, S. 70.
24 Ebd., S. 82.
25 Dies., Rosenbogen 1984, S. 225.
26 Dies. 1989, S. 27.
27 Dies. 2000, S. 111.
28 Ebd.
29 Heike Arnold hat nach Gerda Nissens Tod deren Nachlass gesichtet und archiviert; Unterlagen, auf die das Dithmarscher Landesmuseum keinen Wert legte, befinden sich in ihrem Besitz. Siehe auch www.museum-albersdorf.de/rosen/.
30 Nissen, *Rosenbogen* 1984, S. 225.
31 Brief von Gerda Nissen am 3.6.1980 an Servais Lejeune.

32 Dies. 2000, S. 117.

33 Ich habe den Begriff von Petra van Cronenburg (2008) übernommen, die es dem Wortsinn entsprechend auf archäologische Untersuchungen beschränkt.

34 Nissen 2000, S. 117.

35 Ebd., S. 116.

36 Gerda Nissens Rosenbibliothek befindet sich heute im Archiv des Dithmarscher Landesmuseums in Meldorf.

37 Nissen 2000, S. 117.

38 Ebd.

39 Brief vom 3.6.1980 an Servais Lejeune.

40 Reproduktionen von Redoutés Rosenstichen sind mittlerweile in mehreren wohlfeilen Ausgaben erschienen.

41 Nissen 2000, S. 30.

42 Ebd., S. 32.

43 Ebd.

44 Dies., *Rosenbogen* 1984, S. 225.

45 Nissen, Manuskript 1984.

46 Das Landwirtschaftsmuseum Schleswig-Holsteins liegt im Jungfernstieg 4, 25704 Meldorf.

47 Karl Otto Schütt, Vorder-Neuendorf 16, 25554 Neuendorf/Wilster; www.historische-rosen-schuett.de

Personenregister

Bildnachweis

Der Verlag hat sich bemüht, sämtliche Rechteinhaber ausfindig zu machen. In einigen Fällen ist das nicht gelungen. Für Hinweise sind wir dankbar.

I. Textteil

Ägyptisches Museum der Universität Bonn   S. 32
AKG-images   S. 31 (Erich Lessing), 34 (Erich Lessing), 41 (Erich Lessing), 47 (François Guénet), 51 (Erich Lessing), 53 (Hervé Champollion), 94, 135, 140, 151
© John Bartram Assoziation   S. 95
The Bridgeman Art Library   S. 42, 98, 101 (The Stapleton Collection), 121 (© The Right Hon. Earl of Derby)
Landesmuseum Dithmarschen   S. 203, 210, 212, 214, 223, 224
Reproduced by Courtesy of Essex Record Office   S. 105
Bibliothek des Biozentrum Klein Flottbek und Botanischer Garten Hamburg   S. 170
Staats- und Universitätsbibliothek Hamburg Carl von Ossietzky   S. 61, 65, 73, 80, 81, 83, 87
Kientzler GmbH & Co. KG, Gensingen   S. 18 (Jaime Plaza), 22 (Jaime Plaza), 25 (Jaime Plaza), 26 (Rick Stevens)

Troy Magennis   S. 17
National Geographic Society   S. 167, 175, 177, 179, 183, 191, 193, 197
© The Natural History Museum, London   S. 129, 149, 155, 159
Foto Marion Nickig   S. 202
ullstein bild   S. 126

II. Tafelteil

Landesmuseum Dithmarschen   Tafel 7
Flora Press, Hamburg   Tafel 1, 2, 3 unten, 4, 5 oben, 6, 8
Sabine Rusch, Bibliothek des Biozentrum Klein Flottbek und Botani-
  scher Garten Hamburg   Tafel 3 oben, 5 unten

PIPER

Renate Hücking
Süchtig nach grün

Gärtnerinnen aus Leidenschaft. Mit Beiträgen von Kej
Hielscher. 272 Seiten mit 70 Abbildungen.
Piper Taschenbuch

Ihre Passion sind Gärten und Parks, sie sind süchtig nach
Grün, nach Bäumen, Blumen und nützlichen Pflanzen:
acht Gärtnerinnen aus Leidenschaft, darunter Anna von Sach-
sen, Kaiserin Joséphine und Niki de Saint Phalle. Von diesen acht Frauen und ihren atemberaubenden Gärten und zugleich von 450 Jahren Gartenkunst erzählen Renate Hücking und Kej Hielscher.

»Ein sinnliches und poetisches Buch voller Lust und Leidenschaft.«
Mitteldeutscher Rundfunk

01/1882/01/R